OPEN SOURCE INTELLIGENCE

공개정보
활용 및 분석

홍성삼

박영사

○ 이 저서는 2020년도 가천대학교 교내연구비 지원에 의한 결과임.
(GCU－202001080001)

○ This work was supported by the Gachon University research fund of
2020. (GCU－202001080001)

공개정보(OSINT)는 오픈 소스 인텔리전스(Open Source Intelligence)의 약자로, 공개적으로 사용 가능한 출처에서 온오프라인으로 수집한 정보를 의미한다. 공개정보 수집과 활용을 하기 위해 데이터 마이닝, 다양한 크롤링 기술, 데이터 추출, 데이터 분석기법을 동원하고 있다. 오신트 공개정보활동을 잘 보여주는 사이트 중에는 미국의 오픈 소스 센터가 대표적이다. 우리나라의 경우에도 다양한 분야에서 공개정보를 활용하고 있으며, 계속해서 그 범위와 중요성이 더해 가고 있다.

인터넷은 세계에서 가장 큰 데이터베이스이다. 공개정보 활용 및 분석 강의는 필요한 인터넷 및 다양한 출처의 정보를 찾는 데 도움이 되는 기술과 노하우를 학습하게 된다. 대부분 온라인 소스에서 정보를 수집하고 분석하지만 다양한 다른 출처의 자료를 검색하고 활용하는 것도 필요하다. 이 강좌를 통해 더 많은 분야에서 다양한 데이터와 첩보를 수집하고 신뢰성을 분석하고 자료와 첩보를 처리하는 통찰력을 얻을 수 있을 것이다.

구체적으로 이 책의 목적은 다음과 같다. 첫째는 다양한 분야에서 공개정보를 수집하고 활용하는 이론과 기법 및 적용역량을 키우기 위한 것이다. 둘째는 국가안보와 관련된 공개정보를 수집하는 근거와 한계를 명확히 하는 것이다. 셋째는 공개정보를 실제로 수집해 보고 이를 토대로 분석, 추적, 안보 및 사회적 이슈에 관한 문제를 해결하는 데 적용해 보는 것이다.

이 책의 주요 내용은 다음과 같이 구성하였다.

– 우선, 공개정보의 개념을 정의하고 특성을 정리하였다.
– 공개정보를 활용하는 국가정보학이 어떠한 학문인지 그리고 특성을 정리하였다.
– 정보기관과 법적 근거를 상세히 분석하고 활동 분야를 정리하였다.
– 공공기관의 정보공개에 의한 공개된 정보를 활용하도록 공공기관 정보공개를 설명하였다.

- 공개정보를 수집하는 다양한 검색엔진을 정리하고 그 기법을 설명하였다.
- 소셜네트워크를 통한 공개정보수집과 분석을 설명하였다.
- 지도와 위치정보를 공개정보를 통해 수집하고 활용하는 방법을 설명하였다.
- 공개된 사진이나 동영상을 통해 정보를 수집하고 활용하는 방법을 설명하였다.
- 문서나 학술자료를 검색하고 활용하는 방법을 설명하였다.
- 인터폴 등 국제기구의 공개된 정보를 수집하고 테러나 국제범죄에 대응하는 방법을 설명하였다.

이 책이 나올 수 있도록 저술출판 지원을 해 주신 가천대학교 총장님과 연구지원팀을 비롯한 학교 당국에 진심으로 감사드린다. 출판기획과 계약, 마케팅 방법 등을 검토해 주신 박영사 김한유 님, 표지디자인을 담당한 조아라 님, 제작을 해 주신 우인도·고철민 님께 감사드린다. 특히 출판을 허락해 준 박영사에 감사드리며, 꼼꼼한 교정과 출판지도를 해 주신 윤혜경 님에 대해서 심심한 감사의 말씀을 드린다.

2020. 8.

홍성삼

목차

공개정보(OSINT) 소개

공개정보를 배우면 정보수집과 처리, 활용을 위해 더 향상된 분석 및 통찰력을 얻을 수 있다. 이 책은 OSINT 기술을 통해 이용 가능한 공개된 출처의 정보를 수집하고 활용함과 함께 전문적인 분석을 하는 데 도움이 되는 이론과 기법을 학습하는 데 도움을 주는 것이 목적이다.

OSINT는 특정 문제를 해결하기 위해 의도적으로 발견해 분석한 후 선별된 청중에게 전파된 미분류 정보다. 그것은 다른 정보 분야에도 매우 견고한 기초를 제공한다. OSINT 보고서를 체계적인 방식으로 적용하면 오픈소스로 답변할 수 없는 문제에 정보요청을 제한함으로써 기밀정보 수집자원에 대한 수요를 줄일 수 있다.[1]

인터넷은 세계에서 가장 큰 데이터베이스다. 대부분은 온라인 소스에서 정보를 수집하고 분석한다. 그러나 인터넷이 공개된 정보의 전부가 아니며 다른 많은 공개된 자료들도 있으므로 다양한 출처의 자료를 수집하여 활용할 필요가 있다.

---

1) Nato, Nato Open Source Intelligence Handbook, November 2001, p. Ⅴ.

1 · 공개정보(OSINT) 개념 정의

공개출처(open source) 데이터는 인텔리전스 환경에서 공개적으로 사용 가능한 소스에서 수집된 데이터를 말한다. 공개출처에서 수집된 첩보를 분석 판단하여 생산된 정보를 오픈 소스 인텔리전스(Open Source Intelligence)라고 한다.[2] 공개정보는 종종 오신트(OSINT)라고도 한다. 공개적으로 사용할 수 있는 출처의 자료를 수집해서 가공한 정보를 말하며, 공개출처정보 또는 줄여서 공개정보라고도 부른다. 이 책에서는 편의상 OSINT를 공개출처정보 보다 간결하게 부르기 위해 '공개정보'라고 부를 것이다.

1. 첩보수집의 출처

첩보수집의 출처는 크게 공개출처(open source)와 비밀출처(covert source)로 나눈다. 공개출처에서 수집된 첩보를 분석하고 판단하여 생산된 정보를 공개정보(OSINT: Open Source Intelligence), 또는 공식정보라고 한다.[3]

정보를 원하는 사람들이나 기관들이 공공에서 접근이 가능한 공개출처란 신문, 방송, 간행물, 민간 및 공공부문의 보고서, 연구논문, 단행본, 회의록, 기자회견 및 연설문 등 전통적 매체와, 인터넷, 데이터 베이스, On-line 상용정보 등 다양하다.[4][5]

2. 협의의 공개정보

좁은 의미에서 공개정보 오신트란 공개된 출처에서 첩보를 수집하는 활동이다. 그런 의미에서 공개출처정보수집이라고도 한다.[6] 공공기관이나

---

2) 최평길, 국가정보학, 박영사, 2012, 278쪽.
3) 최평길, 국가정보학, 박영사, 2012, 278쪽.
4) 전웅, 현대국가정보학, 박영사, 2015, 143쪽.
5) 조병철, 인터넷의 다원적 공개출처정보(OSINT)에 기반을 둔 국가정보활동 체계, 융합보안논문지 제3권 제2호, 2003, 46쪽
6) 한국국가정보학회, 국가정보학, 박영사, 2017, 114쪽.

개인이 필요로 하는 정보를 생산하기 위해 첩보를 수집하는 단계에서 공개된 자료를 활용하는 것에 초점을 두는 개념이다.

공개정보수집은 종종 오신트(OSINT)라고 영어로 그대로 부르기도 하는데, 사람마다 다른 의미일 수 있다. 2016년 'Open Source Intelligence techniques'라는 '공개 정보 수집 기법' 책을 저술한 FBI 출신인 마이클 바젤(Michael Bazzell)의 정의에 따르면, 공개정보는 '특정 정보수집 요건에 대처하려는 목적에, 적절한 청중을 대상으로, 적시에 수집, 활용, 배포되는 공개적으로 활용이 가능한 정보에서 산출한 모든 정보'라고 할 수 있다.[7] CIA에서는 외국 뉴스 방송에서 획득한 정보를 뜻할 수도 있다. 변호사에게는 대중이 활용할 수 있는 공식 정부 문건에서 얻은 데이터를 뜻할 수도 있다. 대부분의 사람들에게는 인터넷에서 확보한 공개적으로 활용할 수 있는 콘텐츠라고 할 수 있다.[8]

OSINT는 오픈 소스 인텔리전스(Open Source Intelligence)의 약자로, 공개적으로 사용 가능한 소스에서 정보를 수집하여 처리하는 것을 의미한다. 여기에는 데이터 마이닝, 다양한 크롤링 기술, 데이터 추출, 데이터 분석이 포함된다.[9]

3. 광의의 공개정보

일반적으로 공개출처정보수집의 좁은 의미에서 더 나아가 넓은 의미로는 공공에서 접근이 가능한 공개출처(Open Source) 자료를 이용하여 정보활동(Intelligence)을 하는 것을 OSINT라고 한다.[10] 단순히 공개출처에서 자료나 첩보를 수집하는 협의의 개념보다 넓게 보는 것이다. OSINT의 중심내용은 공개출처(Open Source), 즉 공공에 이용 가능한 자료를 수집하여 목적에 따라 처리해 첩보를 만들고, 첩보를 분석하고 종합하여 정보를 생산하고, 배포하고, 피드백을 받아 수정하고, 환류하는, 정보(Intelligence)활동을 말한다.[11]

---

7) 마이클 바젤 지음, 최윤석 옮김, 공개 정보 수집 기법, 에이콘출판사, 2017, 30쪽.
8) 마이클 바젤 지음, 최윤석 옮김, 공개 정보 수집 기법, 에이콘출판사, 2017, 30쪽.
9) https://www.osintanalytics.com/ 2019.8.11. 검색.
10) 이완희, 윤민우, 박준석, 인터넷 시대의 정보활동: OSINT의 이해와 적용사례분석, 한국경호경비학회지, 2013, 제34호, 263쪽.

4. 이 책에서 공개정보의 개념

공개정보(오신트)는 비밀리에 첩보를 수집하는 비밀정보수집활동과 대비되는 개념이며, 정보를 수집하는 과정에서 공개된 자료를 수집하고 분석하여 사용 목적에 맞게 처리 가공하는 정보활동이다. 첩보수집의 대상이 공개된 자료라는 점이 비밀정보수집활동과 다른 것이다.

나아가 공개정보는 단순히 공개된 정보를 수집만 하는 개념이 아니라 수집된 정보의 처리, 분석, 정보목표에 따른 분석과 검증을 하여 정리된 보고서로 보고하고 배포하는 활동까지를 포함하는 개념으로 보아야 한다.[12)]

따라서 이 책에서 '공개정보' 또는 '오신트'는 광의의 개념으로 사용할 것이다.

5. 공개출처정보와 비밀출처정보의 관계

공개출처정보에 비해서 출처가 공개되지 않은 정보는 비밀출처정보이며, 대부분의 국가정보기관은 공개출처정보수집과 비밀출처정보수집을 병행하고 있다. 공개정보활동을 전담하는 공개정보센터 설립은 미국에서도 최근인 2005년이다. 전통적으로 정보기관들은 공개정보보다 비밀정보에 더 많은 인력과 예산을 투입하려 한다.

공개정보 활용을 통해 적이나 상대방의 행동이나 동향에 대한 개략적인 윤곽이나 배경을 추적할 수 있다. 하지만 더 정확한 의도를 알아내기 위해서는 인간정보나 기술정보 등 비밀첩보수집이 필요하다. 비밀정보에 공개정보내용이 포함되기도 한다.

공개정보활동은 적은 비용으로 우수한 정보를 얻을 수 있다고는 하나 비밀정보와 보완적으로 사용되어야 한다. 그 이유는 다음과 같다.[13)]

---

11) 윤민우, 사이버 시대의 도래에 따른 효과적인 대테러 법집행 대응방안으로서의 OSINT(Open Source Intelligence)의 개념과 특성, 그리고 활용방안, 한국테러학회 학술회의 자료집, 2012, 64쪽.
12) 전웅, 현대국가정보학, 박영사, 2015, 144쪽.
13) 전웅, 현대국가정보학, 박영사, 2016, 151−154쪽.

• 공개정보와 비밀정보의 명확한 구분이 어렵다.
• 법적 제약 때문에 합법적으로 수집하기 어려운 경우 비밀정보활동이 필요하다.
• 대부분의 공개출처정보는 사실 여부에 대한 확인이 필요하다.
• 공개정보만으로는 정보요구자에게 필요한 내용이 빠진 경우가 많다.
• 공개정보는 비밀정보활동을 통해 확인과 검증을 거쳐 보완되어야 하는 경우가 있다.

6. OSINT 프레임워크

오신트 공개정보를 수집하는 다양한 소프트웨어들이 개발되어 있다. 공개된 자료의 유형에 따라 사용할 수 있는 도구들이 계속해서 개발되고 있다. 수많은 오신트 툴들을 모두 열거해서 설명하는 것은 가능하지도 않고 너무나 많은 시간과 재원을 필요로 한다. 따라서 어떤 목적으로 어떤 공개된 자료를 수집하고 분석을 하여 사용할 것인지에 따라 적합한 프로그램을 사용하여야 한다.

무료로 공개된 소프트웨어 도구를 찾을 수도 있고 유료로 공개된 소프트웨어를 구할 수도 있다. 공개된 자료를 수집하면 사용 목적에 따라 문서로 정리할 필요가 있다. 온라인에서 활용할 수 있는 정보는 사라질 수 있기 때문이다. 웹사이트 폐쇄, 데이터 삭제, 내용 수정 등이 발생한다. 이러한 자료 소멸 문제에 대응하기 위한 적절한 도구들이 필요하다.[14]

공개된 자료를 검색하고 문서작업을 돕는 다양한 소프트웨어를 체계화하여 보여주고 활용하게 해 주는 osintframework.com 사이트가 있다. OSINT 프레임워크는 무료 도구 또는 자원에서 정보를 수집하는 데 중점을 둔다. 그 의도는 사람들이 무료 OSINT 리소스를 찾을 수 있도록 돕는 데 있다. 포함된 사이트 중 일부는 등록이 필요하다. 원래 이 프레임워크를 정보 보안 관점에서 작성했다고 한다.[15]

https://osintframework.com 사이트를 방문하여 오신트 도구들의 기능

---

14) 마이클 바젤 지음, 최윤석 옮김, 공개 정보 수집 기법, 에이콘출판사, 2017, 30쪽.
15) https://github.com/lockfale/OSINT－Framework 2019.7.23. 검색.

┃그림 1-1┃ Software of OSINT framework[17]

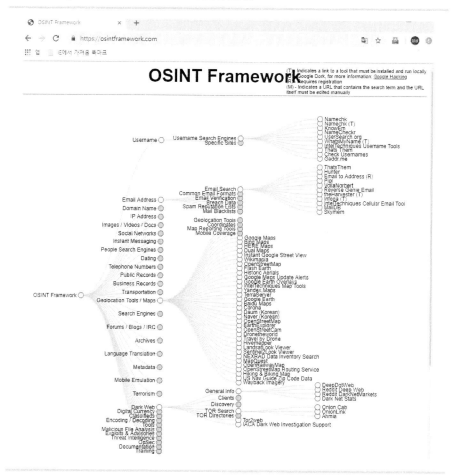

별 유형을 정리한 오신트 프레임워크를 보면, 오신트 공개정보활동의 윤곽을 체계적으로 볼 수 있고, 공개출처 자료의 종류에 따라 사용할 수 있는 소프트 웨어를 바로 확인할 수 있다. 무료로 사용 가능한 것이 있다. 하지만 유료로 사용해야 하는 것이 있고, 회원가입을 하여야 하는 경우도 있다.[16]

　여기에 나오는 소프트웨어 이외에도 많은 소프트웨어들이 있으며, 최 신 소프트웨어들이 계속 나오는 것도 찾아볼 필요가 있다.

---

16) https://osintframework.com/ 2020.6.4. 검색.

17) https://osintframework.com/

2 공개정보 활용

1. 공개정보(OSINT) 활용의 의의

공개정보 'Open Source Intelligence' 수집은 공개된 출처에서 첩보를 입수하는 활동을 말한다.[18] 그런데 정보기관에서 사용하는 오픈 소스 인텔리전스(OSINT)라는 단어의 의미에는 수집뿐만 아니라 분석 및 활용까지를 포함하고 있다. 즉, 일반적으로 공개된 소스에서 수집된 정보 또는 공개된 소스에서 수집된 정보의 수집 및 분석을 하는 활동까지도 포함하고 있다. 따라서 이 책에서는 OSINT를 공개된 출처의 첩보수집, 분석, 활용 활동을 포함한 넓은 의미로 '공개정보'라고 정의하고 사용하기로 하였다. 구체적인 활용 분야를 알아두는 것은 향후 오신트를 어디에 사용할지 선택하는 데 유용한 지식을 제공한다.

2. 공개정보 활용 분야

공개정보는 이용하는 사람에 따라 분야별로 다르게 쓰일 수 있다. 오신트가 주로 사용되는 분야는 국가안보, 법 집행, 비즈니스 인텔리전스 등이다.[19] 오신트가 국가안보에만 한정해 사용되는 것은 아니다.

이 책에서는 특별히 국가안보를 위해 오신트가 사용되는 것을 공개정보를 활용한 국가정보학이라고 본다. 국가안보를 위해서 국가정보원 등 국가 정보기관들이 공개된 정보를 수집하고 분석하여 군사전략, 작전, 방첩, 스파이 추적, 간첩 체포, 공안수사 등에 활용하기도 한다.

법 집행과정에서 공개정보로 범죄예방 대책을 수립하거나 실종된 아이들을 찾거나 인신매매를 조사할 때 도움을 얻을 수 있다. 범죄 관련 정보분석가는 소셜 미디어 포스트를 다루면서 정보분석 일상 업무에 적용할 수도 있다. 사설탐정은 검색 기법으로 사건을 위한 자료조사나 미제사건을 재조

---

18) 한국국가정보학회, 국가정보학, 박영사, 2017, 115쪽.
19) https://en.wikipedia.org/wiki/Open-source_intelligence#cite_note-1 2019.4.21. 검색.

사할 수도 있을 것이다.

민간영역에서는 기업의 보안팀이 회사와 보안에 관련된 적절한 정보를 찾도록 도움을 준다. 회사의 물리적 폭력부터 위조품에 이르기까지 다양한 위험 요소를 모니터링하는 성과를 올릴 수도 있다. 헤드헌터는 온라인에서 어떤 인터뷰나 레퍼런스를 찾아 정보를 제공할 수 있을 것이다.[20]

3. OSINT의 장점과 단점

공개정보의 가치를 신속성, 분량, 명료성, 편이성, 비용, 윤리성 등 기준으로 평가해 보면 오신트의 장점과 단점을 알 수 있다.[21][22]

1) 장점

먼저 공개정보의 장점을 보면 다음과 같다.

첫째, 공개정보는 비교적 신속하게 획득할 수 있다.

둘째, 공개정보는 비밀첩보 자료에 비해 보다 많은 분량의 자료들을 확보할 수 있다.

셋째, 공개정보는 출처의 명료성이 있다.

넷째, 공개정보는 합법적으로 첩보를 수집하기 때문에 출처를 공개할 수 있다.

다섯째, 공개정보는 누구나 쉽게 접근하여 편리하게 활용할 수 있다.

여섯째, 공개정보는 저렴한 비용으로 획득할 수 있다.

일곱째, 다양한 출처로 인해 인간정보에 비해 기만과 조작이 어렵다.

여덟째, 인간정보와 기술정보의 수집방향을 제시한다.

아홉째, 수집된 비밀첩보의 해석과 평가에 유용하다.

---

20) 마이클 바젤 지음, 최윤석 옮김, 공개 정보 수집 기법, 에이콘출판사, 2017, 31쪽.
21) 전웅, 현대국가정보학, 박영사, 2016, 154-161쪽.
22) 한국국가정보학회, 국가정보학, 박영사, 2017, 117-118쪽.

2) 단점

공개정보의 단점을 보면 다음과 같다.

첫째, 정보의 양이 지나치게 많아 옥석을 가리기 힘들다.
둘째, 공개정보에 대한 정보기관의 편견이 있어 활용이 저해되기도 한다.
셋째, 정보기관에서 외부 인터넷 접속을 차단하고 있어 활용이 제한되
　　　기도 한다.

3) 공개정보에 대한 오해

일반적인 오해에는 다음과 같은 것이 있다.[23]

(1) 공개정보가 무료다?

공개정보는 방대한 분량의 자료를 분석해야 하므로 수집, 분류, 관리비
용이 많이 든다.

(2) 인터넷이 주된 출처이다?

인터넷에서 입수하는 자료는 전체 공개정보의 약 3~5%에 불과하다는
주장도 있다. 보고서, 연구논문, 책자, 팸플릿, 라디오, 기타 검색되지 않는
다양한 공개된 자료들이 있다.

4. 우리나라 공개정보 활용 사례

　대표적인 사례는 통일부에서 운영하는 북한정보포털이다. 통일부는 북
한의 공개된 자료를 수집해 정리하여 제공하는 '북한정보포털'[24] 사이트를
운영하고 있다. 북한의 신문이나 방송 등으로 공개되는 북한정보를 체계적
으로 정리, 각 분야 최신 동향을 홈페이지에 게재한다. 정부기관들이 대북
정책과 외교안보정책에 활용 중이다.[25] 또한, 북한을 공부하는 학자나 조사
연구자들에게 많은 북한의 최신 정보를 공개하여 도움을 주고 있다.

---

23) 한국국가정보학회, 국가정보학, 박영사, 2017, 117-118쪽.
24) https://nkinfo.unikorea.go.kr/nkp/main/portalMain.do 2019.9.1. 검색.
25) http://nkinfo.unikorea.go.kr/nkp/main/portalMain.do 2019.5.10. 검색.

그 외에도 우리나라는 많은 정부기관과 공공기관들이 정보공개법에 의해 공개하고 있으며, 자료가 상당히 신뢰성이 있다고 할 수 있다. 정부기관 등 공공기관이 공개하는 자료는 해당 기관은 물론, 다른 기관이나 기업, 개인 사업 활용에도 많이 활용되고 있다. 이 책에서 나중에 다시 공공기관의 정보공개와 활용에 대해서 설명할 예정이다.

5. 범죄정보를 제공하는 공개정보 사이트

국내외의 범죄자 정보를 수집하거나 확인하여 사실을 확인하거나 범죄자를 대조하거나 추적하거나, 제보를 통해 지역의 안전활동, 치안활동을 전개하는데 도움을 받을 수 있을 것이다.

우선, 인터폴이 국제범죄와 국제범죄조직, 테러정보를 상세하게 공개하고 있다.[26] 또한, 국제 범죄수배도 하고 있다.[27]

┃그림 1-2 ┃ INTERPOL Red Notices[28]

미국 FBI도 범죄자 테러리스트 관련 정보를 홈페이지에 공개하고 있다.[29] 이외에도 다른 나라들도 공개수배 범죄자를 얼굴과 함께 공개하는 경우가 많다.

---

26) https://www.interpol.int/Crimes/Terrorism 2019.8.10. 검색.
    https://www.interpol.int/How-we-work/Notices/View-Red-Notices 2019.7.7. 검색.
27) https://www.interpol.int/News-and-Events/News/2019/INTERPOL-makes-public-
    appeal-to-help-track-environmental-fugitives 2019.7.7. 검색.
28) https://www.interpol.int/How-we-work/Notices/View-Red-Notices 2019.7.7. 검색.
29) https://www.fbi.gov/ 2019.8.10. 검색.

┃그림 1-3 ┃ https://www.fbi.gov/ 2020.6.10. 검색.

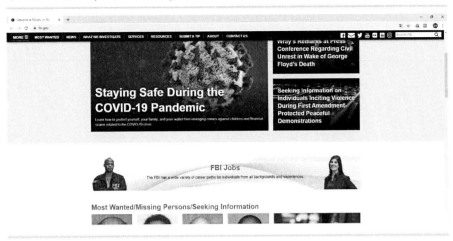

　　한국의 경우에는 경찰청에서 스마트국민제보를 통해 공개수배자 얼굴과 신상정보를 제공하고 국민들의 제보를 받아 범죄자를 추적하고 있다. 아울러 간편한 교통위반신고도 받고 있으며, 사건제보를 받아 수사에 착수하기도 한다.30)

┃그림 1-4 ┃ 경찰청 Smart 국민제보 목격자를 찾습니다!31)

---

30) https://onetouch.police.go.kr/ 2020.6.10. 검색.
31) https://onetouch.police.go.kr/ 2020.6.10. 검색.

6. Open Source Center

외국에 여러 사이트가 있으나 미국의 대표적인 공개정보센터는 'Open Source Center'라고 하며, 공개출처 첩보를 수집하고 미국 정보기관의 목적에 맞게 정보보고서로 생산한 많은 자료도 공개하고 있다.[32]

미국 DNI(Director of National Intelligence)의 Open Source Center(OSC)가 공개한 북한 관련 공개정보보고서를 검색해 입수한 것도 여기에 소개하면 다음 그림과 같다.[33]

┃그림 1-5┃ https://fas.org/irp/dni/osc/index.html 2019.8.10. 검색.

---

32) https://fas.org/irp/dni/osc/index.html 2019.8.10. 검색.

33) https://fas.org/irp/dni/osc/dprk−diplo.pdf 2019.8.10. 검색.

┃그림 1-6┃ 미국 Open Source Center, North Korea 관련 자료34)

UNCLASSIFIED//FOUO

29 December 2010

 **Open Source Center**   *Report*

North Korea -- 2010 Overseas Diplomatic Directory for Europe and Central Asia

This report updates portions of the 2008 OSC North Korean Overseas Diplomatic Directory[1] and introduces a few modifications and stylistic enhancements to facilitate its use. This directory is fourth in a series of reports that cover DPRK diplomatic missions by geographic region.[a] The directory includes photos, when available, of overseas diplomatic personnel as well as such standard information as facility addresses, phone and fax numbers, and e-mail addresses. Personnel changes and new ambassadorial appointments also have been noted when relevant.

Information in this directory is current as of December 2010. As an additional reference, direct links to applicable foreign ministry websites have been provided to enable readers to monitor ongoing developments in DPRK diplomatic activity. Names in the directory have been transliterated using OSC's modified versions of the McCune-Reischauer (M-R) Romanization system. The North Korean-preferred orthography of names -- written as given by each foreign diplomatic source[b] -- has also been included in brackets after each entry. Where an exact transliteration cannot be determined due to the unavailability of the original Korean in source materials, approximations of names have been provided.

The 2010 Overseas Diplomatic Directory makes use of the same open-source materials used to compile the 2008 version, including various official foreign ministry websites. A thorough review of these sources yields the following data on DPRK diplomatic missions in Europe and Central Asia:

Abkhazia

No current diplomatic activity observed between the DPRK and Abkhazia.

Albania

Ambassador: Cho Su'ng-chu [Jo Sung Ju] (resident in Bulgaria)

Official Albania Ministry of Foreign Affairs Website:
http://www.mfa.gov.al/dokumenta/mfa%20diplomatik%20list%202010.pdf

---

34) https://fas.org/irp/dni/osc/dprk−diplo.pdf 2019.8.10. 검색.

7. 테러리즘 공개 데이터

그 외에도 많이 있지만, 여기서는 대표적인 '글로벌 테러리즘 데이터베이스(GTD: Global Terrorism Database)'를 소개한다. '테러에 관한 미국 국가 컨소시엄(START)'이 테러에 대한 이해를 높이기 위해 이 온라인 인터페이스를 통해 글로벌 테러리즘 데이터베이스를 제공하고 있다.[35]

글로벌 테러리즘 데이터베이스는 1970년부터 2017년까지 전 세계의 테러 사건에 대한 정보를 포함하는 오픈 소스 데이터베이스이다. 다른 여러 사건 데이터베이스와 달리 글로벌 테러리즘 데이터베이스에는 이 기간 동안 발생한 18,000건 이상의 사례가 포함되어 있는 미국 내 및 국외 테러 사건에 대한 체계적인 데이터가 포함되어 있다. 각 글로벌 테러리즘 데이터베이스 사건에 대해 사건의 날짜와 위치, 사용된 무기 및 대상의 성격, 사상자 수, 그리고 확인할 수 있는 경우 책임 있는 집단 또는 개인에 대한 정보가 제공된다.

글로벌 테러리즘 데이터베이스의 특성은 다음과 같다.

- 180,000가지가 넘는 테러 공격에 대한 정보가 들어 있다. 현재 세계에서 가장 포괄적인 테러리스트 공격 데이터베이스이다.
- 1970년 이후 88,000건 이상의 폭탄 테러, 19,000건의 암살 및 11,000건의 납치 사건에 관한 정보가 포함되어 있다.
- 각 경우에 대해 최소 45개의 변수에 대한 정보를 포함하며, 120개가 넘는 변수에 대한 정보를 포함하여 최신 사건이 포함되어 있다.
- 1998년에서 2017년까지 사건 데이터를 수집하기 위해 4,000,000개 이상의 뉴스 기사와 25,000개의 뉴스 소스가 검토되었다.
- 정부 대표와 관심 있는 분석가는 이 양식을 통해 직접 데이터를 다운로드할 수 있다.

---

35) https://www.start.umd.edu/gtd/ 2019.9.9. 검색.

┃그림 1-7┃ Global Terrorism Database(GTD), 검색창[36]

START(The National Consortium for the Study of Terrorism and Responses to Terrorism) 테러와 테러에 대한 반응 연구를 위한 국가 컨소시엄(START)은 미국 내 테러의 원인과 결과에 대한 과학적 연구에 전념하는 국제적 학자 네트워크로 구성된 대학 기반의 연구 및 교육 센터다. 메릴랜드 대학교에 본사를 둔 국토안보부 명예 우수센터(START Department of Homeland Security Emeritus Center of Excellence)는 START를 포함하여 50개가 넘는 학술 및 연구 기관에서 주요 사회 과학자들의 연구 노력을 지원하며, 각 기관은 테러에 대한 근본적인 질문에 독창적인 조사 및 연구결과를 제공하고 있다.[37]

START에서 게시하고 있는 자료 중, '미국의 개인 급진파 프로필(PIRUS)' 내에서 테러리스트의 프로파일에 대한 연구결과 데이터를 보면 아주 상세한 개인정보까지 포함하고 있다.[38] 프로파일(PIRUS) 데이터 세트에는 2,100명이 넘는 폭력 및 비폭력 극단주의자의 배경, 속성 및 급진화 과정에 대한 미확인 개별 수준 정보가 포함되어 있다. 1948~2017년간 미국의 공개된 정

36) https://www.start.umd.edu/gtd 2019.7.8. 검색.
37) https://www.start.umd.edu/about/about−start 2019.8.11. 검색.
38) https://www.start.umd.edu/data−tools/profiles−individual−radicalization−united−states pirus 2019.8.11. 검색.

보원을 사용하여 코딩된 PIRUS 데이터 세트는 경험적이고 과학적으로 엄격한 관점에서 급진주의를 파악하기 위한 것이다. 사용자는 데이터를 직관적이고 통찰력 있게 실시간으로 분석할 수 있는 사용자 친화적 Keshif 데이터 시각화 도구를 사용하여 풍부한 PIRUS 데이터를 탐색할 수 있다고 한다.[39]

┃그림 1-8 ┃ 미국 START 테러리스트 개인분류정보[40]

_____

39) https://www.start.umd.edu/data − tools/profiles − individual − radicalization − united − states − pirus 2019.8.11. 검색.

40) https://www.start.umd.edu/data − tools/profiles − individual − radicalization − united − states − pirus 2019.8.11. 검색.

8. 사이버위협 대응 보안에 OSINT 활용

오신트는 공개출처에서 정보를 수집하는 활동인데 이것이 정보를 수집하는 용도로만 사용되는 것은 아니다. 정부기관이나 기업들이 산업스파이에 대항하는 방첩, 해킹방어 등에도 활용되고 있다.[41)

데이비드 매시번(David Mashburn, SANS Institute 공인 강사)에 따르면, 오픈 소스 인텔리전스(OSINT)는 공격자가 공개적으로 사용 가능한 정보를 활용하여 특정 환경에 대한 공격을 조정하기 위해 종종 공격 전술로 간주된다. 그러나 잘 아는 수비수는 OSINT 기법과 데이터를 사용하여 보안 작업을 향상시킬 수 있다. 보안업무에 오픈 소스 인텔리전스를 방어 도구로 사용할 수 있다고 한다.

┃그림 1-9 ┃ 보안관제와 침해대응 업무[42)

[보안관제와 침해대응 업무의 이해]

출처: 해킹사고의 재구성

---

41) https://www.youtube.com/watch?v=qkItelFGblw 2019.7.14. 검색. 이 기관에서 하는 교육프로그램 Blue Team Summit은 실용적인 기술, 새로운 도구 및 혁신적인 방법을 다루는 프리젠테이션 및 패널 토론을 통해 사이버 수비수가 공격 예방 및 탐지 능력을 향상시키는 데 도움을 준다.

42) https://www.youtube.com/watch?v=YmpuiKxvQ58 2019.8.8. 검색.

　예를 들면, 오픈소스 인텔리전스 앱인 말테고(Maltego)는 파테르바(Paterva) 회사가 개발한 포렌직 및 오픈소스 인텔리전스 앱이다. 사용자 환경의 위협 상황을 전달할 수 있도록 만들어져 있다. 특정 보안실패 지점의 복잡성과 중대성, 특정 인프라 범위에 존재하는 신뢰 관계에 대한 정보를 제공한다. 회사 네트워크 엣지에 위치한 라우터의 현재 구성 상태, 소속 기업 부서장의 사이버 공간에서 현재 위치 등 인터넷에 게시된 정보를 수집한다. 상업용 라이선스의 경우 유료다. 그러나 커뮤니티 버전은 일부 제약이 있지만 무료로 사용할 수 있다.[43]

　보안 분야에 여러 가지 툴을 쓸 경우 악의적 행동을 하는 누군가를 직접 찾아낼 수 있다.[44] 위협헌팅의 분석방법을 이용하는 경우, 전통적인 IT시스템 로그와 서버의 보안이벤트 등 자산에 별개 환경의 정보를 연결해 분석하는 것을 들 수 있다. 즉, 기업의 인사 데이터베이스나 물리보안시스템 기록, 오픈소스인텔리전스(OSINT)나 다른 위협 인텔리전스 정보, 소셜네트워크 서비스(SNS) 데이터까지 IT자산과 그 이외 행위를 아울러 보는 것이다.[45]

---

43) http://www.itworld.co.kr/news/119375 2019.7.23. 검색.

44) (IT보안 강의) 보안관제와 침해대응 업무의 이해 https://www.youtube.com/watch?v= YmpuiKxvQ58 2019.7.23. 검색.

45) https://www.zdnet.co.kr/view/?no=20180806175710 2019.7.23. 검색.

참여수업 과제

1) 오신트(OSINT)의 정의에 포함되어 있는 요소에는 어떠한 것들이 있
   는가? 협의의 정의와 광의의 정의로 나누어 발표한다.

2) 오신트 활용 분야에 대해 발표한다.

3) 한국의 전략물자수출입고시 변경, 일본을 '가의2'에 해당하도록 제
   도를 변경한 뉴스를 검색해 내용을 발표한다.

4) 오신트 이해에 도움이 될 영화를 보고 각자의 생각을 토의하고 발
   표한다.
   아래 내용에 나와 있는 URL을 통해 영화 요약 사이트로 이동해 서
   평할 수 있다.

   * 영화 '서치(search)' 소개[46]

   공개정보 추적에서 벗어나 프라이버시를 완전히 유지하며 살기를
   희망한다면 가능한 꿈일까에 대해 토의하고 발표한다.

---

46) 영화 서치 https://www.youtube.com/watch?v=LGqzJGxR5FE 2019.7.4. 검색.

공개정보 활용
국가정보학

1 · 국가정보

1. 국가정보

1) 국가

국가(國家)는 일정한 영토를 차지하고 조직된 정치 형태, 즉 정부를 지니고 있으며 대내 및 대외적 자주권을 행사하는 정치적 실체이다. 대체로 학계에서 동의하는 국가성의 조건은 독립성 인정과 국제 협약을 맺을 수 있는 능력 등이 포함된다.[1]

국가는 일정 지역의 인간이 그들의 공동체적 필요를 위하여 창설한 것으로, 그 구성원들을 위하여 일체성과 계속성을 가지고 요청을 수행하며, 내외의 적으로부터 공동체를 지키고 유지하려는 목적을 가진 조직이다.[2] 국가는 공동체 유지와 발전을 위해 다양한 정보가 필요하며 잘 활용하고 때로는 심도 있는 분석을 해야 할 경우가 많다.

2) 정보

정보(情報, information)는 특정 목적을 위하여 광(光) 또는 전자적 방식으로 처리되어 부호, 문자, 음성, 음향 및 영상 등을 표현하는 모든 종류의 자료 또는 지식을 말한다.[3]

요즘에는 컴퓨터의 정보 처리를 기반으로 한 정보(데이터)가 많이 대두된다. 정보의 원래 뜻에 따라, 정보와 자료(데이터)를 구별하고, 정보를 "뜻을 가지는 자료"라고 생각하는 의견도 있지만, 이러한 분야에서는 전체적으로 정보의 뜻을 가지고 문제삼는 경우는 별로 없으므로, 특별히 정보와 자료는 구별하지 않는다. 구분하자면, 데이터를 모아 둔 것이 자료라면 자료를 특정한 목적의 의사결정을 위해 가공한 형태를 정보라고 할 수 있다.[4]

국가정보학의 대부인 셔먼 캔트(Sherman Kent)는 "정보란 지식(knowledge),

---

1) https://ko.wikipedia.org/wiki/%EA%B5%AD%EA%B0%80 2019.4.21. 검색.
2) 홍성방, 헌법학, 현암사, 2007, 3-4쪽.
3) 국가정보화 기본법 제3조.
4) https://ko.wikipedia.org/wiki/%EC%A0%95%EB%B3%B4 2019.4.21. 검색.

활동(activity), 조직(organization)을 포괄하는 개념"이라고 정의하였는데 오늘날까지 정보기관이나 학계에서도 인정받고 있다.[5]

3) 국가정보

국가정보는 국가차원에서 국가기관에 의해 생산되고 활용되는 지식을 의미하며, 주로 국가의 최고정책결정권자가 사용하는 정보를 말한다.[6] 국가적 차원의 안전보장이나 이익을 실현하는 목표를 달성하기 위해 국가정보를 수집, 분석, 활용하는 활동이 국가정보활동이다.[7]

대통령의 직접적인 임무수행과 그 임무수행에 자문하기 위한 국가정보활동이 국가정보활동의 핵심이라고 할 수 있다.

나아가 각 정부기관이나 공공기관이 정책개발, 집행, 평가 등에 활용하는 정보도 국가정보에 속한다. 범죄예방, 범인검거, 수사 등 법 집행에도 활용된다.

요약하면, 국가정보란 국가안전보장을 위한 광범위한 분야를 대상으로 하는 정보이다. 외교, 국방, 경제, 사회 등 국가안보와 관련된 여러 분야의 정책수립과 집행, 평가에 필요하다. 또한, 국가안보위협으로부터 국가이익을 수호하는 데 요구되는 정보이며, 단순한 지식의 차원을 넘어 정보기관의 조직과 활동을 포괄하는 개념이다.[8]

4) 자료, 첩보, 정보의 구별

국가기관의 정보공동체나 정보학에서는 정보라는 용어를 엄격하게 정의하고 일반 분야의 정보와 구별되는 고차원의 개념으로 사용하고 있다.[9]

'자료(data)'는 '생자료(raw data)'라고도 하며, 특정한 목적에 의해 평가되지 않은 단순한 사실이나 기호를 의미한다. 각종 통계, 언론자료, 인터넷자료 등이 대표적이다.

5) 한국국가정보학회, 국가정보학, 박영사, 2017, 22쪽.
6) 전웅, 현대국가정보학, 박영사, 2016, 6쪽.
7) 전웅, 현대국가정보학, 박영사, 2016, 6쪽.
8) 한국국가정보학회, 국가정보학, 박영사, 2017, 23쪽.
9) 한국국가정보학회, 국가정보학, 박영사, 2017, 24쪽.

'첩보(information)'는 목적성을 가지고 의도적으로 수집한 자료를 말한다. 아직 타당성이 검증되지는 않았지만, 분석 및 평가과정을 거치면 목적에 맞게 이용될 수집된 자료이다.

'정보(intelligence)'는 특정 목적을 달성하기 위해 첩보를 수집해 분석하고 평가하여 그 타당성을 검증받은 첩보를 말한다. 수집된 첩보를 정보기관에서 정책결정자의 수요에 맞게 요약하고 검증한 것이 정보인 것이다.

5) 국가정보의 특성

국가의 안전보장과 국익보호에 필요한 국가정보는 비밀성, 합목적성, 전방위성의 특성을 갖고 있다.[10]

6) 국가정보의 구비요건

국가정보의 가치는 정책결정과정에서 어느 정도 기여했는가에 의해 평가될 수 있다. 그러기 위해서는 여러 요건들이 갖추어져야 한다.[11]

첫째, 적시성(timeliness)이 있어야 한다.
둘째, 정확성(accuracy)이 있어야 한다.
셋째, 객관성(objectivity)이 있어야 한다.
넷째, 적합성(relevance)이 있어야 한다.

2. 국가정보의 기능

국가정보는 독립성 확보 및 안전보장 발전을 위해 다음과 같은 다양한 기능을 하고 있다.

---

10) 한국국가정보학회, 국가정보학, 박영사, 2017, 25쪽.
11) 한국국가정보학회, 국가정보학, 박영사, 2017, 26쪽.

▌그림 2-1 ▌ 국가정보의 기능

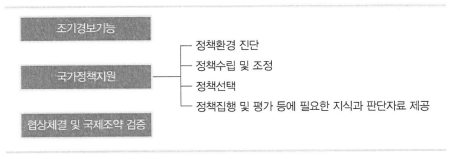

3. 국가정보활동의 이념

　　국가정보활동의 정당성을 부여하는 것은 헌법상 대통령과 국가에 부여된 임무인 국가수호와 국민보호라고 할 수 있다. 좀 더 구체적인 국가정보학의 이념은 헌법 국가인 대한민국의 헌법 이념에서 찾아볼 수 있다.

　　대한민국 헌법 이념은 국가안전을 보장하며, 국민의 자유와 권리를 보호하고, 행복한 삶을 보장하는 것이다. 우리나라는 자유민주주의 국가이며, 헌법과 법률에 근거해 국가체제를 만들고 운영하는 입헌국가이다. 따라서 모든 국가기관은 헌법과 법률에 근거해 헌법과 법률이 정하는 목적을 실현할 의무가 있다. 국가는 헌법에 근거해 정부기관을 구성하고, 헌법을 수호하고, 헌법에 규정된 국민의 기본권과 대한민국을 수호하는 임무를 수행하는 것이다.

　　이러한 국가의 이념을 위한 대한민국 헌법은 대한민국이라는 국가의 구체적인 임무를 전문에 담고 있다. 이 대한민국이라는 국가의 임무가 국가정보활동의 최고 이념이다.

　　대한민국 헌법의 전문에 국가의 임무를 다짐형식으로 밝히고 있다. "유구한 역사와 전통에 빛나는 우리 대한민국은 조국의 민주개혁과 평화적 통일의 사명에 입각하여 정의 · 인도와 동포애로써 민족의 단결을 공고히 하고, 모든 사회적 폐습과 불의를 타파하며, 자율과 조화를 바탕으로 자유민주적 기본질서를 더욱 확고히 하여 정치 · 경제 · 사회 · 문화의 모든 영역에 있어서 각인의 기회를 균등히 하고, 능력을 최고도로 발휘하게 하며, 자유와 권리에 따르는 책임과 의무를 완수하게 하여, 안으로는 국민생활의 균등한 향상을 기하고 밖으로는 항구적인 세계평화와 인류공영에 이바지함으로써 우리들과 우리들의 자손의 안전과 자유와 행복을 영원히 확보할 것을 다짐한다"고 하고 있다.

헌법 제66조는 다음과 같이 국가의 원수로써 국가를 보위하는 대통령의 임무를 부여하고 있다. 대통령은 국가보위를 위해 정부를 통할할 책임을 진다. 대통령의 임무를 수행하는 데 필요한 정보가 국가정보활동의 핵심이 된다.

① 대통령은 국가의 원수이며, 외국에 대하여 국가를 대표한다.
② 대통령은 국가의 독립·영토의 보전·국가의 계속성과 헌법을 수호할 책무를 진다.
③ 대통령은 조국의 평화적 통일을 위한 성실한 의무를 진다.
④ 행정권은 대통령을 수반으로 하는 정부에 속한다.

또한, 대한민국 헌법 제69조는 헌법과 국가를 수호하기 위해 대통령이 취임할 때 선서를 하도록 하고 있다. 국가정보활동을 하는 담당자들도 이 선서에 나오는 헌법준수, 국가보위, 평화통일, 국민의 자유와 복리 증진, 민족문화창달 이념에 충실할 필요가 있다.

"나는 헌법을 준수하고 국가를 보위하며 조국의 평화적 통일과 국민의 자유와 복리의 증진 및 민족문화의 창달에 노력하여 대통령으로서의 직책을 성실히 수행할 것을 국민 앞에 엄숙히 선서합니다."

4. 국가정보의 범위와 분류

1) 국가정보의 범위

헌법에 정한 대통령 등 국가기관의 임무를 효과적으로 수행하기 위해 필요한 모든 범위의 정보가 국가정보의 범위라고 할 수 있다. 국가의 중대한 정책결정에 관해 심의를 하려면 심도 있는 정보수집과 분석이 필요하다.

국무회의는 정부의 권한에 속하는 중요한 정책을 심의하기 위해 행정부에 설치되어 있으며, 대통령이 국무회의 의장이고 국무총리가 부의장, 국무위원이 회의 구성원이다. 국무회의의 다음과 같은 중대한 국가의 정책결정을 위해 국가정보가 필요하다.

헌법 제89조에 다음 사항은 국무회의의 심의를 거쳐야 한다고 규정하고 있는데 이것을 국가정보 활용의 범위로 볼 수 있다.

1. 국정의 기본계획과 정부의 일반정책
2. 선전·강화 기타 중요한 대외정책
3. 헌법개정안·국민투표안·조약안·법률안 및 대통령령안
4. 예산안·결산·국유재산처분의 기본계획·국가의 부담이 될 계약 기타 재정에 관한 중요사항
5. 대통령의 긴급명령·긴급재정경제처분 및 명령 또는 계엄과 그 해제
6. 군사에 관한 중요사항
7. 국회의 임시회 집회의 요구
8. 영전수여
9. 사면·감형과 복권
10. 행정각부간의 권한의 획정
11. 정부안의 권한의 위임 또는 배정에 관한 기본계획
12. 국정처리상황의 평가·분석
13. 행정각부의 중요한 정책의 수립과 조정
14. 정당해산의 제소
15. 정부에 제출 또는 회부된 정부의 정책에 관계되는 청원의 심사
16. 검찰총장·합동참모의장·각군참모총장·국립대학교총장·대사 기타 법률이 정한 공무원과 국영기업체관리자의 임명
17. 기타 대통령·국무총리 또는 국무위원이 제출한 사항

나아가 헌법에 국정의 중요한 사항에 관한 대통령의 자문에 응하기 위해 국가원로자문회의, 국가안전보장회의, 민주평화통일자문회의, 국민경제자문회의 등 여러 자문회의를 두고 있으며, 자문회의에 필요한 정보를 제공

하는 것도 국가정보 범위 내로 보아야 한다.

2) 국가정보의 운용상 분류

국가의 중요정책결정에 필요한 정보는 대단히 범위가 넓지만 여러 운용하는 목적이나 대상에 따라 분류할 수 있다.[12]

- 사용목적에 따라 정책정보와 보안정보(방첩정보)로 구분된다.
- 대상지역에 따라 국내정보와 국외정보로 구분된다.
- 요소에 따라 정치정보, 경제정보, 군사정보, 과학기술정보, 사회정보, 환경정보, 사이버정보 등으로 분류된다.
- 사용주체에 따라 각 부문정보(통일부, 외교부, 국방부, 경찰청 등)로 구분된다.
- 시계열적 특성에 따라 기본정보(축적된 기본자료), 현용정보(현재 진행상황에 필요한 정보), 판단정보(상황과 미래전망에 대한 정보)로 구분된다.
- 수집방법에 따라 인간정보, 기술정보, 공개정보, 비밀정보 등으로 구분된다.
- 기술정보는 지리공간정보, 신호정보, 징후계측정보 등으로 구분된다.

---

12) 한국국가정보학회, 국가정보학, 박영사, 2017, 31-38쪽.

2 공개정보 활용 국가정보학

1. 국가정보학의 개념

이론적으로 국가정보학은 국가안보와 국민보호를 위해 필요한 국가기관의 정보활동을 연구하는 학문이다. 국가정보학이란 국가적 차원에서 수행되는 정보활동과 관련된 모든 현상에 관한 학문으로서 국가정보의 체계, 정보활동의 본질, 정보활동의 주체, 정보활동의 역사 등을 연구하는 학문이다.[13] 공개정보 활용 국가정보학은 공개출처정보를 입수하여 행하는 국가정보활동에 관한 연구라고 할 수 있다.

공개정보를 활용한 국가정보학은 국가적 차원에서 국민의 자유와 권리를 보호하고 행복한 삶을 보장하는 국가정보기관의 정보활동을 민주적이고 효과적으로 실현하는 데 필요한 연구를 하는 학문이다.

공개정보를 활용한 국가정보학의 연구목적은 공개정보에 대한 올바른 이해를 바탕으로 국가정보활동의 이념과 목적 등을 규명하고 국가정보활동을 합리적이고 효율적으로 발전시키는 것이다.[14]

2. 공개정보 활용 국가정보학의 성격

공개정보 활용 국가정보학 성격은 사회과학의 한 분야이다. 행정학, 경영학, 정치학, 법학 등의 사회과학의 도움을 받을 뿐만 아니라 수집과 분석에서 수학, 통계학, 화학, 전자공학, 기계공학 등의 공학적 연구 도움도 받아 학제적 연구를 한다. 순수학문이라기보다는 응용학문이다.[15]

---

13) 한국국가정보학회, 국가정보학, 박영사, 2017, 3쪽.
14) 한국국가정보학회, 국가정보학, 박영사, 2017, 3쪽.
15) 한국국가정보학회, 국가정보학, 박영사, 2017, 3쪽.

3. 공개정보 활용 국가정보학의 연구범위와 연구대상

공개정보 활용 국가정보학은 지식으로서의 정보, 활동으로서의 정보활동, 그리고 조직으로서의 정보기관 등 크게 세 가지를 연구대상으로 한다.[16] 더 구체적으로는 다음과 같은 연구대상으로 분류할 수 있다.[17]

- 국가정보를 대상으로 한다.
- 국가정보의 본질과 정보순환과정을 체계적으로 연구한다.
- 각국의 정보기관에 대한 연구를 한다.
- 국가정보에 대한 정책을 대상으로 연구한다.
- 정보활동의 역사를 연구한다.

4. 공개정보 활용 국가정보학의 연구방법

국가정보학의 연구방법은 다양하다. 토마스와 루드너의 분류를 바탕으로 하여 보면 다음과 같은 접근방법이 있다.[18] 공개정보 활용 국가정보학도 이와 크게 다르지 않다고 보면 된다. 다만 다양한 정보수집의 접근방법을 사용하며, 인터넷과 정보통신기술을 많이 활용한다는 점이 특징이다.

1) 역사적 접근

정보활동의 역사적 전개과정과 성공 및 실패 사례를 중심으로 연구한다.

2) 기능적 접근

과정적 접근이라고도 하며 국가정보 연구의 가장 대표적인 연구 방법이다. 국가정보기관의 정보생산, 보안, 방첩, 비밀공작 등 주요한 활동에 대한 연구를 한다.

---

16) 전웅, 현대국가정보학, 박영사, 2016, 34쪽.
17) 한국국가정보학회, 국가정보학, 박영사, 2017, 5-6쪽.
18) 한국국가정보학회, 국가정보학, 박영사, 2017, 7-9쪽.

3) 구조적 접근

국가정보기관들의 조직구조와 편제, 실제운영 등에 대해 연구한다.

4) 정치적 접근

정책결정적 접근이라고도 하며 국가정보활동의 정책적 측면을 중심으로 연구한다. 정보활동의 성공과 실패에 대한 모델을 구축하거나 정보의 정치화 등을 연구한다. 정보와 정책과의 관계, 정보수요자와 생산자의 관계, 정보의 통제 시스템 등을 연구한다.

5) 법률적 접근

정보기관의 법적 근거와 합법성의 문제에 대해 연구한다. 국민의 기본권에 제한되는 문제에 대해 정보통제와 감시 등 법에 의한 통제에 대해서도 연구한다.

3 · 국가정보활동의 순환과정

1. 국가정보활동 순환과정

정보활동의 순환과정은 요구－수집－처리－분석－배포의 과정을 말한다.[19)]

- 정보의 순환과정(intelligence cycle)은 정보의 요구와 함께 시작된다.
- 정보요구가 발생하면 첩보(information) 수집계획을 세운다.
- 정보요구를 받은 정보기관은 국가수반, 국방부, 국가안보기구 등의 최고책임자가 요구한 정보를 국가정보목표 우선순위(PNIO)에 따라 분류하고, 적합한 방법의 첩보수집 수단을 선택하여 첩보수집을 한다.
- 수집된 첩보는 출처와 신뢰성을 검증받는 처리과정을 거친다.
- 처리된 첩보는 전문 정보분석관이 분석을 한다.
- 분석된 첩보는 정보형태로 수요자에게 배포된다.
- 배포된 정보는 정책결정에 반영되거나 수정·보완이 필요하면 다시 정보요구를 하게 되는데 이것을 환류(feedback)라고 한다. 필요에 따라 국가기관의 정보활동과정이 반복적으로 순환하여 일어나게 되는 것이다. 상세히 다음에서 설명한다.

2. 국가정보의 요구

국가의 핵심의사결정자들이 정보를 요구하는 주체이다. 구체적으로는 정보기관의 수장들이 정보를 요구하게 된다. 정보공동체의 역량은 시간과 자원이 제한되어 있기 때문에 모든 정보요구를 충족시킬 수 없다. 따라서 효율적인 정보활동을 위해 우선순위를 정하게 된다.[20)]

---

19) 한국국가정보학회, 국가정보학, 박영사, 2017, 71－73쪽.
20) 한국국가정보학회, 국가정보학, 박영사, 2017, 73－75쪽.

1) 국가정보목표순위(PNIO: Priorities of National Intelligence Objectives)

정보공동체의 총책임자는 연간 정보활동의 지침이 되는 국가정보목표순위를 부문정보기관에게 전달한다.

2) 첩보기본요소(EEI: Essential Elements of Information)

정보우선순위가 결정되면 각 부문 정보기관은 상위 지침에 의거하여 수집활동의 우선순위를 정한 첩보기본요소를 작성하고 이에 따라 통상적인 정보활동을 시작한다.

3) 별도정보요청(OIR: Other Intelligence Requirements)

새로운 다른 정보수요가 발생하면 별도의 정보요구를 한다.

4) 특별첩보요청(SRI: Special Requirements for Information)

상황이나 사태가 시급한 경우 특별한 첩보수집을 요청한다.

3. 첩보수집

각 정보기관은 첩보기본요소에 따라 계획하고 실행한다. 첩보수집은 정보생산을 위한 1차적인 정보활동이며 정보의 기초가 된다. 효과적인 첩보수집을 위해서 다양한 첩보출처(Sources of Information)를 확보하고 이용해야 한다. 첩보의 출처란 "첩보를 획득할 수 있는 사람, 장치, 시스템, 활동 등"을 의미한다. 효율적이고 신뢰성 있는 첩보수집을 위해서는 다양한 첩보출처를 상호보완하면서 활용해야 한다.[21]

1) 인간정보수집: Humint

사람을 활용하는 첩보수집방법이다. 정보관, 공작원, 협조자, 망명자 등 다양한 유형의 사람을 통해 이루어진다. 역사적으로도 가장 오래되고 빈번

---

21) 한국국가정보학회, 국가정보학, 박영사, 2017, 75−77쪽.

히 이용된다.

2) 기술정보수집: Techint

기술적 수단을 활용하는 방법이다.

- 영상정보(IMINT): 각종 촬영장비를 활용해 영상을 수집한다. 정찰기나 드론을 활용하기도 한다.
- 신호정보(SIGINT): 통신정보(COMINT), 전자정보(ELINT), 레이다정보 (RADINT) 등 신호를 수집한다.
- 징후계측정보(MASINT): Measurement and Signatures Intelligence의 약자이다. 무기보유량이나 산업활동 실태를 관련 수치측정을 통해 수집한다.

3) 공개출처 첩보수집: OSINT

OSINT는 Open Source Intelligence의 약자이다. 첩보의 출처가 비밀이 아니고 공개되어 있는 것을 말한다. 정보기관은 공개적이고 합법적으로 첩보를 수집할 수 있는 장점이 있다. 공식적인 외교활동, 신문, 라디오, TV, 인터넷 등 공개적인 자료를 통하여 첩보를 수집한다. 정보기관 정보의 약 35~90%의 비중을 차지할 정도라고도 한다. 공개적이고 합법적으로 첩보수집을 할 수 있는 곳에 고비용의 비밀활동을 하는 스파이를 보내는 것은 낭비일 수 있다. "학생이 갈 수 있는 곳에 스파이를 보내지 마라." 미국의 전 정보수장 Steele의 말이다.[22]

공개출처는 크게 대중매체, 공개자료, 전문학술자료, 인터넷 자료 등으로 나뉘기도 한다. 공개출처의 유형은 다음과 같다.

- 대중매체: 신문, 잡지, 라디오, TV, 인터넷 등
- 공개자료: 정부보고서, 공식 발표자료, 청문회 자료, 수사결과 발표, 판례, 연설 등
- 전문학술자료: 학술회의 자료, 심포지엄 자료, 전문가 협회 자료, 연

---

22) 전웅, 현대국가정보학, 박영사, 2016, 141−143쪽.

구논문 등
- 인터넷 자료: 인터넷에 공개된 자료, 검색되는 인터넷 자료 등

4. 첩보처리

첩보처리란 수집된 첩보를 분석에 이용될 수 있는 형태로 전환시키는 과정을 말한다. 첩보처리과정을 거치면서 다음과 같은 작업을 하게 된다.[23]

① 암호화된 첩보는 해독하여 정보요구자가 알 수 있는 문서, 사진, 영상 등의 형태로 만든다.
② 대량의 문서, 사진, 영상, 신호 등 첩보는 정리하고 분석하여 요약된 형식으로 만든다.
③ 다양한 대상에 대한 관련된 첩보를 정보요구에 맞게 체계화한다.

5. 정보분석

1) 정보분석 절차

정보분석 절차는 처리과정을 거친 첩보에 대해 그 의미를 해석하고 신뢰도를 평가하는 것이다. 중요한 사실관계를 확인하고 결론을 도출하여 정보요구 목적에 맞는 정보를 생산하는 과정이다.[24]

- 정보분석 과정은 평가 → 분석방법 선택 → 분석 → 종합 → 해석/판단 → 보고서 작성 단계로 진행된다.
- 정보분석과정에서 역정보나 기만정보를 걸러 낸다.
- 기존의 가설 또는 정설의 사실관계와 다른 것을 상호비교하여 신뢰도 평가를 한다
- 정보기관에서 분석방법은 사회과학의 분석방법과 유사하다.

---

23) 한국국가정보학회, 국가정보학, 박영사, 2017, 78-79쪽.
24) 한국국가정보학회, 국가정보학, 박영사, 2017, 79-80쪽.

2) 정보분석 방법

분석의 방법은 대상에 따라 달라진다. 상황중심의 현용정보는 고도의 분석기법을 요하지는 않는다. 관찰대상 국가의 미래 예측이나 트랜드 변화는 경쟁적인 모델을 만들어 분석하기도 한다.[25]

- 방대한 자료 속에서 패턴과 법칙을 찾기 위해서는 통계학적 계량분석이 효과적이다.
- 첩보가 빈약한 중국이나 북한의 권력실세 위상변화 분석에는 내용분석을 사용한다.
- 기타 의사결정나무, 시계열분석, 추세분석, 델파이 기법, 시스템 다이나믹스 기법 등 양적 분석을 사용하기도 한다.
- 질적분석에는 역할연기 기법, 정치군사모의실험, 시뮬레이션 등 기법이 있다.
- 브레인스토밍은 상상 가능한 가설을 도출해 보기 위해 사용한다.
- 기타 질적분석에는 경쟁가설 기법, 계층분석 등 다양하다.

3) 정보분석 실패

상대의 역정보 공작에 당하거나 중요한 첩보를 놓치기도 한다. 인간 인식과정의 결함 등 다양한 요인이 원인일 수 있다.[26]

- 계속된 경고에도 불구하고 집단사고 증후군에 걸려 묵살하는 경우도 있다.
- 정보실패는 분석관의 능력결핍에서 오는 경우도 있다.
- 정보기관의 전문성, 통찰력, 직관력, 판단력 등이 중요하다.
- 정보공동체의 정보기관 간 공유나 협조의 부족이 원인이 되기도 한다.

4) 정보보고서 작성

적절한 분석과 정보실패 함정을 극복하더라도 정보요구자에게 보고하

---

25) 한국국가정보학회, 국가정보학, 박영사, 2017, 80-82쪽.
26) 한국국가정보학회, 국가정보학, 박영사, 2017, 82-83쪽.

기 위해서는 정제된 최종 보고서로 완성이 되어야 한다.[27]

- 보고서는 알기 쉽게, 정보요구자의 궁금한 점을 해소하는 맞춤형으로 작성되어야 한다.
- 분량은 정보요구자가 소화할 수 있을 정도로 압축되어야 한다.
- 보고서 시한을 지켜야 한다.
- 적시에 보고되어야 한다.
- 계속되는 사안은 단계적으로 보고하여 정책판단에 사용하도록 한다.

6. 정보배포

배포는 정보요구자에게 정보가 전달되는 것을 말한다. 정보요구자는 정확하고 완전한 정보 파악을 위해 추가 정보를 요구할 수 있다. 배포 전달한 정보에 대해 환류가 이루어지는 과정이기도 하다. 정보배포 시 특별히 고려해야 할 사항은 다음과 같다.[28]

- 어떤 사람에게 최종 보고되어야 하는가?
- 어느 정도 분량으로 보고되어야 하는가?
- 언제가 적절한 배포시기인가? 보고주기는?
- 어떤 보고형태로 할 것인가? 구두보고, 서류보고, 이메일, 사진, 영상, 프리젠테이션, 암호화 등 적절한 형태를 혼합하여 선정하고 보고한다.
- 어떤 체계를 거쳐 보고되어야 하는가?
- 누구를 거쳐서 보고하는가?
- 실시간 통합보고체계를 이용하는가?

---

27) 한국국가정보학회, 국가정보학, 박영사, 2017, 83쪽.
28) 한국국가정보학회, 국가정보학, 박영사, 2017, 83−85쪽.

4 · 첩보수집방법

제1절 첩보수집 개관

1. 첩보수집의 개념

첩보수집은 국가정보요구를 충족시키기 위해 필요한 각종 자료를 입수하는 것이다. 국가정보목표 우선순위에 따라 정보생산, 비밀공작, 방첩활동 등에 필요한 첩보를 입수하여 공급을 한다.[29]

첩보수집 종류에는 인간정보, 기술정보, 공개출처정보수집 등이 있다. 첩보수집방법은 각각 장단점을 가지고 있다.

2. 첩보수집 계획 수립

첩보수집을 위한 예산을 확보하고, 수집체계와 방법을 선택해 결정하여야 한다. 수집의 우선순위를 결정하고, 수집출처와 수집방법 보호방안을 마련하여 수집이 성공하도록 해야 한다. 인간정보, 기술정보, 공개출처정보 등을 조합하여 시너지 효과를 내도록 계획하여야 한다.[30]

3. 첩보수집의 우선순위

첩보원의 부족, 기술력 한계, 예산부족, 시간부족 등 여러 한계 때문에 국가정보목표 우선순위(PNIO)를 정하고 이에 따라 순위를 달리하여 첩보수집을 한다. 국가정보목표 우선순위는 국가정보원장이 '정보 및 보안업무 기획조정 규정'에 따라 작성한다. 효율적인 첩보수집을 위해 부문 정보기관들의 의견을 수렴하는 것이 좋은 방법이다.[31]

---

29) 한국국가정보학회, 국가정보학, 박영사, 2017, 88–89쪽.
30) 한국국가정보학회, 국가정보학, 박영사, 2017, 89–91쪽.
31) 한국국가정보학회, 국가정보학, 박영사, 2017, 91–92쪽.

4. 첩보수집의 출처

공개출처와 비공개출처로 구분할 수 있다. 미국 의회가 1996년 3월 발표한 '미국 정보공동체 역할 및 능력평가위원회' 보고서에 의하면, 다음과 같은 이유로 비공개출처 첩보수집이 불가피하다고 하였다.[32)

첫째, 외부에서 자국에 접근하지 못하도록 차단하고 있는 국가가 있다.
둘째, 적대행위를 계획하는 국가들은 그들의 의도를 밝히는 경우가 드물고 그들의 준비상황을 숨긴다.
셋째, 대부분의 국가들이 세부적인 군사능력 및 군사력증강계획을 공개하지 않는다.
넷째, 테러, 마약거래, 스파이 활동 등은 공개적으로 추진하지 않고 비밀스럽게 진행한다.

정보기관은 수집한 첩보를 비밀로 보호하여야 하고, 수집출처 보호도 철저히 해야 한다.

제2절 인간정보수집

1. 인간정보수집의 주체

인간정보수집은 사람을 출처로 하는 첩보수집활동이다. 정보관이 주도하는 공개 또는 비공개정보수집이 포함된다. 인간정보수집의 주체는 정보기관의 정보관, 정보관과 계약에 의해 수집하는 첩보원, 자발적 협조자 등이다.[33)

---

32) 한국국가정보학회, 국가정보학, 박영사, 2017, 93−94쪽.
33) 한국국가정보학회, 국가정보학, 박영사, 2017, 94−95쪽.

1) 정보관(IO: Intelligence Officer)

정보관은 직접 첩보를 수집하거나 첩보원을 지휘통제하여 수집을 한다.[34)] 첩보원 운용단계는 다음과 같다.

① 첩보원 물색: 정보목표에 접근 가능한 사람 대상
② 첩보원 평가: 신뢰성, 약점, 채용 가능성
③ 첩보원 모집: 접근해 제안과 수락
④ 첩보원 관리: 교육 및 운용
⑤ 첩보원 해고: 일정한 사유 발생 시 관계 종료

정보관은 해외파견 시 가장(cover)방법을 쓰기도 한다. 공직가장(official cover)과 비공직가장(non-official cover)방법을 쓰며, 장단점이 있다. 공직가장은 외교관신분이 대표적이며 공식접촉이 용이하다. 비공직가장은 회사원, 언론기관원 등으로 가장하는 것이다. 비공식 접촉이 용이하나 외교관의 특권보호를 받을 수 없어 형사처벌 등 위험이 있다.

백색정보관(white)과 흑색정보관(black)으로 나누기도 하는데 주재국에 신분공개 여부가 기준이다.

합법정보관과 비합법 정보관은 신분이 합법적인지 여부에 따른 구분이다. 합법정보관은 상대국에 연락관으로 나가는 경우가 많고 테러 마약, 국제범죄, 사이버범죄 등에 대응하기 위해 정보협력을 하기도 한다. 장기적 비합법적 공작을 위해 경(輕)가장(thin cover)에 비해 철저한 중(重)가장(deep cover)을 한 경우이다.

2) 첩보원(agent)과 협조자(freelance agent, walk-in)

첩보원 확보를 위해 정보관은 사상, 금전, 약점조성과 협박 등 다양한 방법을 동원한다.[35)]

협조자는 자발적으로 찾아와 협력하는 사람이다. 경제적 이익을 위해 정보를 판매하는 사람(freelancer), 외국공관에 망명이나 보호를 요청하며 자

---

34) 한국국가정보학회, 국가정보학, 박영사, 2017, 95-98쪽.
35) 한국국가정보학회, 국가정보학, 박영사, 2017, 98-99쪽.

발적으로 찾아오는 사람(walk-in)이 있다.[36]

손자병법의 용간편에는 향간, 내간, 반간, 사간, 생간 등 5가지 간자(간첩)로 분류하고 있다.

- 향간(鄕間)은 적국의 평범한 주민을 첩자로 이용하는 것이다.
- 내간(內間)은 적국의 관리를 포섭하여 첩자로 이용하는 것이다.
- 반간(反間)은 적국의 첩자를 매수하거나 역이용하는 것이다.
- 사간(死間)은 정보를 주어서 적에게 허위정보를 흘리게 하고 적국에서 죽는 것이다.
- 생간(生間)은 적국을 정탐하고 살아 돌아와서 첩보를 보고하는 자이다.

2. 인간정보수집의 절차

첩보의 순환과정을 중심으로 보면 수집요구, 수집계획 수립, 수집 활동, 첩보 보고의 과정을 거친다.[37] 첩보수집요구는 비밀을 유지하고 암호화한 통신망을 이용하는 것이 일반적이다.

1) 수집요구

첩보의 수집요구는 우선순위와 시급성 등을 중심으로 다음과 같다.

- 국가정보목표 우선순위(PNIO: Priority of National Intelligence Objectives)
- 첩보 기본요소(EEI: Essential Elements of Information)
- 별도정보요청(OIR: Other Intelligence Requirements)
- 특별정보요청(SRI: Special Requirements for Information)

2) 수집계획 수립

연간, 월간, 주간 수집계획과 특정한 수집요구에 따라 수립되는 특별 수집계획을 세워야 한다. 계획에는 정보 수요, 요구사항, 수집사항, 여건개

---

36) 한국국가정보학회, 국가정보학, 박영사, 2017, 99-100쪽.
37) 한국국가정보학회, 국가정보학, 박영사, 2017, 101-102쪽.

척 및 수집방법, 예상문제점과 대책, 보고방법과 보고 시기 등이 포함되어야 한다.[38]

3) 수집활동

인간정보수집활동은 출처인 사람으로부터 필요한 첩보를 수집하는 것으로 출처접촉 준비활동, 출처접촉활동, 첩보획득활동 등으로 구성된다.

주재국 방첩 기관의 관찰대상인 출처를 통해 수집하려면 합법적이라 하더라도 은밀하게 해야 한다.

공개출처정보(OSINT)의 수집과 확인을 위해 사람을 접촉하여 첩보를 수집하기도 한다.

4) 첩보 보고

수집된 첩보를 수요자에게 전달하는 과정이다. 구두나 문서 모두 가능하며, 핵심내용이 누락되지 않도록 하고, 수집내용의 원형을 유지하여 객관성, 적시성, 보안 유지 등이 중요하다.[39]

3. 인간정보수집의 장점과 단점

인간정보수집에도 장단점이 있다.[40]

인간정보수집의 장점을 보면 다음과 같다.

첫째, 상대방의 의도와 생각을 파악할 수 있다.
둘째, 기술정보수집에 비해 저비용이다.

인간정보수집의 단점을 보면 다음과 같다.

첫째, 수집된 첩보의 진위를 확인하기 어렵다.

38) 한국국가정보학회, 국가정보학, 박영사, 2017, 102 – 103쪽.
39) 한국국가정보학회, 국가정보학, 박영사, 2017, 104쪽.
40) 한국국가정보학회, 국가정보학, 박영사, 2017, 107 – 108쪽.

둘째, 첩보 과장, 왜곡, 조작이 많다.

셋째, 공개적으로 입수할 수 있는 자료를 포장하기도 한다.

넷째, 정보관과 첩보원 간 신뢰 관계는 항상 파탄 가능성이 있다.

다섯째, 첩보수집이 종료된 후 계속 금전적 요구를 하거나 비밀활동을 폭로할 수 있다.

제3절 기술정보수집

기술정보수집이란 과학 기술적 수단을 통하여 첩보를 수집하는 방법으로, 신호정보, 지리공간정보, 징후계측정보수집 등이 포함된다. 인간이 접근할 수 없는 곳이나 인물에 대해 기술적으로 첩보를 수집하기도 한다.

1. 신호정보(SIGINT)

통신정보(COMINT: Communication Intelligence)라고도 한다.[41] 전화, 전신, 컴퓨터, 팩스 등 신호를 수집하여 처리하고 해독하여 첩보를 생산한다.

2. 지리공간정보(GEOINT: Geospatial Intelligence)

광학적 수단 또는 전자적 수단으로 사람 또는 사물의 모습을 재생하여 첩보를 수집한다. 전에는 사진정보(PHOTINT) 또는 영상정보(IMINT)라고도 불렸다. 사람, 항공기, 무인기, 드론, 인공위성 등이 활용된다.[42]

기술정보 수집시스템도 계속 발전하고 있으며, 적외선, 레이더, 다중분광영상정보, 초미세분광영상정보 수집시스템 등이 있다.

상대방을 속이기 위해 모조물을 설치하거나 의도적 기만행동을 할 수 있기 때문에 유의해야 한다.

---

41) 한국국가정보학회, 국가정보학, 박영사, 2017, 108 – 111쪽.
42) 한국국가정보학회, 국가정보학, 박영사, 2017, 111 – 113쪽.

3. 징후계측정보(MASINT: Measurement and Signatures Intelligence)

화학무기, 대량살상무기, 군비 통제, 환경오염, 마약제조 등과 관련된 활동 첩보를 수집하는 방법이다. 예를 들면, 공장에서 배출되는 가스나 폐기물 등을 수집하여 화학무기 개발 여부를 분석하는 방법이다.

징후계측정보수집에는 6개의 분야가 있다.[43]

- 전자광학(electro – optical): 적외선, 편광, 분광, 자외선, 가시광선 등 빛과 레이저 수집
- 지구물리학(geophysical): 가청음, 중력, 자기장, 지진 등 지구표면과 그 부근의 비정상성과 변화를 수집
- 물질(material): 화학적, 생물학적, 핵 관련 물질 표본들을 포함해 기체, 액체 또는 고체의 성분을 수집
- 핵방사능(nuclear radiation): 감마선, 중성자, X선 등 수집
- 레이더(radar): 가시거리 레이더, 가시거리 외 레이더, 합성개구 (synthetic aperture)와 같은 레이더들을 포함해 물체에서 반사되는 전자파 수집
- 무선주파수(radio frequency): 물체에서 방출되는 전자기 신호들을 수집

4. 기술정보수집의 장점과 단점

기술정보수집에도 장점과 단점이 있으며 인간정보와 보완적으로 수집할 필요가 있다.[44]

장점을 보면 다음과 같다.
첫째, 정보관이 접근하기 어려운 지역에 접근할 수 있다.
둘째, 단기간에 첩보수집이 가능하다.

단점을 보면 다음과 같다.

---

43) 한국국가정보학회, 국가정보학, 박영사, 2017, 113 – 114쪽.
44) 한국국가정보학회, 국가정보학, 박영사, 2017, 114 – 115쪽.

첫째, 우선 막대한 비용이 든다. 너무 자료가 많이 수집되어 선별처리
가 어렵다(밀과 왕겨).

둘째, 수집대상을 식별하고 추적하기가 쉽지 않다.

제4절 공개출처정보수집

1. 공개출처

공개출처정보 활용은 공개된 출처에서 첩보를 입수하여 분석하고 국가
안보나 정책 결정에 활용하는 활동을 말한다. 공개출처에는 다음과 같은 것
들이 있다.[45]

- 언론 미디어: 라디오, TV, 신문, 잡지, 인터넷 기반 언론매체
- 인터넷 자료: 소셜미디어로 단체 및 개인이 생산하는 자료
- 공공자료: 각종 정부보고서, 예산, 인구조사 통계, 청문회 자료, 법률
  안 토의자료, 언론배포 보도자료, 각종 연설문, 안전 경고문 등
- 연구 및 학술자료: 전문가나 학자의 연구, 학술자료, 세미나 자료, 전
  문가보고서 등
- 기술정보 자료: 상업위성 수집 영상, 웹사이트 분석결과, 민간 지구물
  리학 자료 등
- 인간정보 자료: 외교관, 군인, 정부인사, 사업가 등을 면담해 입수한
  자료 등

2. 공개출처센터(Open Source Center)

공개출처센터를 처음으로 설립한 나라는 미국이다.[46]

미국은 1941년 해외방송모니터링서비스(FBMS)를 설립해 제2차 세계대

---

45) 한국국가정보학회, 국가정보학, 박영사, 2017, 115−116쪽.
46) 한국국가정보학회, 국가정보학, 박영사, 2017, 116−117쪽.

전 기간에 외국방송을 청취하여 공개출처정보를 생산하였다. 1947년 CIA 과학기술국 산하 해외방송정보서비스(FBIS)로 재편되어 라디오, TV, 출판물 첩보를 모니터링해 왔다. 2004년 911테러 진상보고서는 공개출처정보기관 설치가 필요하다는 의견을 제시했다. 2005년 대량살상무기 정보능력평가 위원회 보고서는 CIA 내에 공개출처정보국을 신설할 것을 권고하였다. 이러한 권고에 따라 2005년 CIA에 있는 FBIS를 흡수하여 국가정보장(DNI) 산하에 '공개출처센터(Open Source Center)를 설치하였다. 공개출처센터는 라디오, TV, 언론, 인터넷, 데이터베이스, 지리공간 데이터, 사진, 상업 영상자료 등을 수집하고 분석하였다. 2016년부터는 공개출처센터가 공개출처 엔터프라이즈(open source Enterprise)로 변경되었다. 여러 웹사이트를 검색해 본 결과, 미국 외에 나토(NATO), 오스트레일리아 등이 공개출처정보 전문기관을 설치해 활용을 하고 있는 것으로 보인다.

3. 한국의 공개정보센터 예

한국은 2014년부터 북한에 관한 공개정보를 수집해 제공하는 '북한정보포털' 사이트를 운영하고 있다. 통일부 이외의 정보기관에서 수집한 정보도 활용하여 북한의 정치, 경제, 군사, 사회, 문화 등 광범위한 자료를 게재하여 국민들에게 또한 국내외 기관들에게 공개하고 있어서 대북 관련 정책수립과 외교, 통일, 군사, 남북 협력사업 등에 소중한 자료가 되고 있다.

참여수업 과제

1) 국가정보의 분류에 대하여 설명한다.

2) 국가정보학 접근방법에 대하여 설명한다.

3) 국가정보의 순환과정을 간략히 설명한다.

4) 인간정보수집의 장점과 단점을 설명한다.

5) 공개출처정보수집의 공개출처들을 설명한다.

정보기관 및
법적 근거

1. 국가정보원과 국가정보원법

1. 의의

국가정보원은 국외 정보와 국내 보안 정보의 수집·작성 및 배포, 국가 기밀에 속하는 문서·자재·시설 및 지역에 대한 보안, 형법 중 내란의 죄, 외환의 죄, 군형법 중 반란의 죄, 암호 부정사용죄, 군사기밀보호법에 규정된 죄, 국가보안법에 규정된 죄에 대한 수사, 국가정보원 직원의 직무와 관련된 범죄에 대한 수사, 정보 및 보안 업무의 기획·조정 등의 직무를 수행한다.[1]

국가정보원법은 국가정보원의 조직 및 직무 범위 등에 관한 사항을 정한 법이다. 국가정보원의 조직 및 직무 범위와 국가안전보장 업무의 효율적인 수행을 위하여 필요한 사항을 규정함을 목적으로 하는 법률이다(1980. 12. 31, 법률 제3313호).[2]

종전의 중앙정보부의 명칭을 국가안전기획부로 변경하고 다시 국가정보원으로 변경하였다. 과거 국가안전기획부의 부정적 이미지를 쇄신하고 국가 및 국민을 위한 참다운 국가정보기관으로 거듭나기 위하여 국가안전기획부의 명칭을 국가정보원으로 변경한 것이다. 그에 따라 중앙정보부법의 명칭을 국가안전기획부법으로 변경하고 다시 국가정보원법으로 변경하였다.[3]

---

[1] https://terms.naver.com/entry.nhn?docId=1203533&cid=40942&categoryId=31713 2019.5.3. 검색.

[2] 우리나라의 국가기관 중에서는 국가정보원, 통일부, 경찰청, 검찰청 등이 정보활동을 하는 기관에 해당한다.
공개정보활동의 근거 법에는 헌법·국가보안법, 국가정보원법, 국가정보원직원법·검찰청법 제4조(검사의 직무), **검찰청 사무기구에 관한 규정**·경찰법, 경찰관직무집행법, **경찰청과 그 소속기관 직제**·행정안전부와 그 소속기관 직제: 7조(기획조정실장)·통일부와 그 소속기관 직제: 제3조(직무), 제11조(정세분석국)·**대통령 등의 경호에 관한 법률 - 제16조**(경호안전대책위원회)·**보안업무규정**·대테러법 등이 있다.
정보활동의 방법과 한계, 구제에 관한 법에는 공공기관의 정보공개에 관한 법률·개인정보보호법·정보통신망 이용촉진 및 정보보호에 등에 관한 법률·공익신고자보호법·아동 청소년의 성보호에관한 법률 - 신상정보 등록제도·**성폭력범죄의 처벌 등에 관한 특례법 - 신상정보 등록제도·특정범죄신고자 등 보호법·특정 범죄자에 대한 보호관찰 및 전자장치 부착 등에 관한 법률**(약칭: 전자장치부착법) **- 제16조 피부착자의신상정보제공 등이 있다.**

국가정보원은 대통령 소속하에 두며, 대통령의 지시·감독을 받는다.

2. 국가정보원법 조문

제1조(목적) 이 법은 국가정보원의 조직 및 직무범위와 국가안전보장 업무의 효율적인 수행을 위하여 필요한 사항을 규정함을 목적으로 한다.

제2조(지위) 국가정보원(이하 "국정원"이라 한다)은 대통령 소속으로 두며, 대통령의 지시와 감독을 받는다.

제3조(국정원의 운영 원칙) ① 국정원은 운영에 있어 정치적 중립성을 유지하며, 국민의 자유와 권리를 보호하여야 한다.
② 국가정보원장(이하 "원장"이라 한다)·차장 및 기획조정실장과 그 밖의 직원은 이 법에서 정하는 정보의 수집 목적에 적합하게 정보를 수집하여야 하며, 수집된 정보를 직무 외의 용도로 사용하여서는 아니 된다.

제4조(직무) ① 국정원은 다음 각 호의 직무를 수행한다.
1. 다음 각 목에 해당하는 정보의 수집·작성·배포
   가. 국외 및 북한에 관한 정보
   나. 방첩(산업경제정보 유출, 해외연계 경제질서 교란 및 방위산업침해에 대한 방첩을 포함한다), 대테러, 국제범죄조직에 관한 정보
   다. 「형법」 중 내란의 죄, 외환의 죄, 「군형법」 중 반란의 죄, 암호 부정사용의 죄, 「군사기밀 보호법」에 규정된 죄에 관한 정보
   라. 「국가보안법」에 규정된 죄와 관련되고 반국가단체와 연계되거나 연계가 의심되는 안보침해행위에 관한 정보
   마. 국제 및 국가배후 해킹조직 등 사이버안보 및 위성자산 등 안보 관련 우주 정보
2. 국가 기밀(국가의 안전에 대한 중대한 불이익을 피하기 위하여 한정된 인원만이 알 수 있도록 허용되고 다른 국가 또는 집단에 대하여 비밀로 할 사실·물건 또는 지식으로서 국가 기밀로 분류된 사항만을 말한다. 이하 같다)에 속하는 문서·자재·시설·지역 및 국가안전보장에 한정된 국가 기밀

---

3) http://www.law.go.kr/lsInfoP.do?lsiSeq=54752&ancYd=19990121&ancNo=05681&efYd=19990121&nwJoYnInfo=N&efGubun=Y&chrClsCd=010202#0000 2091.8.2. 검색.

을 취급하는 인원에 대한 보안 업무. 다만, 각급 기관에 대한 보안 감사는 제외한다.

3. 제1호 및 제2호의 직무수행에 관련된 조치로서 국가안보와 국익에 반하는 북한, 외국 및 외국인·외국단체·초국가행위자 또는 이와 연계된 내국인의 활동을 확인·견제·차단하고, 국민의 안전을 보호하기 위하여 취하는 대응조치

4. 다음 각 목의 기관 대상 사이버공격 및 위협에 대한 예방 및 대응
   가. 중앙행정기관(대통령 소속기관과 국무총리 소속기관을 포함한다) 및 그 소속기관과 국가인권위원회, 고위공직자범죄수사처 및 「행정기관 소속 위원회의 설치·운영에 관한 법률」에 따른 위원회
   나. 지방자치단체와 그 소속기관
   다. 그 밖에 대통령령으로 정하는 공공기관

5. 정보 및 보안 업무의 기획·조정

6. 그 밖에 다른 법률에 따라 국정원의 직무로 규정된 사항

② 원장은 제1항의 직무와 관련하여 직무수행의 원칙·범위·절차 등이 규정된 정보활동기본지침을 정하여 국회 정보위원회에 이를 보고하여야 한다. 이 경우 국회 정보위원회는 정보활동기본지침에 위법하거나 부당한 사항이 있다고 인정되면 재적위원 3분의 2 이상의 찬성으로 시정이나 보완을 요구할 수 있으며, 원장은 특별한 사유가 없으면 그 요구에 따라야 한다.

③ 제1항제1호부터 제4호까지의 직무 수행을 위하여 필요한 사항과 같은 항 제5호에 따른 기획·조정의 범위와 대상 기관 및 절차 등에 관한 사항은 대통령령으로 정한다.

[시행일 : 2024. 1. 1.] 제4조제1항제1호다목, 제4조제1항제1호라목

제5조(국가기관 등에 대한 협조 요청 등) ① 원장은 직무 수행과 관련하여 필요한 경우 국가기관이나 그 밖의 관계 기관 또는 단체(이하 "국가기관 등"이라 한다)에 대하여 사실의 조회·확인, 자료의 제출 등 필요한 협조 또는 지원을 요청할 수 있다. 이 경우 요청을 받은 국가기관 등의 장은 정당한 사유가 없으면 그 요청에 따라야 한다.

② 직원은 제4조제1항제1호나목부터 마목까지 및 같은 조 같은 항 제2호의 직무수행을 위하여 필요한 경우 현장조사·문서열람·시료채취·

자료제출 요구 및 진술요청 등의 방식으로 조사할 수 있다.

③ 국정원은 제4조제1항제1호나목부터 라목까지에 관한 직무수행과 관련하여 각급 수사기관과 정보 공조체계를 구축하고, 국정원과 각급 수사기관은 상호 협력하여야 한다.

④ 직원은 정보수집을 위하여 필요한 최소한의 범위 안에서 조사를 행하여야 하며, 다른 목적을 위하여 조사 권한을 남용하여서는 아니된다. [시행일:2024. 1. 1.] 제5조제2항(제4조제1항제1호다목 및 라목과 관련된 조사에 한정한다)

제6조(조직) ① 국정원의 조직은 원장이 대통령의 승인을 받아 정한다.

② 제1항에도 불구하고 원장은 제4조에 따른 직무범위를 일탈하여 정치관여의 우려가 있는 정보 등을 수집·분석하기 위한 조직을 설치하여서는 아니 된다.

③ 국정원은 직무 수행상 특히 필요한 경우에는 대통령의 승인을 받아 특별시·광역시·특별자치시·도 또는 특별자치도에 지부(支部)를 둘 수 있다.

제7조(직원) ① 국정원에 원장·차장 및 기획조정실장과 그 밖에 필요한 직원을 둔다. 다만, 그 직무 수행상 필요한 경우에는 차장을 2명 이상 둘 수 있다.

② 직원의 정원은 예산의 범위에서 대통령의 승인을 받아 원장이 정한다.

제8조(조직 등의 비공개) 국정원의 조직·소재지 및 정원은 국가안전보장을 위하여 필요한 경우에는 그 내용을 공개하지 아니할 수 있다.

제9조(원장·차장·기획조정실장) ① 원장은 국회의 인사청문을 거쳐 대통령이 임명하며, 차장 및 기획조정실장은 원장의 제청으로 대통령이 임명한다.

② 원장은 정무직으로 하며, 국정원의 업무를 총괄하고 소속 직원을 지휘·감독한다.

③ 차장과 기획조정실장은 정무직으로 하고 원장을 보좌하며, 원장이 부득이한 사유로 직무를 수행할 수 없을 때에는 그 직무를 대행한다.

④ 원장·차장 및 기획조정실장 외의 직원 인사에 관한 사항은 따로 법률로 정한다.

제10조(겸직 금지) 원장·차장 및 기획조정실장은 다른 직(職)을 겸할 수 없다.

제11조(정치 관여 금지) ① 원장·차장 및 기획조정실장과 그 밖의 직원

은 정당이나 정치단체에 가입하거나 정치활동에 관여하는 행위를 하여
서는 아니 된다.

② 제1항에서 정치활동에 관여하는 행위란 다음 각 호의 어느 하나에
해당하는 행위를 말한다.

1. 정당이나 정치단체의 결성 또는 가입을 지원하거나 방해하는 행위
2. 그 직위를 이용하여 특정 정당이나 특정 정치인에 대하여 지지 또
   는 반대 의견을 유포하거나, 그러한 여론을 조성할 목적으로 특정
   정당이나 특정 정치인에 대하여 찬양하거나 비방하는 내용의 의견
   또는 사실을 유포하는 행위
3. 특정 정당이나 특정 정치인, 특정 정치단체를 위하여 기부금 모집
   을 지원하거나 방해하는 행위 또는 기업의 자금, 국가·지방자치단
   체 및 「공공기관의 운영에 관한 법률」에 따른 공공기관의 자금을
   이용하거나 지원하게 하는 행위
4. 특정 정당이나 특정인의 선거운동을 하거나 선거 관련 대책회의에
   관여하는 행위
5. 특정 정당·정치단체나 특정 정치인을 위하여 집회를 주최·참석·지
   원하도록 다른 사람을 사주·유도·권유·회유 또는 협박하는 행위
6. 「정보통신망 이용촉진 및 정보보호 등에 관한 법률」에 따른 정보통
   신망을 이용한 제1호부터 제5호까지에 해당하는 행위
7. 소속 직원이나 다른 공무원에 대하여 제1호부터 제6호까지의 행위
   를 하도록 요구하거나 그 행위와 관련한 보상 또는 보복으로서 이
   익 또는 불이익을 주거나 이를 약속 또는 고지(告知)하는 행위

③ 직원은 원장, 차장·기획조정실장과 그 밖의 다른 직원으로부터 제2항
에 해당하는 행위의 집행을 지시 받은 경우 내부 절차에 따라 이의를 제
기할 수 있으며, 시정되지 않을 경우 그 직무의 집행을 거부할 수 있다.

④ 직원이 제3항의 규정에 따라 이의제기 절차를 거친 후에도 시정되
지 않을 경우, 오로지 공익을 목적으로 제2항에 해당하는 행위의 집행
을 지시 받은 사실을 수사기관에 신고하는 경우 「국가정보원직원법」
제17조의 규정은 적용하지 아니한다.

⑤ 직원이 제4항에 따라 수사기관에 신고하는 경우 원장은 해당 내용
을 지체 없이 국회 정보위원회에 보고하여야 한다.

⑥ 누구든지 제4항의 신고자에게는 그 신고를 이유로 불이익조치(「공익신

고자 보호법」 제2조제6호에 따른 불이익조치를 말한다)를 하여서는 아니 된다.

제12조(겸직 직원) ① 원장은 현역 군인 또는 필요한 공무원의 파견근무를 관계 기관의 장에게 요청할 수 있다.

② 겸직 직원의 원(原) 소속 기관의 장은 겸직 직원의 모든 신분상의 권익과 보수를 보장하여야 하며, 겸직 직원을 전보(轉補) 발령하려면 미리 원장의 동의를 받아야 한다.

③ 겸직 직원은 겸직 기간 중 원 소속 기관의 장의 지시 또는 감독을 받지 아니한다.

④ 겸직 직원의 정원은 관계 기관의 장과 협의하여 대통령의 승인을 받아 원장이 정한다.

제13조(직권 남용의 금지) 원장·차장·기획조정실장 및 그 밖의 직원은 그 직권을 남용하여 법률에 따른 절차를 거치지 아니하고 사람을 체포 또는 감금하거나 다른 기관·단체 또는 사람으로 하여금 의무 없는 일을 하게 하거나 사람의 권리 행사를 방해하여서는 아니 된다.

제14조(불법 감청 및 불법위치추적 등의 금지) 원장·차장·기획조정실장 및 그 밖의 직원은 「통신비밀보호법」, 「위치정보의 보호 및 이용 등에 관한 법률」, 「형사소송법」 또는 「군사법원법」 등에서 정한 적법절차에 따르지 아니하고는 우편물의 검열, 전기통신의 감청 또는 공개되지 아니한 타인간의 대화를 녹음·청취하거나 위치정보 또는 통신사실확인 자료를 수집하여서는 아니 된다.

제15조(국회에의 보고 등) ① 원장은 국가 안전보장에 중대한 영향을 미치는 상황이 발생할 경우 지체 없이 대통령 및 국회 정보위원회에 보고하여야 한다.

② 원장은 국회 정보위원회가 재적위원 3분의 2 이상의 찬성으로 특정사안에 대하여 보고를 요구한 경우 해당 내용을 지체 없이 보고하여야 한다.

제16조(예산회계) ① 국정원은 「국가재정법」 제40조에 따른 독립기관으로 한다.

② 국정원은 세입, 세출예산을 요구할 때에 「국가재정법」 제21조의 구분에 따라 총액으로 기획재정부장관에게 제출하며, 그 산출내역과 같은 법 제34조에 따른 예산안의 첨부서류는 제출하지 아니할 수 있다.

③ 국정원의 예산 중 미리 기획하거나 예견할 수 없는 비밀활동비는 총액으로 다른 기관의 예산에 계상할 수 있으며, 그 편성과 집행결산에 대하여는 국회 정보위원회에서 심사한다.

④ 국정원은 제2항 및 제3항에도 불구하고 국회 정보위원회에 국정원의 모든 예산(제3항에 따라 다른 기관에 계상된 예산을 포함한다)에 관하여 실질심사에 필요한 세부 자료를 제출하여야 한다.

⑤ 국정원은 모든 예산을 집행함에 있어 지출의 사실을 증명할 수 있는 증빙서류를 첨부하여야 한다. 다만, 국가안전보장을 위해 기밀이 요구되는 경우에는 예외로 한다.

⑥ 원장은 국정원의 예산집행 현황을 분기별로 국회 정보위원회에 보고하여야 한다.

⑦ 국회 정보위원회는 국정원의 예산심사를 비공개로 하며, 국회 정보위원회의 위원은 국정원의 예산 내역을 공개하거나 누설하여서는 아니 된다.

제17조(국회에서의 증언 등) ① 원장은 국회 예산결산 심사 및 안건 심사와 감사원의 감사가 있을 때에 성실하게 자료를 제출하고 답변하여야 한다. 다만, 국가의 안전보장에 중대한 영향을 미치는 국가 기밀 사항에 대하여는 그 사유를 밝히고 자료의 제출 또는 답변을 거부할 수 있다.

② 원장은 제1항에도 불구하고 국회 정보위원회에서 자료의 제출, 증언 또는 답변을 요구받은 경우와「국회에서의 증언·감정 등에 관한 법률」에 따라 자료의 제출 또는 증언을 요구받은 경우에는 군사·외교·대북관계의 국가 기밀에 관한 사항으로서 그 발표로 인하여 국가 안위(安危)에 중대한 영향을 미치는 사항에 대하여는 그 사유를 밝히고 자료의 제출, 증언 또는 답변을 거부할 수 있다. 이 경우 국회 정보위원회 등은 그 의결로써 국무총리의 소명을 요구할 수 있으며, 소명을 요구받은 날부터 7일 이내에 국무총리의 소명이 없는 경우에는 자료의 제출, 증언 또는 답변을 거부할 수 없다.

③ 원장은 국가 기밀에 속하는 사항에 관한 자료와 증언 또는 답변에 대하여 이를 공개하지 아니할 것을 요청할 수 있다.

제18조(회계검사 및 직무감찰의 보고) 원장은 그 책임 하에 소관 예산에 대한 회계검사와 직원의 직무 수행에 대한 감찰을 하고, 그 결과를 대통령과 국회 정보위원회에 보고하여야 한다.

제19조(직원에 대한 수사중지 요청) ① 원장은 직원이 제4조에 규정된 직무 관련 범죄혐의로 인하여 다른 기관의 수사를 받음으로써 특수 활동 등 직무상 기밀 누설의 우려가 있는 경우에는 해당 수사기관의 장에게 그 사유를 소명하고 수사중지를 요청할 수 있다.
② 제1항에 따라 수사 중지 요청을 받은 기관의 장은 정당한 사유가 있으면 수사를 중지할 수 있다.

제20조(무기의 사용) ① 원장은 직무를 수행하기 위하여 필요하다고 인정할 때에는 소속 직원에게 무기를 휴대하게 할 수 있다.
② 제1항의 무기 사용에 관하여는 「경찰관 직무집행법」 제10조의4를 준용한다.

제21조(정치 관여죄) ① 제11조를 위반하여 정당이나 그 밖의 정치단체에 가입하거나 정치활동에 관여하는 행위를 한 사람은 7년 이하의 징역과 7년 이하의 자격정지에 처한다.
② 제1항에 규정된 죄의 미수범은 처벌한다.

제22조(직권남용죄) ① 제13조를 위반하여 사람을 체포 또는 감금하거나 다른 기관·단체 또는 사람으로 하여금 의무 없는 일을 하게 하거나 사람의 권리 행사를 방해한 사람은 7년 이하의 징역과 7년 이하의 자격정지에 처한다.
② 제1항에 규정된 죄의 미수범은 처벌한다.

제23조(불법감청·위치추적 등의 죄) ① 제14조를 위반하여 우편물의 검열·전기통신의 감청 또는 공개되지 아니한 다른 사람의 대화를 녹음·청취한 사람은 1년 이상 10년 이하의 징역과 7년 이하의 자격정지에 처한다.
② 제14조를 위반하여 위치정보 또는 통신사실확인자료를 수집한 사람은 5년 이하의 징역 또는 5천만원 이하의 벌금에 처한다.
③ 제1항 및 제2항에 규정된 죄의 미수범은 처벌한다.

제24조(공소시효에 관한 특례) 제21조와 제23조제2항의 죄에 대한 공소시효의 기간은 「형사소송법」 제249조제1항에도 불구하고 10년으로 한다.

2 국무조정실 대테러센터와 테러방지법

1. 제정이유

국민보호와 공공안전을 위한 테러방지법(약칭: 테러방지법)의 제정은 역사적인 미국이 당한 911테러사건에 의해 이루어졌다.

2001년 9·11테러 이후 국제사회가 지속적으로 테러와의 전쟁을 치르고 있으며, 유엔은 9·11테러 이후 테러근절을 위해 국제공조를 결의하고 테러방지를 위한 국제협약 가입과 법령 제정 등을 권고해 OECD 34개 국가 대부분이 테러방지를 위한 법률을 제정하였음에도 불구하고 아직 우리나라에서는 국가 대테러활동 수행에 기본이 되는 법적 근거조차 마련하지 못하고 있었다. 테러로부터 국민을 안전하게 보호하기 위해 모든 역량을 집중해야 하는 국가가 그 책임을 다하지 못하는 결과를 낳게 될 것이고, 국민은 테러의 위협으로부터 안전을 도모하기 어려운 상황을 맞이하게 위험에 처해 있었다.

이에 테러방지를 위한 국가 등의 책무와 필요한 사항을 명확히 규정하여 국가의 안보 및 공공의 안전은 물론 국민의 생명과 신체 및 재산을 보호하기 위해 테러방지법을 제정하고 국무총리 산하에 대테러센터를 설치하였다. 국가정보원과 국무조정실 대테러센터(02-2100-20340)가 공동으로 이 법을 관장하고 있다.

2. 테러방지법의 주요 내용

테러방지법의 주요한 내용을 보면 다음과 같다.

• 대테러활동의 개념을 테러의 예방 및 대응을 위하여 필요한 제반 활동으로 정의하고 테러의 개념을 국내 관련법에서 범죄로 규정한 행위를 중심으로 적시함(제2조).
• 대테러활동에 관한 정책의 중요사항을 심의·의결하기 위하여 국무총리를 위원장으로 하여 국가테러대책위원회를 둠(제5조).

- 대테러활동과 관련하여 임무분담 및 협조사항을 실무 조정하고, 테러
  경보를 발령하는 등의 업무를 수행하기 위하여 국무총리 소속으로
  대테러센터를 둠(제6조).
- 관계기관의 대테러활동으로 인한 국민의 기본권 침해 방지를 위해
  대책위원회 소속으로 대테러 인권보호관 1명을 둠(제7조).
- 국가정보원장은 테러위험인물에 대한 금융거래 정지 요청 및 통신이
  용 관련 정보를 수집할 수 있도록 함(제9조).
- 관계기관의 장은 테러를 선전·선동하는 글 또는 그림, 상징적 표현
  이나 테러에 이용될 수 있는 폭발물 등 위험물 제조법이 인터넷 등을
  통해 유포될 경우 해당 기관의 장에 긴급 삭제 등 협조를 요청할 수
  있도록 함(제12조).
- 관계기관의 장은 외국인테러전투원으로 출국하려 한다고 의심할 만
  한 상당한 이유가 있는 내·외국인에 대하여 일시 출국금지를 법무부
  장관에게 요청할 수 있도록 함(제13조).
- 테러 계획 또는 실행 사실을 신고하여 예방할 수 있게 한 자 등에 대
  해 국가의 보호의무를 규정하고, 포상금을 지급할 수 있도록 하고, 피
  해를 입은 자에 대하여 국가 또는 지방자치단체는 치료 및 복구에 필
  요한 비용의 전부 또는 일부를 지원할 수 있도록 하는 한편 의료지원
  금, 특별위로금 등을 지급할 수 있도록 함(제14조 – 제16조).
- 테러단체를 구성하거나 구성원으로 가입 등 테러 관련 범죄를 처벌할
  수 있도록 하고, 타인으로 하여금 형사처분을 받게 할 목적으로 이 법
  의 죄에 대하여 무고 또는 위증을 하거나 증거를 날조·인멸·은닉한
  자는 가중처벌하며, 대한민국 영역 밖에서 이 같은 죄를 범한 외국인
  에게도 국내법을 적용하도록 함(제17조 – 제19조).

3. 테러방지법 조문

제1조(목적) 이 법은 테러의 예방 및 대응 활동 등에 관하여 필요한 사항과 테러로 인한 피해보전 등을 규정함으로써 테러로부터 국민의 생명과 재산을 보호하고 국가 및 공공의 안전을 확보하는 것을 목적으로 한다.

제2조(정의) 이 법에서 사용하는 용어의 뜻은 다음과 같다.

1. "테러"란 국가·지방자치단체 또는 외국 정부(외국 지방자치단체와 조약 또는 그 밖의 국제적인 협약에 따라 설립된 국제기구를 포함한다)의 권한행사를 방해하거나 의무 없는 일을 하게 할 목적 또는 공중을 협박할 목적으로 하는 다음 각 목의 행위를 말한다.

   가. 사람을 살해하거나 사람의 신체를 상해하여 생명에 대한 위험을 발생하게 하는 행위 또는 사람을 체포·감금·약취·유인하거나 인질로 삼는 행위

   나. 항공기(「항공법」 제2조제1호의 항공기를 말한다. 이하 이 목에서 같다)와 관련된 다음 각각의 어느 하나에 해당하는 행위

   1) 운항중(「항공보안법」 제2조제1호의 운항중을 말한다. 이하 이 목에서 같다)인 항공기를 추락시키거나 전복·파괴하는 행위, 그 밖에 운항중인 항공기의 안전을 해칠 만한 손괴를 가하는 행위

   2) 폭행이나 협박, 그 밖의 방법으로 운항중인 항공기를 강탈하거나 항공기의 운항을 강제하는 행위

   3) 항공기의 운항과 관련된 항공시설을 손괴하거나 조작을 방해하여 항공기의 안전운항에 위해를 가하는 행위

   다. 선박(「선박 및 해상구조물에 대한 위해행위의 처벌 등에 관한 법률」 제2조제1호 본문의 선박을 말한다. 이하 이 목에서 같다) 또는 해상구조물(같은 법 제2조제5호의 해상구조물을 말한다. 이하 이 목에서 같다)과 관련된 다음 각각의 어느 하나에 해당하는 행위

   1) 운항(같은 법 제2조제2호의 운항을 말한다. 이하 이 목에서 같다)

중인 선박 또는 해상구조물을 파괴하거나, 그 안전을 위태롭
게 할 만한 정도의 손상을 가하는 행위(운항 중인 선박이나 해
상구조물에 실려 있는 화물에 손상을 가하는 행위를 포함한다)

2) 폭행이나 협박, 그 밖의 방법으로 운항 중인 선박 또는 해상
구조물을 강탈하거나 선박의 운항을 강제하는 행위

3) 운항 중인 선박의 안전을 위태롭게 하기 위하여 그 선박 운
항과 관련된 기기·시설을 파괴하거나 중대한 손상을 가하거
나 기능장애 상태를 야기하는 행위

라. 사망·중상해 또는 중대한 물적 손상을 유발하도록 제작되거나
그러한 위력을 가진 생화학·폭발성·소이성(燒夷性) 무기나 장
치를 다음 각각의 어느 하나에 해당하는 차량 또는 시설에 배
치하거나 폭발시키거나 그 밖의 방법으로 이를 사용하는 행위

1) 기차·전차·자동차 등 사람 또는 물건의 운송에 이용되는
차량으로서 공중이 이용하는 차량

2) 1)에 해당하는 차량의 운행을 위하여 이용되는 시설 또는 도
로, 공원, 역, 그 밖에 공중이 이용하는 시설

3) 전기나 가스를 공급하기 위한 시설, 공중의 음용수를 공급하
는 수도, 전기통신을 이용하기 위한 시설 및 그 밖의 시설로
서 공용으로 제공되거나 공중이 이용하는 시설

4) 석유, 가연성 가스, 석탄, 그 밖의 연료 등의 원료가 되는 물
질을 제조 또는 정제하거나 연료로 만들기 위하여 처리·수
송 또는 저장하는 시설

5) 공중이 출입할 수 있는 건조물·항공기·선박으로서 1)부터
4)까지에 해당하는 것을 제외한 시설

마. 핵물질(「원자력시설 등의 방호 및 방사능 방재 대책법」 제2조제1호의
핵물질을 말한다. 이하 이 목에서 같다), 방사성물질(「원자력안전법」
제2조제5호의 방사성물질을 말한다. 이하 이 목에서 같다) 또는 원자
력시설(「원자력시설 등의 방호 및 방사능 방재 대책법」 제2조제2호의
원자력시설을 말한다. 이하 이 목에서 같다)과 관련된 다음 각각의
어느 하나에 해당하는 행위

   1) 원자로를 파괴하여 사람의 생명·신체 또는 재산을 해하거나 그 밖에 공공의 안전을 위태롭게 하는 행위

   2) 방사성물질 등과 원자로 및 관계 시설, 핵연료주기시설 또는 방사선발생장치를 부당하게 조작하여 사람의 생명이나 신체에 위험을 가하는 행위

   3) 핵물질을 수수·소지·소유·보관·사용·운반·개조·처분 또는 분산하는 행위

   4) 핵물질이나 원자력시설을 파괴·손상 또는 그 원인을 제공하거나 원자력시설의 정상적인 운전을 방해하여 방사성물질을 배출하거나 방사선을 노출하는 행위

2. "테러단체"란 국제연합(UN)이 지정한 테러단체를 말한다.

3. "테러위험인물"이란 테러단체의 조직원이거나 테러단체 선전, 테러자금 모금·기부, 그 밖에 테러 예비·음모·선전·선동을 하였거나 하였다고 의심할 상당한 이유가 있는 사람을 말한다.

4. "외국인테러전투원"이란 테러를 실행·계획·준비하거나 테러에 참가할 목적으로 국적국이 아닌 국가의 테러단체에 가입하거나 가입하기 위하여 이동 또는 이동을 시도하는 내국인·외국인을 말한다.

5. "테러자금"이란「공중 등 협박목적 및 대량살상무기확산을 위한 자금조달행위의 금지에 관한 법률」제2조제1호에 따른 공중 등 협박목적을 위한 자금을 말한다.

6. "대테러활동"이란 제1호의 테러 관련 정보의 수집, 테러위험인물의 관리, 테러에 이용될 수 있는 위험물질 등 테러수단의 안전관리, 인원·시설·장비의 보호, 국제행사의 안전확보, 테러위협에의 대응 및 무력진압 등 테러 예방과 대응에 관한 제반 활동을 말한다.

7. "관계기관"이란 대테러활동을 수행하는 국가기관, 지방자치단체, 그 밖에 대통령령으로 정하는 기관을 말한다.

8. "대테러조사"란 대테러활동에 필요한 정보나 자료를 수집하기 위하여 현장조사·문서열람·시료채취 등을 하거나 조사대상자에게 자료제출 및 진술을 요구하는 활동을 말한다.

제3조(국가 및 지방자치단체의 책무) ① 국가 및 지방자치단체는 테러로부터 국민의 생명·신체 및 재산을 보호하기 위하여 테러의 예방과 대응에 필요한 제도와 여건을 조성하고 대책을 수립하여 이를 시행하여야 한다.

② 국가 및 지방자치단체는 제1항의 대책을 강구함에 있어 국민의 기본적 인권이 침해당하지 아니하도록 최선의 노력을 하여야 한다.

③ 이 법을 집행하는 공무원은 헌법상 기본권을 존중하여 이 법을 집행하여야 하며 헌법과 법률에서 정한 적법절차를 준수할 의무가 있다.

제4조(다른 법률과의 관계) 이 법은 대테러활동에 관하여 다른 법률에 우선하여 적용한다.

제5조(국가테러대책위원회) ① 대테러활동에 관한 정책의 중요사항을 심의·의결하기 위하여 국가테러대책위원회(이하 "대책위원회"라 한다)를 둔다.

② 대책위원회는 국무총리 및 관계기관의 장 중 대통령령으로 정하는 사람으로 구성하고 위원장은 국무총리로 한다.

③ 대책위원회는 다음 각 호의 사항을 심의·의결한다.

1. 대테러활동에 관한 국가의 정책 수립 및 평가

2. 국가 대테러 기본계획 등 중요 중장기 대책 추진사항

3. 관계기관의 대테러활동 역할 분담·조정이 필요한 사항

4. 그 밖에 위원장 또는 위원이 대책위원회에서 심의·의결할 필요가 있다고 제의하는 사항

④ 그 밖에 대책위원회의 구성·운영 등에 필요한 사항은 대통령령으로 정한다.

제6조(대테러센터) ① 대테러활동과 관련하여 다음 각 호의 사항을 수행하기 위하여 국무총리 소속으로 관계기관 공무원으로 구성되는 대테러센터를 둔다.

1. 국가 대테러활동 관련 임무분담 및 협조사항 실무 조정

2. 장단기 국가대테러활동 지침 작성·배포

3. 테러경보 발령

4. 국가 중요행사 대테러안전대책 수립

5. 대책위원회의 회의 및 운영에 필요한 사무의 처리

6. 그 밖에 대책위원회에서 심의·의결한 사항

② 대테러센터의 조직·정원 및 운영에 관한 사항은 대통령령으로 정한다.

③ 대테러센터 소속 직원의 인적사항은 공개하지 아니할 수 있다.

제7조(대테러 인권보호관) ① 관계기관의 대테러활동으로 인한 국민의 기본권 침해 방지를 위하여 대책위원회 소속으로 대테러 인권보호관(이하 "인권보호관"이라 한다) 1명을 둔다.

② 인권보호관의 자격, 임기 등 운영에 관한 사항은 대통령령으로 정한다.

제8조(전담조직의 설치) ① 관계기관의 장은 테러 예방 및 대응을 위하여 필요한 전담조직을 둘 수 있다.

② 관계기관의 전담조직의 구성 및 운영과 효율적 테러대응을 위하여 필요한 사항은 대통령령으로 정한다.

제9조(테러위험인물에 대한 정보 수집 등) ① 국가정보원장은 테러위험인물에 대하여 출입국·금융거래 및 통신이용 등 관련 정보를 수집할 수 있다. 이 경우 출입국·금융거래 및 통신이용 등 관련 정보의 수집에 있어서는 「출입국관리법」, 「관세법」, 「특정 금융거래정보의 보고 및 이용 등에 관한 법률」, 「통신비밀보호법」의 절차에 따른다.

② 국가정보원장은 제1항에 따른 정보 수집 및 분석의 결과 테러에 이용되었거나 이용될 가능성이 있는 금융거래에 대하여 지급정지 등의 조치를 취하도록 금융위원회 위원장에게 요청할 수 있다.

③ 국가정보원장은 테러위험인물에 대한 개인정보(「개인정보 보호법」상 민감정보를 포함한다)와 위치정보를 「개인정보 보호법」 제2조의 개인정보처리자와 「위치정보의 보호 및 이용 등에 관한 법률」 제5조제7항에 따른 개인위치정보사업자 및 같은 법 제5조의2제3항에 따른 사물위치정보사업자에게 요구할 수 있다.

④ 국가정보원장은 대테러활동에 필요한 정보나 자료를 수집하기 위하

여 대테러조사 및 테러위험인물에 대한 추적을 할 수 있다. 이 경우 사전 또는 사후에 대책위원회 위원장에게 보고하여야 한다.

제10조(테러예방을 위한 안전관리대책의 수립) ① 관계기관의 장은 대통령령으로 정하는 국가중요시설과 많은 사람이 이용하는 시설 및 장비(이하 "테러대상시설"이라 한다)에 대한 테러예방대책과 테러의 수단으로 이용될 수 있는 폭발물·총기류·화생방물질(이하 "테러이용수단"이라 한다), 국가 중요행사에 대한 안전관리대책을 수립하여야 한다.
② 제1항에 따른 안전관리대책의 수립·시행에 필요한 사항은 대통령령으로 정한다.

제11조(테러취약요인 사전제거) ① 테러대상시설 및 테러이용수단의 소유자 또는 관리자는 보안장비를 설치하는 등 테러취약요인 제거를 위하여 노력하여야 한다.
② 국가는 제1항의 테러대상시설 및 테러이용수단의 소유자 또는 관리자에게 필요한 경우 그 비용의 전부 또는 일부를 지원할 수 있다.
③ 제2항에 따른 비용의 지원 대상·기준·방법 및 절차 등에 필요한 사항은 대통령령으로 정한다.

제12조(테러선동·선전물 긴급 삭제 등 요청) ① 관계기관의 장은 테러를 선동·선전하는 글 또는 그림, 상징적 표현물, 테러에 이용될 수 있는 폭발물 등 위험물 제조법 등이 인터넷이나 방송·신문, 게시판 등을 통해 유포될 경우 해당 기관의 장에게 긴급 삭제 또는 중단, 감독 등의 협조를 요청할 수 있다.
② 제1항의 협조를 요청받은 해당 기관의 장은 필요한 조치를 취하고 그 결과를 관계기관의 장에게 통보하여야 한다.

제13조(외국인테러전투원에 대한 규제) ① 관계기관의 장은 외국인테러전투원으로 출국하려 한다고 의심할 만한 상당한 이유가 있는 내국인·외국인에 대하여 일시 출국금지를 법무부장관에게 요청할 수 있다.
② 제1항에 따른 일시 출국금지 기간은 90일로 한다. 다만, 출국금지를 계속할 필요가 있다고 판단할 상당한 이유가 있는 경우에 관계기관의

장은 그 사유를 명시하여 연장을 요청할 수 있다.

③ 관계기관의 장은 외국인테러전투원으로 가담한 사람에 대하여 「여권법」 제13조에 따른 여권의 효력정지 및 같은 법 제12조제3항에 따른 재발급 거부를 외교부장관에게 요청할 수 있다.

제14조(신고자 보호 및 포상금) ① 국가는 「특정범죄신고자 등 보호법」에 따라 테러에 관한 신고자, 범인검거를 위하여 제보하거나 검거활동을 한 사람 또는 그 친족 등을 보호하여야 한다.

② 관계기관의 장은 테러의 계획 또는 실행에 관한 사실을 관계기관에 신고하여 테러를 사전에 예방할 수 있게 하였거나, 테러에 가담 또는 지원한 사람을 신고하거나 체포한 사람에 대하여 대통령령으로 정하는 바에 따라 포상금을 지급할 수 있다.

제15조(테러피해의 지원) ① 테러로 인하여 신체 또는 재산의 피해를 입은 국민은 관계기관에 즉시 신고하여야 한다. 다만, 인질 등 부득이한 사유로 신고할 수 없을 때에는 법률관계 또는 계약관계에 의하여 보호의무가 있는 사람이 이를 알게 된 때에 즉시 신고하여야 한다.

② 국가 또는 지방자치단체는 제1항의 피해를 입은 사람에 대하여 대통령령으로 정하는 바에 따라 치료 및 복구에 필요한 비용의 전부 또는 일부를 지원할 수 있다. 다만, 「여권법」 제17조제1항 단서에 따른 외교부장관의 허가를 받지 아니하고 방문 및 체류가 금지된 국가 또는 지역을 방문·체류한 사람에 대해서는 그러하지 아니하다.

③ 제2항에 따른 비용의 지원 기준·절차·금액 및 방법 등에 관하여 필요한 사항은 대통령령으로 정한다.

제16조(특별위로금) ① 테러로 인하여 생명의 피해를 입은 사람의 유족 또는 신체상의 장애 및 장기치료를 요하는 피해를 입은 사람에 대해서는 그 피해의 정도에 따라 등급을 정하여 특별위로금을 지급할 수 있다. 다만, 「여권법」 제17조제1항 단서에 따른 외교부장관의 허가를 받지 아니하고 방문 및 체류가 금지된 국가 또는 지역을 방문·체류한 사람에 대해서는 그러하지 아니하다.

② 제1항에 따른 특별위로금의 지급 기준·절차·금액 및 방법 등에 관하여 필요한 사항은 대통령령으로 정한다.

제17조(테러단체 구성죄 등) ① 테러단체를 구성하거나 구성원으로 가입한 사람은 다음 각 호의 구분에 따라 처벌한다.

1. 수괴(首魁)는 사형·무기 또는 10년 이상의 징역
2. 테러를 기획 또는 지휘하는 등 중요한 역할을 맡은 사람은 무기 또는 7년 이상의 징역
3. 타국의 외국인테러전투원으로 가입한 사람은 5년 이상의 징역
4. 그 밖의 사람은 3년 이상의 징역

② 테러자금임을 알면서도 자금을 조달·알선·보관하거나 그 취득 및 발생원인에 관한 사실을 가장하는 등 테러단체를 지원한 사람은 10년 이하의 징역 또는 1억원 이하의 벌금에 처한다.

③ 테러단체 가입을 지원하거나 타인에게 가입을 권유 또는 선동한 사람은 5년 이하의 징역에 처한다.

④ 제1항 및 제2항의 미수범은 처벌한다.

⑤ 제1항 및 제2항에서 정한 죄를 범할 목적으로 예비 또는 음모한 사람은 3년 이하의 징역에 처한다.

⑥ 「형법」 등 국내법에 죄로 규정된 행위가 제2조의 테러에 해당하는 경우 해당 법률에서 정한 형에 따라 처벌한다.

제18조(무고, 날조) ① 타인으로 하여금 형사처분을 받게 할 목적으로 제17조의 죄에 대하여 무고 또는 위증을 하거나 증거를 날조·인멸·은닉한 사람은 「형법」 제152조부터 제157조까지에서 정한 형에 2분의 1을 가중하여 처벌한다.

② 범죄수사 또는 정보의 직무에 종사하는 공무원이나 이를 보조하는 사람 또는 이를 지휘하는 사람이 직권을 남용하여 제1항의 행위를 한 때에도 제1항의 형과 같다. 다만, 그 법정형의 최저가 2년 미만일 때에는 이를 2년으로 한다.

제19조(세계주의) 제17조의 죄는 대한민국 영역 밖에서 범한 외국인에

게도 국내법을 적용한다.

4. 테러정보통합센터

'국민보호와 공공안전을 위한 테러방지법 시행령' 제20조(테러정보통합센터)에 설치근거가 나와 있다.

① 국가정보원장은 테러 관련 정보를 통합관리하기 위하여 관계기관 공무원으로 구성되는 테러정보통합센터를 설치·운영한다.
② 테러정보통합센터는 다음 각 호의 임무를 수행한다.
1. 국내외 테러 관련 정보의 통합관리·분석 및 관계기관에의 배포
2. 24시간 테러 관련 상황 전파체계 유지
3. 테러 위험 징후 평가
4. 그 밖에 테러 관련 정보의 통합관리에 필요한 사항
③ 국가정보원장은 관계기관의 장에게 소속 공무원의 파견과 테러정보의 통합관리 등 업무 수행에 필요한 협조를 요청할 수 있다.

제21조(대테러합동조사팀) ① 국가정보원장은 국내외에서 테러사건이 발생하거나 발생할 우려가 현저할 때 또는 테러 첩보가 입수되거나 테러 관련 신고가 접수되었을 때에는 예방조치, 사건 분석 및 사후처리방안 마련 등을 위하여 관계기관 합동으로 대테러합동조사팀(이하 "합동조사팀"이라 한다)을 편성·운영할 수 있다.
② 국가정보원장은 합동조사팀이 현장에 출동하여 조사한 경우 그 결과를 대테러센터장에게 통보하여야 한다.
③ 제1항에도 불구하고 군사시설에 대해서는 국방부장관이 자체 조사팀을 편성·운영할 수 있다. 이 경우 국방부장관은 자체 조사팀이 조사한 결과를 대테러센터장에게 통보하여야 한다.

3 · 기타 정보기관과 법적 근거

1. 경찰청

1) 경찰법(국가경찰과 자치경찰의 조직 및 운영에 관한 법률)

경찰법에 국가경찰의 임무가 구체적으로 열거되어 있으며, 이 모든 경찰활동을 위한 공개정보활동을 하여 치안을 유지하고 공공의 안녕과 질서를 민주적이고 효율적으로 유지하여야 한다.

제3조(경찰의 임무) 경찰의 임무는 다음 각 호와 같다.
1. 국민의 생명·신체 및 재산의 보호
2. 범죄의 예방·진압 및 수사
3. 범죄피해자 보호
4. 경비·요인경호 및 대간첩·대테러 작전 수행
5. 공공안녕에 대한 위험의 예방과 대응을 위한 정보의 수집·작성 및 배포
6. 교통의 단속과 위해의 방지
7. 외국 정부기관 및 국제기구와의 국제협력
8. 그 밖에 공공의 안녕과 질서유지

2) 경찰청과 그 소속기관 직제

제14조(공공안녕정보국) ① 공공안녕정보국에 국장 1명을 두고, 국장 밑에 정책관등 1명을 둔다.
② 국장은 치안감 또는 경무관으로, 정책관등 1명은 경무관으로 보한다.
③ 국장은 다음 사항을 분장한다.
1. 공공안녕에 대한 위험의 예방과 대응을 위한 정보업무 기획·지도 및 조정
2. 국민안전과 국가안보를 저해하는 위험 요인에 관한 정보활동
3. 국가중요시설 및 주요 인사의 안전·보호에 관한 정보활동

4. 집회·시위 등 공공갈등과 다중운집에 따른 질서 및 안전 유지에 관한 정보활동
5. 국민의 생명·신체의 안전이나 재산의 보호 등 생활의 평온과 관련된 정책에 관한 정보활동
6. 국가기관·지방자치단체·공공기관의 장이 요청한 신원조사 및 사실확인에 관한 정보활동
7. 그 밖에 범죄·재난·공공갈등 등 공공안녕에 대한 위험의 예방과 대응을 위한 정보활동으로서 제2호부터 제6호까지에 준하는 정보활동

제15조(외사국) ① 외사국에 국장 1명을 둔다.
② 국장은 치안감 또는 경무관으로 보한다.
③ 국장은 다음 사항을 분장한다.
1. 외사경찰업무에 관한 기획·지도 및 조정
2. 재외국민 및 외국인에 관련된 신원조사
3. 외국경찰기관과의 교류·협력
4. 국제형사경찰기구에 관련되는 업무
5. 외사정보의 수집·분석 및 관리
6. 외사보안업무의 지도·조정
7. 국제공항 및 국제해항의 보안활동에 관한 계획 및 지도

제22조(안보수사국) ① 안보수사국에 국장 1명을 둔다.
② 국장은 치안감 또는 경무관으로 보한다.
③ 국장은 다음 사항을 분장한다.
1. 안보수사경찰업무에 관한 기획 및 교육
2. 보안관찰 및 경호안전대책 업무에 관한 사항
3. 북한이탈주민 신변보호
4. 국가안보와 국익에 반하는 범죄에 대한 수사의 지휘·감독
5. 안보범죄정보 및 보안정보의 수집·분석 및 관리
6. 국내외 유관기관과의 안보범죄정보 협력에 관한 사항
7. 남북교류와 관련되는 안보수사경찰업무

8. 국가안보와 국익에 반하는 중요 범죄에 대한 수사

2. 검찰청

1) 검찰청 사무기구에 관한 규정

제3조의6(대검찰청 수사정보담당관의 설치와 그 분장사무) ① 수사정보와 자료의 수집, 분석 및 관리에 관하여 대검찰청 차장검사를 보좌하기 위하여 수사정보담당관을 둔다.

② 수사정보담당관은 다음 사항에 관하여 대검찰청 차장검사를 보좌한다.

1. 부정부패사건·경제질서저해사건 등과 관련된 정보와 자료의 수집·관리, 분석·검증 및 평가에 관한 사항

2. 대공·선거·노동·외사 등 공공수사사건과 관련된 정보와 자료의 수집·관리, 분석·검증 및 평가에 관한 사항

3. 신문·방송·간행물·정보통신 등에 공개된 각종 범죄 관련 정보와 자료의 수집·관리, 분석·검증 및 평가에 관한 사항

4. 그 밖에 중요 수사정보와 자료의 수집·관리, 분석·검증 및 평가에 관한 사항

[본조신설 2020. 9. 3.]

3. 통일부

1) 정부조직법

제31조(통일부) 통일부장관은 통일 및 남북대화·교류·협력에 관한 정책의 수립, 통일교육, 그 밖에 통일에 관한 사무를 관장한다.

2) 통일부와 그 소속기관 직제

제3조(직무) 통일부는 통일 및 남북대화·교류·협력·인도지원에 관한 정책의 수립, 북한정세 분석, 통일교육·홍보, 그 밖에 통일에 관한 사무를 관장한다.

제4조(하부조직) ① 통일부에 운영지원과, 통일정책실, 교류협력실, 정세분석국 및 인도협력국을 둔다. < 개정 2020. 2. 11.>

② 장관 밑에 대변인 1명 및 장관정책보좌관 2명을 두고, 차관 밑에 기획조정실장 및 감사담당관 각 1명을 둔다.

제5조(대변인) ① 대변인은 고위공무원단에 속하는 일반직공무원으로 보한다.

② 대변인은 다음 사항에 관하여 장관을 보좌한다.

1. 주요 정책사안에 관한 대언론 홍보계획 수립·시행 및 총괄·조정

2. 주요 정책사안에 대한 공보계획 수립·시행

3. 주요 정책 관련 대 언론 공식 입장 발표에 관한 사항

4. 보도자료의 관리·분석·보고 및 오보 대응 등에 관한 사항

5. 대외 정책발표사항 관리 및 브리핑 지원에 관한 사항

6. 전자브리핑 운영 및 지원에 관한 사항

7. 주요 정책 관련 대국민 홍보

8. 삭제 < 2017. 9. 29.>

9. 온라인대변인 지정·운영 등 소셜 미디어 정책소통 총괄·점검 및 평가

제11조(정세분석국) ① 정세분석국에 국장 1명을 둔다.

② 국장은 고위공무원단에 속하는 일반직공무원으로 보한다.

③ 국장은 다음 사항을 분장한다.

1. 북한 관련 정세에 관한 종합적 분석·평가

2. 북한정보 종합 관리 시스템의 구축 및 운영

3. 북한의 대남정책에 관한 동향 조사 및 분석·평가

4. 북한의 정치·경제·사회·문화·군사·과학기술·환경 등 각 분야별 실태·동향 등의 파악 및 분석·평가

5. 북한정세 분석 관련 국내외 관련 기관 및 민간단체와의 협력에 관한 사항

6. 북한 관련 각종 정보의 수집·관리 및 생산·배포

7. 북한정보상황실의 운영 및 관리

8. 북한 관련 자료의 공개에 관한 정책의 수립

9. 북한자료센터의 운영

4 · 국가안보사범 수사와 국가보안법

1. 국가안보사범 수사 및 정보수집의 기본법

국가보안법은 국헌을 위배하여 정부를 참칭하거나 국가를 변란할 목적으로 단체를 구성하는 등 국가안보를 위태롭게 하는 각종의 행위를 처벌하려는 것이 목적이다. 국가안보를 위한 방첩 정보활동, 대간첩 정보활동의 기본법이다.

국가보안법의 소관부처는 법무부(공안기획과)다. 하지만 이 법의 적용은 수사기관은 물론이고 국가안보에 관련된 정보기관의 정보활동 대상과 범위에 관한 근거법이 된다.

금품수수죄, 잠입·탈출죄, 찬양·고무죄, 회합·통신죄 등의 구성요건에 헌법재판소의 한정합헌결정취지를 반영하여 국가의 존립·안전이나 자유민주적 기본질서를 위태롭게 하는 행위만을 처벌하도록 함으로써 입법목적과 규제대상을 구체화하고 남북교류협력에관한법률과의 적용한계를 명백히 하는 동시에 국가보안법에 의한 처벌대상을 축소함으로써 기본적 인권을 최대한 보장하고 "민족자존과 통일번영을 위한 대통령특별선언(7·7선언)"에 따른 대북정책의 효율적인 추진을 적극 뒷받침하기 위해 다음과 같이 1991년 5월 31일 개정되었다.[4] 이후 몇 차례 개정이 있었다. 그 기본 틀은 다음과 같다.

- 국가보안법을 해석·적용함에 있어 국민의 기본적 인권을 최대한 보장하여야 한다는 규정을 신설하였다.
- 반국가단체의 범위를 현재는 정부를 참칭하거나 국가를 변란할 것을 목적으로 하는 국내외의 결사 또는 집단으로 하고 있으나, 앞으로는 이와 같은 결사 또는 집단으로서 지휘통솔체제를 갖춘 단체만으로 한정하여 국가보안법의 적용대상이 되는 반국가단체의 범위를 축소

---

4) http://www.law.go.kr/lsInfoP.do?lsiSeq=60214&ancYd=19910531&ancNo=04373&efYd=19910531&nwJoYnInfo=N&efGubun=Y&chrClsCd=010202#0000 2019.8.2. 검색. 1991년 5월 31일에 개정된 내용 중 중요한 내용들이다.

하였다.

- 금품수수, 잠입·탈출, 찬양·고무, 회합·통신행위에 대하여는 헌법재
판소의 한정합헌결정 취지를 적극적으로 수용하여 국가의 존립·안
전이나 자유민주적 기본질서를 위태롭게 한다는 정을 알면서 행한
경우만을 처벌대상이 되도록 하였다.

2. 국가안보 정보수집 시 유의사항

공개정보를 수집하고 분석하여 국가안보 사범을 수사하기 위하여는 어
떠한 행위가 국가보안법에 위반되는지를 정확하게 알고 세밀하게 계획을
세워서 정보기관을 운영해야 한다.

또한, 국가안보사범 형사처벌은 형법을 위반한 일반범죄처벌보다 형벌
이 매우 엄하고 비밀정보수집과 강제수사의 대상이기 때문에 보다 신중하
고 인권을 보호하는 특별한 국가보안법의 규정들을 준수해야 한다.

3. 국가보안법 위반행위 죄와 형벌 조문 내용

다음은 국가보안법 죄와 형벌에 관한 조문이다. 이 조문의 내용을 잘
파악하여야 하며, 자의적 해석을 하지 말고 판례와 국가안보사범 수사의 지
침 등을 준수하면서 정보수집과 수사에 임해야 한다.

제1조(목적등) ① 이 법은 국가의 안전을 위태롭게 하는 반국가활동을
규제함으로써 국가의 안전과 국민의 생존 및 자유를 확보함을 목적으
로 한다.
② 이 법을 해석적용함에 있어서는 제1항의 목적달성을 위하여 필요한
최소한도에 그쳐야 하며, 이를 확대해석하거나 헌법상 보장된 국민의
기본적 인권을 부당하게 제한하는 일이 있어서는 아니된다.

제2조(정의) ① 이 법에서 "반국가단체"라 함은 정부를 참칭하거나 국가
를 변란할 것을 목적으로 하는 국내외의 결사 또는 집단으로서 지휘통

솔체제를 갖춘 단체를 말한다.

제3조(반국가단체의 구성등) ① 반국가단체를 구성하거나 이에 가입한 자는 다음의 구별에 따라 처벌한다.

1. 수괴의 임무에 종사한 자는 사형 또는 무기징역에 처한다.

2. 간부 기타 지도적 임무에 종사한 자는 사형·무기 또는 5년 이상의 징역에 처한다.

3. 그 이외의 자는 2년 이상의 유기징역에 처한다.

② 타인에게 반국가단체에 가입할 것을 권유한 자는 2년 이상의 유기징역에 처한다.

③ 제1항 및 제2항의 미수범은 처벌한다.

④ 제1항제1호 및 제2호의 죄를 범할 목적으로 예비 또는 음모한 자는 2년 이상의 유기징역에 처한다.

⑤ 제1항제3호의 죄를 범할 목적으로 예비 또는 음모한 자는 10년 이하의 징역에 처한다.

제4조(목적수행) ① 반국가단체의 구성원 또는 그 지령을 받은 자가 그 목적수행을 위한 행위를 한 때에는 다음의 구별에 따라 처벌한다.

1. 형법 제92조 내지 제97조·제99조·제250조제2항·제338조 또는 제340조제3항에 규정된 행위를 한 때에는 그 각조에 정한 형에 처한다.

2. 형법 제98조에 규정된 행위를 하거나 국가기밀을 탐지·수집·누설·전달하거나 중개한 때에는 다음의 구별에 따라 처벌한다.

   가. 군사상 기밀 또는 국가기밀이 국가안전에 대한 중대한 불이익을 회피하기 위하여 한정된 사람에게만 지득이 허용되고 적국 또는 반국가단체에 비밀로 하여야 할 사실, 물건 또는 지식인 경우에는 사형 또는 무기징역에 처한다.

   나. 가목외의 군사상 기밀 또는 국가기밀의 경우에는 사형·무기 또는 7년 이상의 징역에 처한다.

3. 형법 제115조·제119조제1항·제147조·제148조·제164조 내지 제169조·제177조 내지 제180조·제192조 내지 제195조·제207조·제208조·제210조·제250조제1항·제252조·제253조·제333조 내지

제337조·제339조 또는 제340조제1항 및 제2항에 규정된 행위를 한 때에는 사형·무기 또는 10년 이상의 징역에 처한다.

4. 교통·통신, 국가 또는 공공단체가 사용하는 건조물 기타 중요시설을 파괴하거나 사람을 약취·유인하거나 함선·항공기·자동차·무기 기타 물건을 이동·취거한 때에는 사형·무기 또는 5년 이상의 징역에 처한다.

5. 형법 제214조 내지 제217조·제257조 내지 제259조 또는 제262조에 규정된 행위를 하거나 국가기밀에 속하는 서류 또는 물품을 손괴·은닉·위조·변조한 때에는 3년 이상의 유기징역에 처한다.

6. 제1호 내지 제5호의 행위를 선동·선전하거나 사회질서의 혼란을 조성할 우려가 있는 사항에 관하여 허위사실을 날조하거나 유포한 때에는 2년 이상의 유기징역에 처한다.

② 제1항의 미수범은 처벌한다.

③ 제1항제1호 내지 제4호의 죄를 범할 목적으로 예비 또는 음모한 자는 2년 이상의 유기징역에 처한다.

④ 제1항제5호 및 제6호의 죄를 범할 목적으로 예비 또는 음모한 자는 10년 이하의 징역에 처한다.

제5조(자진지원·금품수수) ① 반국가단체나 그 구성원 또는 그 지령을 받은 자를 지원할 목적으로 자진하여 제4조제1항 각호에 규정된 행위를 한 자는 제4조제1항의 예에 의하여 처벌한다.

② 국가의 존립·안전이나 자유민주적 기본질서를 위태롭게 한다는 정을 알면서 반국가단체의 구성원 또는 그 지령을 받은 자로부터 금품을 수수한 자는 7년 이하의 징역에 처한다.

③ 제1항 및 제2항의 미수범은 처벌한다.

④ 제1항의 죄를 범할 목적으로 예비 또는 음모한 자는 10년 이하의 징역에 처한다.

제6조(잠입·탈출) ① 국가의 존립·안전이나 자유민주적 기본질서를 위태롭게 한다는 정을 알면서 반국가단체의 지배하에 있는 지역으로부터 잠입하거나 그 지역으로 탈출한 자는 10년 이하의 징역에 처한다.

② 반국가단체나 그 구성원의 지령을 받거나 받기 위하여 또는 그 목적수행을 협의하거나 협의하기 위하여 잠입하거나 탈출한 자는 사형·무기 또는 5년 이상의 징역에 처한다.

③ 삭제

④ 제1항 및 제2항의 미수범은 처벌한다.

⑤ 제1항의 죄를 범할 목적으로 예비 또는 음모한 자는 7년 이하의 징역에 처한다.

⑥ 제2항의 죄를 범할 목적으로 예비 또는 음모한 자는 2년 이상의 유기징역에 처한다.

제7조(찬양·고무등) ① 국가의 존립·안전이나 자유민주적 기본질서를 위태롭게 한다는 정을 알면서 반국가단체나 그 구성원 또는 그 지령을 받은 자의 활동을 찬양·고무·선전 또는 이에 동조하거나 국가변란을 선전·선동한 자는 7년 이하의 징역에 처한다.

② 삭제

③ 제1항의 행위를 목적으로 하는 단체를 구성하거나 이에 가입한 자는 1년 이상의 유기징역에 처한다.

④ 제3항에 규정된 단체의 구성원으로서 사회질서의 혼란을 조성할 우려가 있는 사항에 관하여 허위사실을 날조하거나 유포한 자는 2년 이상의 유기징역에 처한다.

⑤ 제1항·제3항 또는 제4항의 행위를 할 목적으로 문서·도화 기타의 표현물을 제작·수입·복사·소지·운반·반포·판매 또는 취득한 자는 그 각항에 정한 형에 처한다.

⑥ 제1항 또는 제3항 내지 제5항의 미수범은 처벌한다.

⑦ 제3항의 죄를 범할 목적으로 예비 또는 음모한 자는 5년 이하의 징역에 처한다.

제8조(회합·통신등) ① 국가의 존립·안전이나 자유민주적 기본질서를 위태롭게 한다는 정을 알면서 반국가단체의 구성원 또는 그 지령을 받은 자와 회합·통신 기타의 방법으로 연락을 한 자는 10년 이하의 징역에 처한다.

② 삭제

③ 제1항의 미수범은 처벌한다.

④ 삭제

제9조(편의제공) ① 이 법 제3조 내지 제8조의 죄를 범하거나 범하려는 자라는 정을 알면서 총포·탄약·화약 기타 무기를 제공한 자는 5년 이상의 유기징역에 처한다.

② 이 법 제3조 내지 제8조의 죄를 범하거나 범하려는 자라는 정을 알면서 금품 기타 재산상의 이익을 제공하거나 잠복·회합·통신·연락을 위한 장소를 제공하거나 기타의 방법으로 편의를 제공한 자는 10년 이하의 징역에 처한다. 다만, 본범과 친족관계가 있는 때에는 그 형을 감경 또는 면제할 수 있다.

③ 제1항 및 제2항의 미수범은 처벌한다.

④ 제1항의 죄를 범할 목적으로 예비 또는 음모한 자는 1년 이상의 유기징역에 처한다.

⑤ 삭제

제10조(불고지) 제3조, 제4조, 제5조제1항·제3항(第1項의 未遂犯에 한한다)·제4항의 죄를 범한 자라는 정을 알면서 수사기관 또는 정보기관에 고지하지 아니한 자는 5년 이하의 징역 또는 200만원 이하의 벌금에 처한다. 다만, 본범과 친족관계가 있는 때에는 그 형을 감경 또는 면제한다.

[전문개정 1991·5·31]

제11조(특수직무유기) 범죄수사 또는 정보의 직무에 종사하는 공무원이 이 법의 죄를 범한 자라는 정을 알면서 그 직무를 유기한 때에는 10년 이하의 징역에 처한다. 다만, 본범과 친족관계가 있는 때에는 그 형을 감경 또는 면제할 수 있다.

제12조(무고, 날조) ① 타인으로 하여금 형사처분을 받게 할 목적으로 이 법의 죄에 대하여 무고 또는 위증을 하거나 증거를 날조·인멸·은닉한 자는 그 각조에 정한 형에 처한다.

② 범죄수사 또는 정보의 직무에 종사하는 공무원이나 이를 보조하는 자 또는 이를 지휘하는 자가 직권을 남용하여 제1항의 행위를 한 때에도 제1항의 형과 같다. 다만, 그 법정형의 최저가 2년미만일 때에는 이를 2년으로 한다.

참여수업 과제: 토의 및 발표

1) 국가정보원법상 국가정보원의 직무는 무엇인가?

2) 테러방지법에서 테러의 정의는 무엇인가?

3) 테러방지법 제2조에 따르면 테러방지를 위해 수집해야 할 첩보는 어떤 것인가?

4) 국가보안법 조문의 제목들을 볼 때, 국가보안법 위반으로 형사처벌 되는 행위에는 어떠한 것들이 있는가?

5) 경찰청 안보수사국과 외사국의 업무분장 내용은 무엇인가?

6) 통일부 정세분석국의 업무분장 내용은 무엇인가?

개인정보보호법과
정보수집 한계

1 · 개인정보보호 제도

1. 개인정보의 가치

　　정보기관은 개인정보를 수집하여야 할 경우가 많다. 개인정보를 확인해야만 정보의 가치나 내용을 검증할 수 있는 경우도 많다.

　　그런데 개인정보를 악의적인 목적으로 이용하거나 유출할 경우 개인의 안전과 재산에 큰 피해를 줄 수 있다. 매일 수신되는 스팸문자, 보이스피싱, 특정인을 사칭한 메신저상의 금융사기 등이 모두 개인정보 유출과 관련된 것이다. 이런 개인정보들은 정보화 사회를 맞이하여 전자상거래, 고객관리, 금융거래 등 사회의 구성, 유지, 발전을 위한 필수적인 요소이다. 또한 개인정보는 기업의 입장에서도 수익 창출을 위한 자산으로서 높게 평가되고 있다.[1] 불법유출과 유통으로 이득을 취하는 경우가 많고, 그 피해도 프라이버시 침해와 금전적 피해, 명예훼손, 범죄집단의 피싱이나 범죄대상이 되는 등 피해가 크다. 따라서 개인정보를 수집하거나 활용하더라도 이를 제한하는 개인정보보호법상의 한계를 잘 준수하여야 한다.

2. 개인정보의 개념정의

　　개인정보보호위원회의 개인정보에 대한 설명을 그림으로 보면 더 쉽게 이해할 수 있다.[2][3] 살아 있는 자에 대한 정보이며, 따라서 죽은 사람, 단체, 기업의 정보는 보호 대상에서 제외된다. 특정 개인을 다른 사람과 구분할 수 있는 정보여야 하며, 해당 정보만으로는 특정 개인을 알아볼 수 없더라

---

[1] http://www.pipc.go.kr/cmt/not/inf/notPerInfo.do 2019.5.12. 검색.
[2] 다른 법률들에서 사용하는 개인정보의 정의도 개인정보보호법의 정의와 크게 다르지 않지만 해당 법률의 목적과 규제대상에 따라 약간 다르게 정의되어 있다.
　　※ 정보통신망 이용촉진 및 정보보호 등에 관한 법률
　　개인정보라 함은 생존하는 개인에 관한 정보로서 성명·주민등록번호 등에 의하여 당해 개인을 알아볼 수 있는 부호·문자·음성·음향 및 영상 등의 정보(당해 정보만으로는 특정 개인을 알아볼 수 없는 경우에도 다른 정보와 용이하게 결합하여 알아볼 수 있는 것을 포함한다)를 말한다.(제2조 제6호)
[3] http://www.pipc.go.kr/cmt/not/inf/notPerInfo.do 2019.5.12. 검색.

도 다른 정보와 쉽게 결합하여 알아볼 수 있는 것을 포함한다.[4)]

    개인정보보호의 대상이 되는 개인정보에는 다양한 유형의 정보가 있으며,[5)] 정보화 사회로 진전되면서 부분적 정보를 조합해 개인을 특정할 수 있는 경우가 늘어나고 있어서 보호대상인 개인정보의 범위가 확대되는 추세라고 할 수 있다.

┃그림 4-1┃ 개인정보보호의 대상인 개인정보

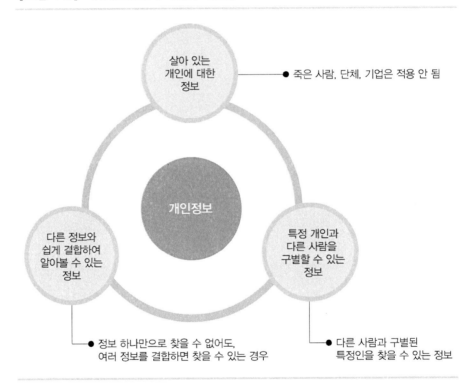

___

4) http://www.pipc.go.kr/cmt/not/inf/notPerInfo.do 2019.5.12. 검색.
5) 해당 정보만으로는 특정 개인을 알아볼 수 없더라도 다른 정보와 쉽게 결합하여 알아볼 수 있는 것을 포함한다.

▎표 4-1▎ 개인정보의 예(개인정보보호위원회)

유형 구분	개인정보 항목
일반정보	이름, 주민등록번호, 운전면허번호, 주소, 전화번호, 생년월일, 출생지, 본적지, 성별, 국적
가족정보	가족구성원들의 이름, 출생지, 생년월일, 주민등록번호, 직업, 전화번호
교육 및 훈련정보	학교출석사항, 최종학력, 학교성적, 기술 자격증 및 전문 면허증, 이수한 훈련 프로그램, 동아리활동, 상벌사항
병역정보	군번 및 계급, 제대유형, 주특기, 근무부대
부동산정보	소유주택, 토지, 자동차, 기타소유차량, 상점 및 건물 등
소득정보	현재 봉급액, 봉급경력, 보너스 및 수수료, 기타소득의 원천, 이자소득, 사업소득
기타 수익정보	보험(건강, 생명 등) 가입현황, 회사의 판공비, 투자프로그램, 퇴직프로그램, 휴가, 병가
신용정보	대부잔액 및 지불상황, 저당, 신용카드, 지불연기 및 미납의 수, 임금압류 통보에 대한 기록
고용정보	현재의 고용주, 회사주소, 상급자의 이름, 직무수행평가기록, 훈련기록, 출석기록, 상벌기록, 성격 테스트결과 직무태도
법적정보	전과기록, 자동차 교통 위반기록, 파산 및 담보기록, 구속기록, 이혼기록, 납세기록
의료정보	가족병력기록, 과거의 의료기록, 정신질환기록, 신체장애, 혈액형, IQ, 약물테스트 등 각종 신체테스트 정보
조직정보	노조가입, 종교단체가입, 정당가입, 클럽회원
통신정보	전자우편(E-mail), 전화통화내용, 로그파일(Log file)
위치정보	GPS나 휴대폰에 의한 개인의 위치정보
신체정보	지문, 홍채, DNA, 신장, 가슴둘레 등
습관 및 취미정보	흡연, 음주량, 선호하는 스포츠 및 오락, 여가활동, 비디오 대여기록, 도박성향

3. 개인정보보호위원회 개인정보보호 동향

인터넷에서 개인정보보호위원회[6] 홈페이지를 검색해 보면, 개인정보보호 활동을 여러 가지 방법으로 전개하고 있다. 최근 개인정보 유출이나 탈취 사례, 판례도 발표하고 있다. 개인정보보호위원회 홈페이지에 게재된 개인정보보호 동향을 검색하면 자료를 찾을 수 있다.[7] 개인정보보호 종합포털 사이트,[8] 자료마당의 참고자료[9]에서 올해 게재된 정책/동향 자료를 볼 수 있다.

이러한 동향 정보를 수집해 보면 정부의 개인정보보호정책의 변화를 확인할 수 있다. 또한, 개인정보수집에서 지켜야 할 법적 한계 등을 알 수 있으므로 공개정보활동을 하는 데 중요한 자료가 된다.

4. 개인정보 분쟁조정 절차

만약에 개인정보수집과 활용에서 유출 등 피해를 입은 사람이 있다면 법적인 구제를 받을 수 있다. 정보기관은 법적 한계를 준수하고 개인정보 유출이나 사적인 활용을 금지하고 피해를 예방해야 할 의무가 있다. 그런데도 개인정보 분쟁이 있는 경우에 그 분쟁을 조정하기 위한 정부의 기관과 해당 절차에 대한 개인정보보호위원회의 개인정보 분쟁조정 절차 안내를 보면 다음과 같다.[10]

또한, 온라인 개인정보보호 포털[11]을 한국인터넷진흥원에서 운영하고 있으며, 각종 개인정보보호 기술지원 안내, 개인정보 유출 신고 접수, 사업자 온라인 교육, 개인정보보호 이용수칙 제공 등을 하고 있다. 개인정보 유출 사고에 대응하는 매뉴얼도 게시하여 제공한다.

개인정보 분쟁조정 절차는 다음과 같다.

---

6) http://www.pipc.go.kr/cmt/not/ntc/selectBoardArticle.do 2019.5.12. 검색.
7) http://www.pipc.go.kr/cmt/not/ntc/selectBoardArticle.do 2019.5.12. 검색.
8) https://www.privacy.go.kr/main/mainView.do 2019.10.6. 검색.
9) https://www.privacy.go.kr/inf/rfr/selectBoardList.do 2019.7.19. 검색.
10) http://www.pipc.go.kr/pipc/static/dispute.jsp 2019.5.12. 검색.
11) https://i−privacy.kr/servlet/command.user4.IndexCommand 2019.10.7. 검색.

① 개인정보 유출 등 침해를 당한 사람이 분쟁조정 신청을 접수하면 분쟁조정위원회가 사실조사를 하여 확인을 한다.

② 이어서 내용을 보고 서로 합의할 수 있는 사안인 경우 조정 전 합의권고를 한다.

③ 합의가 되지 않으면, 심의해서 조정결정을 하며, 조정이 종료된다.

④ 조정결과에 대하여 조정을 수락하지 않으면 민사소송을 제기할 수 있다.

⑤ 조정을 수락하면 재판상 화해의 효력이 인정된다.

▌그림 4-2 ▌ 개인정보 분쟁조정 절차

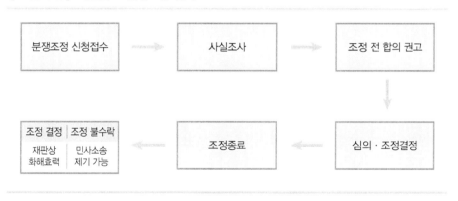

5. 개인정보 · 정보보호 침해사고 신고절차

개인정보와 정보통신망 보호를 위한 신고전화(118)를 한국인터넷진흥원에서 운영하고 있다.[12] 정보통신서비스 제공자는 해킹 등 침해사고로 개인정보 유출이 발생한 경우, 개인정보 유출 신고와 침해사고 신고를 각각 접수해야 한다.

유출, 해킹 등 침해사고가 발생한 경우 개인정보보호법 및 정보통신망법 관련 규정에 따라 신속히 신고해야 한다.[13]

---

12) https://www.kisa.or.kr/business/infor/infor1.jsp 2019.7.16. 검색.
13) https://www.kisa.or.kr/business/infor/infor1.jsp 2019.7.16. 검색.

┃그림 4-3┃ 개인정보·정보보호 침해 신고, 한국인터넷진흥원 118번

6. 노출된 내 개인정보 삭제 방법

구글이나 네이버 등에 보안이 필요한 정보수집을 하는 내 개인정보가 노출되어 이것을 삭제하여야 한다면 어떻게 해야 할까?

구글에 노출된 개인정보를 삭제하려면 구글 웹마스터 도구에서 요청하여 구글이 삭제하게 한다.[14) 구글에서 내 개인정보를 삭제하는 절차와 방법은 다음과 같다. 구글에서는 웹페이지에 다음과 같은 개인정보가 포함된 경우 자발적인 검색 삭제 정책에 따라 검색결과에서 웹페이지를 자발적으로 삭제할 수 있다.[15)

삭제될 수 있는 정보는 다음과 같다.

• 은행 계좌 번호
• 주민등록번호
• 기밀 개인 의료 기록
• 자필 서명 이미지

---

14) 최성배 지음, 4차 산업혁명 시대의 정보보안과 진로설계, 박영사, 2019, 145쪽.
15) https://support.google.com/webmasters/answer/7479439?hl=ko 2020.6.10. 검색.

- 동의 없이 공유한 개인의 누드 또는 외설적인 이미지나 동영상
- 신원 도용, 금융 사기 또는 기타 특정 피해 등 중대한 위험을 초래할 수 있는 기타 정보

정보가 이러한 유형 중 하나인 경우 다음 단계를 계속 진행한다. 그러나 구글의 자발적 삭제 정책에 다음 내용은 포함되지 않는다.

- 생년월일
- 주소
- 전화번호
- 사용자 또는 사용자의 집이나 가족과 관련하여 기분을 언짢게 하거나 원치 않는 사진(성적으로 노골적인 내용이 아닌 경우와 사용자의 동의 없이 게시된 것이 아닌 경우는 제외)
- 최근의 상해에 관한 소셜 미디어 게시물

삭제하려는 정보가 구글의 자발적 삭제 정책의 적용을 받지 않는 경우 일반 삭제 페이지를 살펴보고 진행해야 한다. 사용자의 개인 데이터를 다루는 사람이라면 누구든지 검색 엔진의 사이트 데이터 검색을 방지하는 방법과 사용자 데이터에 관한 익명 액세스를 방지하는 방법을 알고 있어야 한다.[16]

네이버 검색결과에 유출된 개인정보 삭제를 하려면 네이버 고객센터로 들어가 통합검색에 검색 결과 제외 요청하기를 해 보면 된다.[17] 불법성 및 음란성, 개인정보 노출 관련 게시물은 [유해게시물 검색결과 신고]를 통해 요청하면 신속하게 확인하여 준다. 유해게시물 외 게시물은 작성자에 따라

---

16) 구글이 권장하는 방법
　로그인이 필요하도록 합니다.
　'noindex' 태그를 사용하여 구글에서 페이지를 차단하거나 robots.txt를 사용하여 구글에서 이미지를 차단합니다.
　URL 차단에 대해 자세히 알아봅니다.
　정보가 다시 표시되는 것을 방지
　site: 사이트의 검색 연산자를 사용하여 정기적으로 정보에 대해 무작위 검사를 합니다. 예: site:example.com ＜비공개 ID 번호＞
　https://support.google.com/webmasters/answer/7479439?hl=ko 2020.6.10. 검색.
17) 최성배 지음, 4차 산업혁명 시대의 정보보안과 진로설계, 박영사, 2019, 145쪽.

제외 처리방법이 다르다.18)

┃그림 4-4┃ 네이버 고객센터 → 통합검색 → 검색제외 요청하기19)

18) https://help.naver.com/support/contents/contents.help?serviceNo＝606&categoryNo＝19655 2020.6.10. 검색.

19) https://help.naver.com/support/contents/contents.help?serviceNo＝606&categoryNo＝19655 2020.6.10. 검색.

개인정보보호법과 정보수집의 한계

1. 정보수집의 한계

국가기관이나 정보기관이 정보수집 등 정보활동을 하면서 개인정보를 수집하고 처리하는 것은 불가피한 것이다. 하지만, 국가가 개인정보보호를 하는 것이 원칙이기 때문에 국가기관이나 정보기관, 또는 기업이나 개인도 타인의 개인정보보호가 원칙이다. 국가정보원이나 경찰 등 국가기관이 정보수집을 하는 과정에서도 개인정보수집의 한계가 무엇인지를 잘 알고 개인정보보호와 함께 개인정보 침해를 하지 않도록 주의해야 한다.

개인이나 정부기관의 개인정보수집과 관리는 법에서 허용하는 경우를 제외하고는 엄격하게 통제되어야 하며, 정보기관이라 할지라도 개인정보를 무단으로 수집하고 처리하는 것은 법의 허용범위를 벗어날 수 있다. 공개정보이더라도 개인정보 보유자의 동의나 승낙이 없이 수집한 정보는 위법한 것일 수 있다. 개인정보보호 원칙은 공개정보수집의 한계로도 작용하는 것이다.

우리나라는 개인정보보호법을 제정해 개인정보를 보호하고 있다. 당사자의 동의 없이 개인정보를 수집 및 활용하거나 제3자에게 제공하는 것을 금지하는 등 개인정보보호를 강화한 내용을 담아 제정한 법률이다. 이 법은 각종 컴퓨터 범죄와 개인의 사생활 침해 등 정보화 사회 역기능을 방지하기 위해 1995년 1월 8일부터 시행되었던 법률인 '공공기관의 개인정보보호에 관한 법'을 폐지하고 새로 제정한 법률이다. 2011년 3월 29일 제정되어 같은 해 9월 30일부터 시행되었다.[20]

---

20) https://terms.naver.com/entry.nhn?docId=4383246&cid=59941&categoryId=59941
   2019.5.19. 검색.

2. 국가안보 정보수집의 근거조항(개인정보보호법 제58조)

개인정보보호법은 개인정보를 보호함과 함께 개인정보를 수집하는 정보기관, 고객정보를 수집하는 기업이나 개인 등에게 개인정보수집과 처리에 대하여 일정한 한계를 설정하고 있다. 특히, 개인정보보호법 제8장 보칙 제58조(적용의 일부 제외)는 국가안전보장과 관련된 정보분석을 목적으로 수집 또는 제공 요청되는 개인정보의 경우 개인정보보호법 적용이 제외되는 중요한 법적 근거다.

국가의 정보기관들이 정보수집활동을 하면서, 개인정보보호법 제58조에 의거하여 개인정보보호법 적용이 제외되고 개인정보수집이 합법적인 경우는 다음과 같다.

1. 공공기관이 처리하는 개인정보 중 「통계법」에 따라 수집되는 개인정보
2. 국가안전보장과 관련된 정보분석을 목적으로 수집 또는 제공 요청되는 개인정보

3. 금지행위(개인정보보호법 제59조)

개인정보를 처리하거나 처리하였던 자는 다음과 같은 행위가 금지된다.

1. 거짓이나 그 밖의 부정한 수단이나 방법으로 개인정보를 취득하거나 처리에 관한 동의를 받는 행위
2. 업무상 알게 된 개인정보를 누설하거나 권한 없이 다른 사람이 이용하도록 제공하는 행위
3. 정당한 권한 없이 또는 허용된 권한을 초과하여 다른 사람의 개인정보를 훼손, 멸실, 변경, 위조 또는 유출하는 행위

4. 개인정보보호법 주요 조문의 내용

개인정보보호법은 행정안전부 소관법이며, 개인정보보호정책과에서 관장하고 있다. 공개정보수집에 관련된 조항만 발췌하면 다음 조문들이 중요하다.

제1조(목적) 이 법은 개인정보의 처리 및 보호에 관한 사항을 정함으로써 개인의 자유와 권리를 보호하고, 나아가 개인의 존엄과 가치를 구현함을 목적으로 한다. <개정 2014. 3. 24.>

제2조(정의) 이 법에서 사용하는 용어의 뜻은 다음과 같다. <개정 2020. 2. 4.>
1. "개인정보"란 살아 있는 개인에 관한 정보로서 다음 각 목의 어느 하나에 해당하는 정보를 말한다.
    가. 성명, 주민등록번호 및 영상 등을 통하여 개인을 알아볼 수 있는 정보
    나. 해당 정보만으로는 특정 개인을 알아볼 수 없더라도 다른 정보와 쉽게 결합하여 알아볼 수 있는 정보. 이 경우 쉽게 결합할 수 있는지 여부는 다른 정보의 입수 가능성 등 개인을 알아보는 데 소요되는 시간, 비용, 기술 등을 합리적으로 고려하여야 한다.
    다. 가목 또는 나목을 제1호의2에 따라 가명처리함으로써 원래의 상태로 복원하기 위한 추가 정보의 사용·결합 없이는 특정 개인을 알아볼 수 없는 정보(이하 "가명정보"라 한다)
1의2. "가명처리"란 개인정보의 일부를 삭제하거나 일부 또는 전부를 대체하는 등의 방법으로 추가 정보가 없이는 특정 개인을 알아볼 수 없도록 처리하는 것을 말한다.
2. "처리"란 개인정보의 수집, 생성, 연계, 연동, 기록, 저장, 보유, 가공, 편집, 검색, 출력, 정정(訂正), 복구, 이용, 제공, 공개, 파기(破棄), 그 밖에 이와 유사한 행위를 말한다.
3. "정보주체"란 처리되는 정보에 의하여 알아볼 수 있는 사람으로서 그 정보의 주체가 되는 사람을 말한다.
4. "개인정보파일"이란 개인정보를 쉽게 검색할 수 있도록 일정한 규칙에 따라 체계적으로 배열하거나 구성한 개인정보의 집합물(集合物)을 말한다.

5. "개인정보처리자"란 업무를 목적으로 개인정보파일을 운용하기 위하여 스스로 또는 다른 사람을 통하여 개인정보를 처리하는 공공기관, 법인, 단체 및 개인 등을 말한다.

6. "공공기관"이란 다음 각 목의 기관을 말한다.

　　가. 국회, 법원, 헌법재판소, 중앙선거관리위원회의 행정사무를 처리하는 기관, 중앙행정기관(대통령 소속 기관과 국무총리 소속 기관을 포함한다) 및 그 소속 기관, 지방자치단체

　　나. 그 밖의 국가기관 및 공공단체 중 대통령령으로 정하는 기관

7. "영상정보처리기기"란 일정한 공간에 지속적으로 설치되어 사람 또는 사물의 영상 등을 촬영하거나 이를 유·무선망을 통하여 전송하는 장치로서 대통령령으로 정하는 장치를 말한다.

8. "과학적 연구"란 기술의 개발과 실증, 기초연구, 응용연구 및 민간투자 연구 등 과학적 방법을 적용하는 연구를 말한다.

제3조(개인정보 보호 원칙) ① 개인정보처리자는 개인정보의 처리 목적을 명확하게 하여야 하고 그 목적에 필요한 범위에서 최소한의 개인정보만을 적법하고 정당하게 수집하여야 한다.

② 개인정보처리자는 개인정보의 처리 목적에 필요한 범위에서 적합하게 개인정보를 처리하여야 하며, 그 목적 외의 용도로 활용하여서는 아니 된다.

③ 개인정보처리자는 개인정보의 처리 목적에 필요한 범위에서 개인정보의 정확성, 완전성 및 최신성이 보장되도록 하여야 한다.

④ 개인정보처리자는 개인정보의 처리 방법 및 종류 등에 따라 정보주체의 권리가 침해받을 가능성과 그 위험 정도를 고려하여 개인정보를 안전하게 관리하여야 한다.

⑤ 개인정보처리자는 개인정보 처리방침 등 개인정보의 처리에 관한 사항을 공개하여야 하며, 열람청구권 등 정보주체의 권리를 보장하여야 한다.

⑥ 개인정보처리자는 정보주체의 사생활 침해를 최소화하는 방법으로 개인정보를 처리하여야 한다.

⑦ 개인정보처리자는 개인정보의 익명처리가 가능한 경우에는 익명에 의하여 처리될 수 있도록 하여야 한다.

⑧ 개인정보처리자는 이 법 및 관계 법령에서 규정하고 있는 책임과 의무를 준수하고 실천함으로써 정보주체의 신뢰를 얻기 위하여 노력하여야 한다.

제4조(정보주체의 권리) 정보주체는 자신의 개인정보 처리와 관련하여 다음 각 호의 권리를 가진다.

1. 개인정보의 처리에 관한 정보를 제공받을 권리
2. 개인정보의 처리에 관한 동의 여부, 동의 범위 등을 선택하고 결정할 권리
3. 개인정보의 처리 여부를 확인하고 개인정보에 대하여 열람(사본의 발급을 포함한다. 이하 같다)을 요구할 권리
4. 개인정보의 처리 정지, 정정·삭제 및 파기를 요구할 권리
5. 개인정보의 처리로 인하여 발생한 피해를 신속하고 공정한 절차에 따라 구제받을 권리

제5조(국가 등의 책무) ① 국가와 지방자치단체는 개인정보의 목적 외 수집, 오용·남용 및 무분별한 감시·추적 등에 따른 폐해를 방지하여 인간의 존엄과 개인의 사생활 보호를 도모하기 위한 시책을 강구하여야 한다.
② 국가와 지방자치단체는 제4조에 따른 정보주체의 권리를 보호하기 위하여 법령의 개선 등 필요한 시책을 마련하여야 한다.
③ 국가와 지방자치단체는 개인정보의 처리에 관한 불합리한 사회적 관행을 개선하기 위하여 개인정보처리자의 자율적인 개인정보 보호활동을 존중하고 촉진·지원하여야 한다.
④ 국가와 지방자치단체는 개인정보의 처리에 관한 법령 또는 조례를 제정하거나 개정하는 경우에는 이 법의 목적에 부합되도록 하여야 한다.
제6조(다른 법률과의 관계) 개인정보 보호에 관하여는 다른 법률에 특별한 규정이 있는 경우를 제외하고는 이 법에서 정하는 바에 따른다.
<개정 2014. 3. 24.>

제58조(적용의 일부 제외) ① 다음 각 호의 어느 하나에 해당하는 개인정보에 관하여는 제3장부터 제7장까지를 적용하지 아니한다.

1. 공공기관이 처리하는 개인정보 중 「통계법」에 따라 수집되는 개인정보
2. 국가안전보장과 관련된 정보 분석을 목적으로 수집 또는 제공 요청되는 개인정보
3. 공중위생 등 공공의 안전과 안녕을 위하여 긴급히 필요한 경우로서

일시적으로 처리되는 개인정보

4. 언론, 종교단체, 정당이 각각 취재·보도, 선교, 선거 입후보자 추천 등 고유 목적을 달성하기 위하여 수집·이용하는 개인정보

② 제25소제1항 각 호에 따라 공개된 장소에 영상정보처리기기를 설치·운영하여 처리되는 개인정보에 대하여는 제15조, 제22조, 제27조제1항·제2항, 제34조 및 제37조를 적용하지 아니한다.

③ 개인정보처리자가 동창회, 동호회 등 친목 도모를 위한 단체를 운영하기 위하여 개인정보를 처리하는 경우에는 제15조, 제30조 및 제31조를 적용하지 아니한다.

④ 개인정보처리자는 제1항 각 호에 따라 개인정보를 처리하는 경우에도 그 목적을 위하여 필요한 범위에서 최소한의 기간에 최소한의 개인정보만을 처리하여야 하며, 개인정보의 안전한 관리를 위하여 필요한 기술적·관리적 및 물리적 보호조치, 개인정보의 처리에 관한 고충처리, 그 밖에 개인정보의 적절한 처리를 위하여 필요한 조치를 마련하여야 한다.

제59조(금지행위) 개인정보를 처리하거나 처리하였던 자는 다음 각 호의 어느 하나에 해당하는 행위를 하여서는 아니 된다.

1. 거짓이나 그 밖의 부정한 수단이나 방법으로 개인정보를 취득하거나 처리에 관한 동의를 받는 행위
2. 업무상 알게 된 개인정보를 누설하거나 권한 없이 다른 사람이 이용하도록 제공하는 행위
3. 정당한 권한 없이 또는 허용된 권한을 초과하여 다른 사람의 개인정보를 훼손, 멸실, 변경, 위조 또는 유출하는 행위

제60조(비밀유지 등) 다음 각 호의 업무에 종사하거나 종사하였던 자는 직무상 알게 된 비밀을 다른 사람에게 누설하거나 직무상 목적 외의 용도로 이용하여서는 아니 된다. 다만, 다른 법률에 특별한 규정이 있는 경우에는 그러하지 아니하다. <개정 2020. 2. 4.>

1. 제7조의8 및 제7조의9에 따른 보호위원회의 업무
1의2. 제32조의2에 따른 개인정보 보호 인증 업무
2. 제33조에 따른 영향평가 업무
3. 제40조에 따른 분쟁조정위원회의 분쟁조정 업무

3 · 기업 신용정보 활용

1. 기업보고서 판매의 법적 근거[21]

　기업의 신용정보 등 기업보고서 판매의 근거 법률은 '신용정보의 이용 및 보호에 관한 법률(제2조, 제4조, 제32조, 제33조)'이다. 기업에 대한 신용정보제공은 기업과 관련한 여러 이해관계인에게 투명한 정보를 제공하기 위함이다.

　신용정보회사는 신용정보의 이용 및 보호에 관한 법률에 의하여 신용조회업을 허가받은 기관으로 기업에 대한 신용정보를 수집, 처리하여 기업의 신용도 및 신용거래능력 등을 제공할 수 있다. 우리나라는 나이스신용정보, 고려신용정보 등 신용정보회사가 활동하고 있으며 이들 회사를 통해 기업신용정보를 구매하거나 검색하여 수집할 수 있다.

　신용정보회사는 금융/상거래 시장에서 신용거래가 발생할 때 금융기관 등 신용제공자를 통해 신용정보의 수집과 제공에 관련한 동의를 얻는 절차를 확보하고 있다. 이를 통해 무분별한 정보의 유통을 방지하고 있다.

2. 신용조회회사의 업무

　신용정보의 이용 및 보호에 관한 법률(이하 '신용정보법')에 의거 금융위원회로부터 신용조회업을 허가받은 기관으로 신용정보를 수집, 처리하는 행위, 신용정보 주체의 신용도 및 신용거래능력 등을 나타내는 신용정보를 만들어 내는 행위나 의뢰인의 조회에 따라 신용정보를 제공하는 행위를 할 수 있다(신용정보법 제2조 및 제4조).

---

21) https://www.kisreport.com/p06/A0606M000.nice 2019.7.16. 검색.

3. 신용조회회사가 제공 가능한 신용정보의 범위

신용조회회사로서 아래의 신용정보를 수집 및 제공할 수 있다(신용정보법 시행령 제2조).

"신용정보"란 금융거래 등 상거래에 있어서 거래 상대방의 신용도와 신용거래능력 등을 판단할 때 필요한 정보로서 아래의 정보를 말한다.

① 식별정보: 특정 신용정보 주체를 식별할 수 있는 정보로서 아래 ②~⑥까지의 신용정보 중 어느 하나와 결합되는 경우에 한정함

예1: 생존하는 개인의 성명, 주소, 주민등록번호, 외국인등록번호, 국내거소신고번호, 여권번호, 성별, 국적 및 직업

예2: 기업(사업을 경영하는 개인 및 법인과 이들의 단체) 및 법인의 상호, 법인등록번호, 사업자등록번호, 본점 및 영업소의 소재지, 설립연월일, 목적, 영업실태, 종목, 대표자의 성명 및 임원에 관한 사항

② 거래내용 판단정보: 금융거래 등 상거래와 관련하여 신용정보 주체의 거래내용을 판단할 수 있는 정보

예: 대출, 보증, 담보 제공, 당좌거래, 신용카드, 할부금융, 시설대여 등

③ 신용도 판단정보: 신용정보 주체의 신용도를 판단할 수 있는 정보

예: 연체, 부도, 대지급, 신용질서 문란행위 등

④ 신용거래능력 판단정보: 신용정보 주체의 신용거래능력을 판단할 수 있는 정보

⑤ 공공정보: 법원 또는 공공기관이 보유한 신용정보 주체의 신용도 및 신용거래능력을 판단할 수 있는 정보

예: 법원 또는 공공기관의 재판, 결정 정보, 주민등록, 사업자등록 및 법인등록에 관한 정보 등

⑥ 기타정보: 개인신용평점, 개인신용등급, 신용조회기록 등

▌그림 4-5▐ NICE 평가정보 KISreport 국내 기업「코어시큐리티」검색22)

4. 기업의 범위: 개인사업자 포함

신용정보법상 "기업은 사업을 경영하는 개인 및 법인과 이들의 단체"로 규정하고 있어, 법인뿐만 아니라 개인사업자도 기업으로 분류된다(신용정보법 시행령 제2조).

5. 기업신용정보 제공 및 이용에 대한 신용정보 주체의 동의 필요 여부

신용정보를 제공하려는 자 또는 제공받으려는 자는 신용정보 주체(개인)에게 사전 동의를 받도록 규정하고 있고(신용정보법 제32조), 금융거래 등 상거래관계의 설정 및 유지 여부 등을 판단하기 위한 목적으로만 이용되어야 하며(신용정보법 제33조), 기업신용정보는 정보의 유통 및 활용을 중시하여 제공하려는 자 또는 제공받으려는 자는 신용정보 주체(기업)의 동의를 받을 필요가 없다.

---

22) https://www.kisreport.com/ 2020.7.24. 검색.

6. 인물, 신용정보 검색

기업신용정보를 수집하여 판매하는 NICE 평가정보 회사의 www.kisreprt.com 사이트에서 인물 검색란에 '개인이름'을 입력해 검색하면, 생년월일 등 자료가 나오며, 더 자세한 정보는 회원가입을 하고 구매할 수 있다.[23]

국내 기업, 대표자, 사업자번호, 법인번호, 주소, 기업형태, 설립일자, 상장일자, 산업명 등을 검색할 수 있다. 나아가 연봉현황, 월별 종업원수 현황, 신용정보 등 자료를 찾을 수 있다.[24]

---

23) https://www.kisreport.com/p01/A0104M000.nice?gomenu=&pageno4=1&pageCnt4=&ownerSearchCheck=&person=%EC%9D%B4%EC%9E%AC%EC%9A%A9&gomenu= 2019.7.16. 검색.

24) https://www.kisreport.com/p01/A0101M002.nice?business=2208823037&kiscode=E98308&companyname=%EC%BD%94%EC%96%B4%EC%8B%9C%ED%81%90%EB%A6%AC%ED%8B%B0&fcd_ctn_yn=&pageCntCombo1=20 2019.7.16. 검색.

참여수업 과제: 토의 및 발표

1) 개인정보보호법상 '개인정보' 용어의 정의를 설명한다.

2) 개인정보보호의 원칙에 대하여 설명한다.

3) 개인정보보호법 적용의 일부 제외(개인정보보호법 제58조)에 대하여 설명한다.

4) 개인정보보호법상 합법적으로 개인정보를 수집할 수 있는 방법은 무엇인가?

5) 신용조회회사의 업무 및 제공 가능한 정보를 설명한다.

PART

5

공공기관
정보공개제도 활용

1 · 정보공개제도

공공기관의 정보공개제도는 국가기관·지방자치단체 등 공공기관이 업무수행 중 생산·접수하여 보유·관리하는 정보를 국민에게 공개함으로써, 국민의 알권리를 보장하고 더 많은 정보를 바탕으로 국정운영에 대한 참여를 유도하기 위한 제도이다.[1]

공공기관이 가진 정보를 공개하면, 민간은 물론이고 정보기관도 이것을 잘 활용할 필요가 있다. 공공기관이 공개하는 정보는 자료가 방대할 뿐만 아니라 계속 증가하고 있으며, 자료의 신뢰성이 높은 편이므로 첩보 가치도 높고, 정보분석에서 기초자료, 팩트체크를 하거나 검증자료로 잘 활용할 필요가 있다.

정보에 대한 인간의 자유를 표명한 최초의 국제 문서는 1948년 12월 10일 공표된 '세계 인권 선언'이다. 세계 인권 선언 제19조에는 모든 사람은 의견의 자유와 표현의 자유에 대한 권리를 가지며, 이러한 권리는 간섭 없이 의견을 가질 자유와 국경에 관계없이 어떠한 매체를 통해서도 정보와 사상을 추구하고 얻으며 전달하는 자유를 포함한다고 명시하고 있다.[2]

미국, 영국, 호주에서는 '정보자유법(FOIA)'이라 칭한다. 전 세계 50개국에서 정보공개법 혹은 정보자유법을 제정·시행하고 있다.[3]

한국은 국민의 알권리를 확대하고 국정운영의 투명성을 높이기 위해 지난 1996년 '공공기관의 정보공개에 관한 법률(약칭 정보공개법)'을 제정·공포하고, 1998년 1월 1일부터 시행하였다. 나아가 국민의 알권리 확대 및 행정의 투명성 제고를 위하여 공개로 분류된 정보는 국민의 청구가 없더라도 사전에 공개하도록 정보공개법을 2013년에 개정해 시행했다. 정보화시대에 공공기관의 정보공개확대로 공공기관의 행정정보 국민공유와 투명한 행정에 기여한다.

---

1) https://www.open.go.kr/ 2019.6.28. 검색.
2) https://terms.naver.com/entry.nhn?docId=441198&cid=42081&categoryId=42081 2019.6.28. 검색.
3) [네이버 지식백과] 정보 공개법 https://terms.naver.com/entry.nhn?docId=441198&cid=42081&categoryId=42081 2019.6.28. 검색.

정보기관뿐만 아니라 정부기관들도 상호 정보공유와 활용을 확대해 가고 있으므로 이러한 정보를 공개정보수집과 분석에 활용하는 것은 가장 기본적인 공개정보활동이 된다. 필요한 경우 정보공개를 청구하여 적극적으로 공공기관의 정보를 수집할 수 있다. 또한, 정보공개청구를 하면서 정리하여 분류된 정보를 요구하면 그에 따라 정보를 분석해 제공해 주기도 하므로 개인이나 기업은 물론이고 정보기관도 정보수집과 분석의 수고를 획기적으로 줄일 수 있는 제도이며, 활용할 가치가 크다.

1. 정보공개 청구

정보공개 청구는 공공기관이 보유한 정보를 청구인의 청구에 의해 공개하는 제도이다. 정보기관의 정보에 대해서도 공개청구를 할 수 있으므로 정보기관도 이러한 제도를 알고 대비해야 한다. 경찰이나 형사사법기관에 대해서도 정보공개청구를 하는 경우가 다수 있다.

1) 청구인

모든 국민은 청구인 본인 또는 그 대리인을 통하여 공공기관에 정보공개를 청구할 수 있다.

법인과 단체의 경우 대표자의 명의로 공공기관에 정보공개를 청구할 수 있다.

국내에 일정한 주소를 두고 거주하거나, 학술·연구를 위하여 일시적으로 체류하는 자, 국내에 사무소를 두고 있는 법인 또는 단체에 한하여 정보공개를 청구할 수 있다.

2) 대상기관

• 국가기관: 국회, 법원, 헌법재판소, 중앙선거관리위원회(해당 기관에 직접청구), 중앙행정기관(대통령 소속 기관과 국무총리 소속 기관을 포함) 및 그 소속 기관 「행정기관 소속 위원회의 설치·운영에 관한 법률」에 따른 위원회

- 지방자치단체:「공공기관의 운영에 관한 법률」제2조에 따른 공공기관
- 그 밖에 대통령령으로 정하는 기관

3) 청구가능 정보[4]

- 공공기관이 직무상 작성 또는 취득하여 관리하고 있는 문서(전자문서 포함)·도면·사진·필름·테이프·슬라이드 및 기타 이에 준하는 매체 등에 기록된 사항
- 공공기관의 기록물 관리에 관한 법률상 기록물과의 관계: "공공기관이 업무와 관련하여 생산 또는 접수한 문서·도서·대장·카드·도면·시청각물·전자문서 등 모든 형태의 기록정보 자료"인 기록물은 모두 정보공개청구의 대상이 되는 정보에 해당

2. 사전정보 공표

사전정보 공표는 국민들이 정보공개를 청구하기 전에 국민이 필요로 하는 정보를 선제적·능동적으로 공개하는 제도이다.

1) 사전정보 대상

- 비공개 대상 정보 외에 국민이 알아야 할 필요가 있는 모든 정보(공공

---

4) 공공기관의 정보공개에 관한 법률

제2조(용어 정의) 이 법에서 사용하는 용어의 뜻은 다음과 같다.
1. "정보"란 공공기관이 직무상 작성 또는 취득하여 관리하고 있는 문서(전자문서를 포함한다. 이하 같다)·도면·사진·필름·테이프·슬라이드 및 그 밖에 이에 준하는 매체 등에 기록된 사항을 말한다.
2. "공개"란 공공기관이 이 법에 따라 정보를 열람하게 하거나 그 사본·복제물을 제공하는 것 또는 「전자정부법」제2조제10호에 따른 정보통신망(이하 "정보통신망"이라 한다)을 통하여 정보를 제공하는 것 등을 말한다.
3. "공공기관"이란 다음 각 목의 기관을 말한다.
　가. 국가기관
　　1) 국회, 법원, 헌법재판소, 중앙선거관리위원회
　　2) 중앙행정기관(대통령 소속 기관과 국무총리 소속 기관을 포함한다) 및 그 소속 기관
　　3) 「행정기관 소속 위원회의 설치·운영에 관한 법률」에 따른 위원회
　나. 지방자치단체
　다. 「공공기관의 운영에 관한 법률」제2조에 따른 공공기관
　라. 그 밖에 대통령령으로 정하는 기관

기관의 정보공개에 관한 법률 제7조 제1항 및 제2항) 국민생활에 매우 큰 영향을 미치는 정책에 관한 정보

- 국가의 시책으로 시행하는 공사(工事) 등 대규모 예산이 투입되는 사업에 관한 정보
- 예산집행의 내용과 사업평가 결과 등 행정감시를 위하여 필요한 정보
- 그 밖에 공공기관의 장이 정하는 정보

2) 사전정보 공표 방법

각 기관 홈페이지를 통해 최신정보를 공개한다. 정보공개시스템(www.open.go.kr)에서는 각 기관의 사전정보의 목록을 제공한다.

3. 원문정보 공개

원문정보 공개는 공무원이 업무 중 생산한 정보를 공개 문서에 대해 별도의 국민의 청구가 없더라도 정보공개시스템(www.open.go.kr)을 통해 공개하는 제도이다.

- 중앙행정기관, 시도, 일부 시군구
- 전자결재시스템 이용 시군구, 교육(지원)청
- 공기업·준정부기관

4. 정보공개 청구 절차

공공기관은 공공기관이 보유하는 정보가 필요한 사람이 온라인으로 정보공개를 청구하여 받아볼 수 있는 절차를 운영하고 있다. 압수수색이 아니더라도 개인이 청구할 수 있는 제도이다.

1) 정보공개 청구

청구인은 원하는 정보가 있을 경우, 정보공개시스템(www.open.go.kr)에서 원문을 조회하거나 이를 보유·관리하는 공공기관에 정보공개 청구서를

기재하여 제출한다.

청구서 기재사항 청구인의 이름·주민등록번호 및 주소 청구하는 정보의 내용, 정보형태, 공개방법 등이며, 청구인이 공공기관에 우편·팩스 또는 직접 출석하여 제출하거나 정보공개시스템(www.open.go.kr)을 통해 청구서를 제출할 수 있다.

청구를 받은 공공기관은 정보공개처리대장에 기록하고 청구인에게 접수증을 교부하며, 접수부서는 이를 담당부서 또는 소관기관에 이송하게 된다.

┃그림 5-1┃ 공공기관 정보공개 청구절차

청구취하(취소)는 통지 완료 전 상태에서만 가능하며, 정보공개시스템 www.open.go.kr에서 청구취하할 청구건의 제목을 선택한 뒤 하단의 '취하' 버튼을 눌러주면 된다.

2) 공개 여부의 결정

공공기관은 청구를 받은 날부터 "10일" 이내에 공개 여부를 결정해야 하며, 부득이한 경우 10일의 범위 내에서 연장할 수 있다.

공공기관은 청구정보가 제3자와 관련이 있는 경우 제3자에게 통보하고 필요한 경우 그 의견을 청취하여 결정하게 된다. 공개청구된 사실을 통보받은 제3자는 의견이 있을 경우 통지받은 날로부터 "3일" 이내에 당해 공공기관에 공개하지 아니할 것을 요청할 수 있는데 이를 '제3자의 비공개요청'이라 한다.

국가기관·지방자치단체·정부투자기관은 공개청구된 정보의 공개 여부를 결정하기 곤란한 사항과 이의신청사항을 심의하기 위하여 정보공개심의회를 설치·운영하며, 정보공개심의회의에서 정보공개여부를 결정한다.

청구를 받은 공공기관은 정보공개처리대장에 기록하고 청구인에게 접수증을 교부하고, 접수부서는 이를 담당 부서 또는 소관기관에 이송한다.

3) 정보공개

공공기관이 정보의 공개를 결정한 때에는 공개일시·공개장소 등을 명시하여 청구인에게 통지하되, 공개를 결정한 날로부터 "10일" 이내에 공개해야 한다. 공개청구량이 과다하여 정상적인 업무수행에 현저한 지장을 초래할 우려가 있는 경우 정보의 사본·복제물을 먼저 열람하게 한 후, 일정 기간별로 교부하되, 2개월 이내에 완료해야 한다.

비공개정보와 공개정보가 혼합되어 분리 가능한 경우 공개청구의 취지에 부합하는 범위 내에서 부분공개가 가능하다.

공공기관이 정보를 비공개로 결정한 때에는 비공개 사유·불복방법 등을 명시하여 청구인에게 지체없이 문서로 통지하여야 한다.

정보공개 방법은 다음과 같다.

- 문서, 도면, 카드, 사진 등: 열람 또는 사본의 교부
- 필름, 녹음·녹화 테이프 등: 시청 또는 인화물·복제물 교부
- 마이크로필름, 슬라이드 등: 시청·열람 또는 사본·복제본의 교부
- 전자적 형태로 보유·관리하는 정보: 파일을 복제하여 정보통신망을 활용한 정보공개시스템으로 송부, 매체에 저장하여 제공, 열람·시청 또는 사본·출력물의 제공

5. 불복 구제절차 및 방법

1) 이의신청

(1) 청구인의 이의신청

청구인은 공공기관의 비공개 또는 부분공개 결정에 대하여 불복이 있는 때에는 공개 여부의 결정통지를 받은 날 또는 비공개의 결정이 있는 것으로 보는 날부터 "30일" 이내에 공공기관에 이의신청을 할 수 있다.

(2) 이의신청 방법

이의신청서를 작성하여 제출한다(인터넷으로도 가능).

신청인의 이름·주소 및 연락처, 정보공개 여부 결정의 내용, 이의신청의 취지 및 이유 등을 기재한다.

(3) 이의신청에 대한 결정

공공기관은 이의신청을 받은 날부터 "7일" 이내에 결정하여야 하며, 부득이한 경우 7일 이내의 범위에서 결정기간을 연장할 수 있다.

각하 또는 기각결정을 하는 경우 행정심판 또는 행정소송을 제기할 수 있으며, 공공기관은 이를 고지하여야 한다.

(4) 제3자의 이의신청 및 권리보호

제3자로부터 비공개요청을 받은 공공기관이 공개결정을 하는 경우 제3자는 공개통지를 받은 날부터 "7일" 이내에 공공기관에 이의신청을 할 수 있다.

이 경우 공공기관은 공개결정일과 공개실시일 사이에 최소한 30일의 간격을 두어야 하며, 제3자는 이 기간 내에 행정심판 또는 소송제기와 동시에 집행정지를 신청하여 공개실시에 대항할 수 있다.

2) 행정심판

(1) 심판청구

청구인이 정보공개와 관련한 공공기관의 결정에 대하여 불복이 있는 때에는 이의신청 절차를 거치지 아니하고 청구할 수 있다.

심판청구서는 피청구인인 행정청 또는 위원회에 제출하여야 한다. 다만, 국가기관이나 지방자치단체 외의 공공기관의 결정에 대한 감독행정기관은 관계 중앙행정기관의 장이나 지방자치단체의 장으로 하게 된다.

(2) 심판청구 기간

정보공개와 관련한 공공기관의 결정이 있음을 안 날부터 "90일" 이내에 제기하여야 한다. 정당한 사유가 없는 한 공공기관의 결정이 있는 날부터 "180일"을 넘겨서는 안 된다.

(3) 재결

재결은 피청구인인 행정청 또는 위원회가 심판청구서를 받은 날부터 "60일" 이내에 하여야 하며, 부득이한 사정이 있는 때에는 1차에 한하여 "30일"의 범위 내에서 기간을 연장할 수 있다.

3) 행정소송

(1) 소송제기

청구인이 정보공개와 관련한 공공기관의 결정에 대하여 불복이 있는 때에는 이의신청·행정심판절차를 거치지 않더라도, 행정소송법이 정하는 바에 따라 행정소송을 제기할 수 있다.

(2) 제소기간

공공기관의 결정이 있은 날 또는 행정심판을 거친 경우 재결서 정본의 송달을 받은 날부터 90일 이내에 제기하여야 한다. 공공기관의 결정이 있은 날 또는 재결이 있은 날부터 1년이 지나면 제기할 수 없다.

2 국가기관의 정보공개활동

제1절 **통일부 북한정보포털 북한정보공개**

1. 소개

북한정보포털은 통일부와 유관기관 등에서 수집하고 연구한 북한 관련 자료들을 체계적으로 재분류하여, 국민들이 북한을 제대로 이해할 수 있도록 쉽고 다양한 방법으로 북한정보 제공 서비스를 하고 있다.5) 북한 정보가 차단되어 있는 상황에서 정보기관이 북한 관련 정책수립 및 추진에 활용하고 국가안보를 위해서도 꼭 활용해야 할 정보들이 체계적으로 정리되어 공개되고 있다.

신규 자료 등재는 자료의 성격에 따라 매일(북한방송 주요논조), 주간(주간 북한동향), 월간(월간 북한동향) 등 정기적인 등재와 수시 등재로 구분되며, 자료의 현행화는 자료의 신뢰성 문제 등을 고려하여 유관기관과 충분히 협의 및 검증과정을 거쳐야 하기 때문에 다소 지연되는 경우도 발생할 수 있다. 일부 자료의 경우 통일부의 공식 견해와 반드시 일치하는 것은 아니다.

▎그림 5-2▎

---

5) http://nkinfo.unikorea.go.kr/nkp/userguide/userGuideList.do 2019.6.28. 검색.

2. 북한정보포털 사이트의 주요 정보부문

북한정보포털 사이트는 정치, 군사, 경제, 사회, 교육문화, 동향, 테마, 지도 등의 카테고리로 정보를 수집하고 게재하고 있다.

- 정치부문에는 주요 동향, 정치 체제, 통치 이념, 권력구조와 정부형태, 외교 정책의 특성, 외교 정책의 변천과정, 주요국들과의 관계, 수교 현황, 북한의 통일방안 등의 세부정보를 게재하고 있다.
- 군사부문에는 동향, 북한군의 성격과 기능, 군사력, 북한의 도발 등 세부정보를 게재하고 있다.
- 경제부문에는 동향, 경제 체제 및 정책, 거시 경제, SOC, 전력, 중화학 공업, 경공업, 건재 공업, 농림수산업, 광업, 유통 등의 세부정보를 게재하고 있다.
- 사회부문에는 동향, 사회 환경, 사회 통제, 주민 생활, 노동·복지, 보건·의료, 종교·풍속, 환경 등의 세부정보를 게재하고 있다.
- 교육문화 부문에는 동향, 교육, 문학·예술·언론, 체육 및 여가, 역사·언어 등의 세부정보를 게재하고 있다.
- 동향 부문에는 김정은 위원장 공개활동 동향, 대외·대남 동향, 주요 행사 동향, 자연 재해 동향, 주요 인물 동향, 특구 개발 동향, 대외 무역 동향, 일일·주간 북한동향, 일일 해외 공개정보 등의 세부정보를 게재하고 있다.
- 테마 부문에는 사전, 인물, 통계, 법령, 간행물, 영상, 북한방송 주요 내용, 북한 TV 프로그램 편성표, 북한의 주요 행사일정, 남북관계 연표, 북한 날씨 등의 세부정보를 게재하고 있다.
- 지도 부문에는 북한의 시설물과 지명 검색을 할 수 있다.[6] 네이버나 구글에서 제공하지 않는 지역이나 건물에 대한 인문지리적 성격의 자료를 제공하기도 한다.

---

6) http://nkinfo.unikorea.go.kr/NKMap/main/viewMain.do 2019.6.28. 검색.

▌그림 5-3▐ 통일부 '북한정보포털' 북한지도 서비스

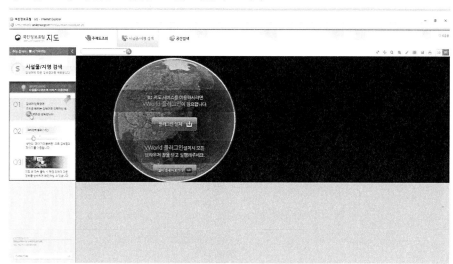

제2절 국가정보원 국가안보 관련 정보공개

1. 소개

국가정보원은 정보수집만 하는 것이 아니라 국가안보를 위한 방첩, 산업스파이 예방 및 신고접수 등 다양한 활동을 하고 있다. 다른 국가기관이나 국민들에게도 필요한 자료를 제공하고 있어서 활용할 가치가 크다.

국가정보원은 대통령 직속기관으로서 국가안전보장에 관련되는 정보·보안 및 범죄 수사에 대한 사무를 담당한다(정부조직법 제17조). 구체적으로는 아래와 같은 업무를 수행한다(국가정보원법 제3조 1항).[7]

- 국외정보 및 국내보안정보(대공·대정부 전복·방첩·대테러 및 국제범죄조직) 수집·작성·배포

---

7) https://career.nis.go.kr:4017/info/intro.html 2019.6.28. 검색.

- 국가기밀에 속하는 문서·자재·시설·지역에 대한 보안 업무
- 형법 중 내란의 죄, 외환의 죄, 반란의 죄, 암호부정사용죄, 군사기밀 보호법에 규정된 죄, 국가보안법에 규정된 죄에 대한 수사
- 국가정보원 직원의 직무와 관련된 범죄수사
- 정보 및 보안업무 기획·조정

2. 국가정보원의 공개정보활동

국가정보원의 홈페이지를 보면 국가안보를 위한 다양한 정보활동을 하고 있음을 알 수 있다. 국가정보원이 공개하고 있는 정보들은 공개된 정보를 포함하고 있으며, 따라서 공개정보수집활동을 하고 있음을 미루어 알 수 있다.[8]

┃그림 5-4┃

---

8) https://www.nis.go.kr:4016/main.do 2019.6.28. 검색.

사이버안보를 위한 정보수집과 대응은 국가정보원이 하는 공개정보활동의 대표적인 것이라고 할 수 있다. 국가정보원은 사이버 국가안보를 위해 다음과 같은 활동을 하고 있다.[9]

1) 국가 사이버 안보정책 수립 · 시행

2013년 '3.20 언론 · 금융社 전산망 공격', 2011년 '3.4 DDoS', 2009년 '7.7 DDoS' 등 범국가적 사이버공격이 지속적으로 발생하고 있다. 국가정보원은 사이버안보에 관한 국가차원의 종합적 · 체계적인 대응을 위해 사이버 관련 주요 정책을 기획 · 조율하고, 제도 · 지침을 마련하는 등 국가 사이버 안보 정책을 수립 · 시행함으로써 국가 주요 정보통신망을 보호한다.

2) 사이버 위기 예방활동 및 공격탐지

국가정보원에서는 국가 주요 정보통신망 침해행위를 상시 점검하고, 사이버 모의훈련을 실시하는 등 예방활동에 힘쓰고 있으며, 국가 · 공공기관 전산망 사이버위협 징후를 탐지하여 위협요소가 포착될 경우 등급별 경보를 발령한다.

3) 사이버침해사고 조사 및 위협정보 분석

국가정보원은 해킹 등 국가 · 공공기관 사이버침해사고 발생 시 사고조사 및 원인을 규명하고, 사이버위협정보 분석 및 국내외 유관기관과 협력하고 있다.

4) 사이버안보 관련 신고 접수

국가정보원에서는 전화(국번 없이 111번), 홈페이지(111 신고하기) 및 모바일 홈페이지를 통해 사이버테러 관련 신고 · 상담을 받고 있으며, 우수 신고자에게는 최대 1,000만원 신고장려금을 지급하고 있다.

---

9) https://www.nis.go.kr:4016/AF/1_7.do 2019.6.28. 검색.

제3절   기타 정부 및 공공기관 정보공개시스템

1. 온나라 정책연구 프리즘 사이트

정부가 예산을 들여서 지식과 정보를 생산하는 국책연구과제의 결과인 연구보고서를 공개해 주는 행정안전부 사이트가 있다. 프리즘 사이트는 한 국정부의 각 정부기관들이 예산을 들여 생산한 보고서들을 공개해 준다.[10]

1) 온나라 정책연구 프리즘(PRISM)

정부의 정책연구과제를 효율적으로 관리하고, 정책연구보고서를 공유 하는 시스템이다. 여러 기관의 정책연구를 투명하고 효율적으로 관리하여 예산을 아끼고 연구품질과 활용도를 높이는 데 목적이 있다. PRISM은 "Policy Research Information Service & Management"을 말한다.

┃그림 5-5┃

---

2) PRISM 주요 기능

정책연구정보 제공이 가장 중요한 기능이다.

- 프리즘은 중앙행정기관의 정책연구보고서를 쉽고 빠르게 검색할 수 있다.
- 프리즘은 초록 및 목록은 물론 원문까지 열람이 가능하다.
- 프리즘은 국민의 알권리 보장과 민원편익 증진에 기여한다.

3) 정책연구정보의 관리

프리즘은 중앙행정기관에서 수행하는 정책연구 과정을 관리·통합하고, 정책개발 담당부서에 관련 정보를 제공하여 연구의 중복을 방지하고, 불필요한 연구용역을 억제하여 국고낭비를 방지하는 기능도 한다. 프리즘은 정책연구용역의 투명성과 신뢰성 확보에도 기여한다.

2. 청와대

청와대 홈페이지는 국정과제에 대한 체계적이고 상세한 내용을 알 수 있는 사이트이다. 대통령이 걸어온 길이나 대통령의 가족에 대한 정확한 자료를 게재하고 있다.[11]

청와대 뉴스룸은 일반 언론사나 인터넷 기사의 원천이기도 하고 팩트체크를 할 수 있는 좋은 원본 기사들, 동영상 자료를 게시하고 있다. 비공식적 주장이나 사기꾼들의 주장을 공식기사와 팩트에 기초하여 대비해 볼 수 있다.

정책정보는 대한민국의 정책을 총괄하는 청와대 입장과 국정과제를 연계시켜 분석할 수 있다. 공무를 담당하거나 정책연구를 하는 연구자들에게 매우 중요한 자료들이다.

국민소통광장에서는 대통령 활동 홍보를 하면서 나오는 자료가 많다. 대통령의 대국민활동을 파악할 수 있는 자료들이다. 또한, 최근 들어 정치

---

11) https://www1.president.go.kr/about/roi 2019.8.9. 검색.

적으로 더 중요해진 것이 '국민청원'방이다. 국민들이 청원을 하고 그 청원 내용을 추천하는 사람이 20만 명이 넘으면, 해당 정부기관이나 청와대가 직접 답변을 해야 한다. 따라서 국민들이 시사성 문제에 대해 의견을 내고 첨예하게 대립하는 모습들을 볼 수 있다.[12] 그러면서도 의견대립의 방향, 갈등의 정도, 찬반 대립의 논리적 근거, 각종 주장 등을 파악할 수 있으며, 정부부처들이 자신들의 정책을 돌아보고 새로운 아이디어를 얻을 수 있는 중요한 사이트이다. 실시간 국민들의 여론의 향배를 가능할 수 있는 리얼타임 여론풍향계의 역할도 한다. 압도적인 찬성이나 반대가 나온다면 정부기관도 소홀하게 처리할 수 없고 영향력이 대단하다. 국민신문고는 국민들의 권익침해 신고를 받아 처리해 주는 접수창구 역할을 한다.

┃그림 5-6┃ 청와대 국민청원 사이트[13]

---

12) https://www1.president.go.kr/petitions 2019.8.9. 검색.
13) https://www1.president.go.kr/petitions 2019.8.9. 검색.

　　청와대 토론방에는 최신 토론들이 올라와 있다. 국민들이 다양한 주제에 대해 전문적 주장도 하고 각계의 의견이 수렴되는 공간이며, 때로는 정치적 주장이나 정책제도의 개선 등 많은 참신한 아이디어가 올라오기도 한다.[14) 시국의 흐름이나 큰 이슈는 물론이고 구체적인 사건에 대한 청원과 함께 관련된 사실, 자료, 주장 등이 혼재하고 있어서 팩트체크가 필요하다. 또한, 정부기관들도 이러한 국민청원에는 민감하게 반응하고 있으므로 이에 대한 정부나 공공기관의 답변, 추가적인 대응을 확인하고 비즈니스와 정책수립에 반영할 필요가 있다.

　　청와대 알림방에서는 청와대가 처리하는 공무와 관련된 정보공개를 하고 있다. 정보공개에는 청와대 조직도, 세입세출예산 운용상황, 대통령 기록관에 관련된 정보를 공개하고 있어서 이런 사안에 대한 정보를 확인하기 용이하다.

　　청와대 홈페이지는 때로는 민감한 정보도 게시되어 있는 경우도 있다. 청와대 정보공개 사이트에서 '2019년 1분기 대통령 비서실 및 국가안보실 업무추진비 집행내역'을 공개하고 있음을 알 수 있다.[15)

3. 기타 정부기관 및 공공기관 정보공개

　　기타 정부기관이나 공공기관이 정보공개를 온라인으로 청구하거나 공개하는 정보공개시스템이 운영되고 있다.[16)

　　국가기관을 비롯한 공공기관의 정보를 공개하는 공공기관의 정보공개에 관한 법률에 의거하여 공공기관은 정보를 공개할 의무가 있다. 중앙행정기관인 정부 각 부처는 물론이고 많은 공공기관들이 국민의 알권리 충족, 정책에 참여를 증진시키기 위해 보유하는 다양한 정보를 공개하고 있고, 원문공개, 정보 사전공개 등을 포함하는 인터넷 사이트를 운영하고 있다.

　　따라서 공공기관이 가지고 있는 정보를 활용하고자 하는 사람이나 조사연구자들은 공공기관의 정보공개 사이트를 찾아 원문정보, 사전 공개정

---

14) https://www1.president.go.kr/forums 2019.8.9. 검색.
15) https://www1.president.go.kr/budgets 2019.7.11. 검색.
16) https://www.open.go.kr/ 2019.6.28. 검색.

보 등을 구할 수 있다.

이 책에서 주로 다루는 범죄, 산업스파이, 국제범죄와 관련해서 정리를 해 보았다. 그 외에도 많은 사이트들이 있지만 일일이 다 열거할 수 없다. 앞으로 더 연구자들이 전문분야를 찾아서 연구할 때 새로운 사이트들이 등장할 것이다. 다음과 같은 사이트들이 국내와 국외의 범죄자 정보, 실종자 정보, 산업스파이 정보, 기술보호 자료, 국제범죄, 테러, 공개수배자 등 공개정보를 수집할 수 있는 좋은 대상기관들이다.

1) 국내 공공기관

- 청와대: 국정과제, 국민청원 및 답변, 대통령 동정 등
- 여성가족부 성범죄자 알림e[17]: 지리정보 활용 성범죄예방
- 경찰청 안전dream 센터[18]: 아동, 여성, 장애인 지원 및 실종자 경보, 추적
- 경찰청 스마트국민제보[19]: 공개수배자 추적, 목격자 찾기
- 보건복지부 산하 실종아동찾기협회[20], 실종아동전문기관[21]: 실종아동찾기 사업
- 국정원 산업보안센터[22]: 산업스파이 동향, 국가정보원의 활동사항
- 특허정보원: 영업비밀보호센터 사이트[23]
- 표준서식을 이용한 비밀유지 서약서, 계약서 등 서류작성, 영업비밀의 정의, 영업비밀침해 금지행위 유형, 민사상 구제, 형사상 구제 제도, 판례 등
- 중소벤처기업부, 중소기업기술보호울타리[24]: 중소기업기술, 영업비밀보호 제도 및 자료

17) https://www.sexoffender.go.kr/indexN.nsc 2020.6.5. 검색.
18) http://www.safe182.go.kr/index.do 2020.6.5. 검색.
19) https://onetouch.police.go.kr/ 2020.6.5. 검색.
20) http://www.fmca.kr/ 2019.7.4. 검색.
21) https://www.missingchild.or.kr/ 2020.6.5. 검색.
22) https://www.nis.go.kr:4016/AF/1_5.do 2019.6.30. 검색.
23) https://www.tradesecret.or.kr/bbs/standard.do 2019.6.30. 검색.
24) https://www.ultari.go.kr/portal/piy/publishList.do 2019.6.30. 검색.

2) 국외 공공기관

- 인터폴[25]: 18 police databases with information on crimes and criminals, accessible in real−time to countries.
- UN VICTIMS of TERRORISM SUPPORT PORTAL[26]
- FBI Wanted[27] 등

---

25) https://www.interpol.int/ 2020.6.5. 검색.

26) https://www.un.org/victimsofterrorism/en 2020.6.5. 검색.

27) https://www.fbi.gov/wanted 2020.6.5. 검색.

참여수업 과제

1) 공공기관 정보공개에 관한 법률에서 공공기관이 정보를 공개하는 이유는 무엇인가?

2) 북한정보포털이 공개하고 있는 북한 주요 정보를 설명한다.

3) "버닝선 VIP룸 6인을 수사해 주세요." 청와대 국민청원의 내용과 민갑룡 경찰청장의 답변을 검색한 결과를 보고[28] 그 내용을 정리하여 발표한다.

4) 미국의 백악관이 발표한 다음 정보를 검색하여 찾아서, 미국 정부가 추진하는 국가 사이버안보의 4가지 핵심내용을 토의하고, 한국 사이버안보에 대한 시사점을 발표한다.

NATIONAL CYBER STRATEGY of the United States of America, SEPTEMBER 2018[29]

---

28) https://www1.president.go.kr/petitions/579523 2019.7.11. 검색.

29) https://www.whitehouse.gov/wp－content/uploads/2018/09/National－Cyber－Strategy.pdf 2019.7.21. 검색.

┃그림 5-7┃ NATIONAL CYBER STRATEGY of the United States of America

National-Cyber-Strategy.pdf   3/40

THE WHITE HOUSE
WASHINGTON DC

My fellow Americans:

Protecting America's national security and promoting the prosperity of the American people are my top priorities. Ensuring the security of cyberspace is fundamental to both endeavors. Cyberspace is an integral component of all facets of American life, including our economy and defense. Yet, our private and public entities still struggle to secure their systems, and adversaries have increased the frequency and sophistication of their malicious cyber activities. America created the Internet and shared it with the world. Now, we must make sure to secure and preserve cyberspace for future generations.

In the last 18 months, my Administration has taken action to address cyber threats. We have sanctioned malign cyber actors. We have indicted those that committed cybercrimes. We have publicly attributed malicious activity to the adversaries responsible and released details about the tools they employed. We have required departments and agencies to remove software vulnerable to various security risks. We have taken action to hold department and agency heads accountable for managing cybersecurity risks to the systems they control, while empowering them to provide adequate security. In addition, last year, I signed Executive Order 13800, *Strengthening the Cybersecurity of Federal Networks and Critical Infrastructure*. The work performed and reports created in response to that Executive Order laid the groundwork for this National Cyber Strategy.

With the release of this National Cyber Strategy, the United States now has its first fully articulated cyber strategy in 15 years. This strategy explains how my Administration will:

- Defend the homeland by protecting networks, systems, functions, and data;

- Promote American prosperity by nurturing a secure, thriving digital economy and fostering strong domestic innovation;

- Preserve peace and security by strengthening the ability of the United States — in concert with allies and partners -- to deter and, if necessary, punish those who use cyber tools for malicious purposes; and

- Expand American influence abroad to extend the key tenets of an open, interoperable, reliable, and secure Internet.

공개정보 검색엔진

OSINT(Open Source Intelligence)를 이용하는 정찰, 위협탐지 또는 조사를 위해 전문직 종사자들이 사용하는 여러 가지 공개정보 도구들이 지속적인 발전을 하고 있다.[1] 여기에서는 OSINT 활동에 필요한 기본적 검색엔진과 좀 더 깊이 있는 검색을 위한 도구들을 간략히 소개하고자 한다. 검색엔진과 공개정보활동 도구들이 계속해서 급격한 진보를 하고 있으며, 모든 도구를 전부 소개할 수는 없다.

　　수많은 공개정보 도구들을 체계적으로 모아서 볼 수 있게 한 사이트 중에 하나는 osint framework[2] 사이트이다. 더 체계적인 공개정보 도구를 공부하기 위해서는 이 사이트를 참고하면 좋다. 그 외에도 Mitaka라는 검색엔진을 모아 놓은 도구도 있다.[3] 기업의 보안활동에 쓰이는 도구에 대해 좀 더 전문적으로 자세한 OSINT Tool을 공부하고자 하는 연구자들은 컴퓨터보안, 사이버보안, 융합보안 등 전문학과 강의를 참고하는 것이 좋을 것이다.

---

1) https://medium.com/@micallst/osint-resources-for-2019-b15d55187c3f 2019.7.31. 검색.
2) https://osintframework.com/ 2019.8.11. 검색.
3) Mitaka 크롬 확장 프로그램을 이용하여 여러 OSINT 정보를 검색해보기 https://www.youtube.com/watch?v=zD4xKU_bJVA 2019.8.11. 검색.

1 · 인터넷 포털 검색엔진

1. 네이버

국내 1위 인터넷 검색 포털 '네이버(NAVER)'와 글로벌 모바일 플랫폼 '라인(LINE)' 등을 서비스한다. 다양한 인터넷 서비스를 기반으로 디스플레이 광고, 동영상 광고 등 광고 사업과, 검색 등 비즈니스플랫폼 사업, 네이버페이, IT서비스, 클라우드 등 IT플랫폼 사업 등을 하고 있다.[4]

네이버(주)는 한국 최대 검색포털인 네이버뿐만 아니라, 전 세계 2억 명이 사용하고 있는 모바일 메신저 라인, 동영상 카메라 스노우, 디지털 만화 서비스 네이버웹툰 등을 서비스하고 있는 글로벌 ICT 기업이다.[5] 최근 네이버 및 주요 자회사가 운영하는 인터넷검색 포털, 모바일 메신저 등의 사업은 인터넷 산업에 해당한다. IT플랫폼 사업, 콘텐츠서비스 사업, 라인 및 기타 플랫폼 사업을 하고 있다.[6] 국내정보를 검색하는 데 아주 유용한 검색엔진이라고 할 수 있다.

1) 상세검색 사용법

상세검색은 사용자가 원하는 검색 조건을 스스로 설정하여, 찾고자 하는 정보를 더 빠르고 쉽게 찾을 수 있도록 하는 기능이다. 대부분의 경우에 기본검색(그린 윈도우 검색창)으로 충분하지만, 검색결과를 좁히거나 조정하고 싶을 때 상세검색을 이용하게 된다.[7]

블로그, 카페, 지식iN, 뉴스, 웹문서, 사이트, 이미지, 동영상, 전문정보, 책 본문, 뉴스 라이브러리 등의 검색결과에 적용되며 어학사전, 지식백과,

---

4) https://finance.naver.com/item/main.nhn?code=035420&openCorpOverview=true 2019.5.3. 검색.

5) https://www.navercorp.com/naver/company 2019.5.3. 검색.

6) [네이버 지식백과] 네이버(주) https://search.naver.com/search.naver?sm=tab_hty.top&where=nexearch&query=%EB%84%A4%EC%9D%B4%EB%B2%84&oquery=%EB%84%A4%EC%9D%B4%EB%B2%84%EC%8A%A4%ED%8F%AC%EC%B8%A0&tqi=UKYwEsp0JXVsssBKC7CsssssTV-014491 2019.5.3. 검색.

7) https://help.naver.com/support/contents/contents.help?serviceNo=606&categoryNo=1911 2019.5.3. 검색.

음악, 실시간 검색 등 일부 검색결과에서는 상세검색 조건이 적용된 검색결과를 제공하지 않는 것도 있다.

네이버 검색결과에서 검색 옵션의 '상세검색'을 클릭하면 상세검색 창이 열리며 상세검색 창은 다음과 같이 구성되어 있다.

┃그림 6-1┃

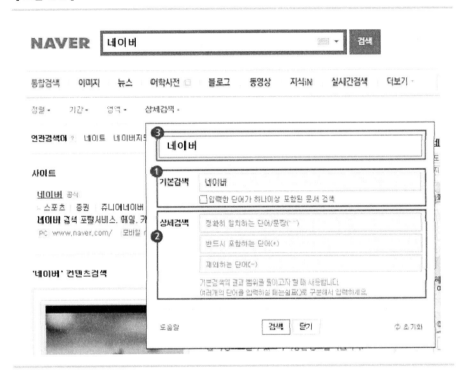

(1) 기본검색

기본 검색어를 입력하는 창이다. 입력한 검색어 중 하나라도 포함된 검색결과를 얻고 싶으면, 기본검색 창 하단의 체크박스(OR 방식으로 검색)를 체크한다.

(2) 상세검색

기본검색의 결과 범위를 줄이고자 할 때 사용하며, 아래와 같은 조건으로 결과 범위를 줄일 수 있다. 조건별로 2개 이상의 단어를 입력할 때에는 쉼표(,)로 구분한다.

상세검색 연산자는 " ", +, -, | 4가지가 지원된다.

- 정확히 일치하는 단어/문장(연산자 " "): 입력한 단어/문장이 변형 없이 입력된 순서대로 정확하게 일치하는 단어/문장을 검색하라고 조건을 설정하는 것이다.
  상세검색 창을 이용하지 않더라고 검색창에서 정확히 일치하는 단어/문장을 큰따옴표(" ")로 묶어서 검색해도 동일한 결과를 얻을 수 있다. 동일한 조건의 기존 Boolean 연산자도 큰따옴표(" ")이다.

- 반드시 포함하는 단어(연산자 +): 입력한 단어를 모두 포함하는 문서를 검색하라고 조건을 설정하는 것이다. 반드시 포함할 단어 바로 앞에 +기호(+와 단어 사이에 공백이 없어야 함)를 입력한 후에 검색하면 동일한 결과를 얻을 수 있다.

- 제외하는 단어(연산자 -): 입력한 단어가 포함된 문서는 검색결과에서 제외하라는 조건을 설정하는 것이다. 제외할 단어 바로 앞에 -기호(-와 단어 사이에 공백이 없어야 함)를 입력한 후에 검색하면 동일한 결과를 얻을 수 있다.

(3) 검색어 미리 보기
기본검색 단어와 상세검색 조건을 설정한 검색어를 미리 확인할 수 있다.

2. 다음(DAUM)

카카오(다음커뮤니케이션)에서 운영하는 대한민국 검색 점유율 2위의 포털 웹사이트이다. 본래는 예술사이트로 출발했지만 패션사이트, 커뮤니티 사이트, 영화 웹진 서비스, 여행 정보 서비스, 한메일넷 등 각종 사업을 벌이다가 IMF 외환위기로 인한 침체기 때 무료 이메일 서비스로 대박을 터뜨렸고, 그 후 검색엔진 서비스와 뉴스 서비스 등을 대대적으로 도입하여 종합 포털사이트로 거듭났다. 네이버가 급부상하기 이전에는 야후 코리아, 라이코스 코리아와 함께 선두권에 있었지만 2003년을 기점으로 2위 포털사이트의 자리를 장기간 유지하고 있다.[8]

다음 검색창에 /를 이용한 몇 가지 숨은 기능이 있다.[9]

첫째, 사이트명 뒤에 /를 붙이면 그 사이트가 팝업으로 바로 이동할 수 있다.

둘째, 검색에 뒤에 /네이버나 /구글 등을 입력한 뒤에 검색하면 그 사이트의 검색결과를 보여준다. (위키백과를 검색할 때는 /위키라고 해야 한다.) 또한 /블로그나 /카페를 입력해서 블로그 검색 및 카페 검색 등을 할 수 있다. 유튜브 동영상을 검색할 때는 /유튜브 혹은 /youtube를 입력하면 된다.

---

8) https://namu.wiki/w/%EB%8B%A4%EC%9D%8C 2019.5.3. 검색.
9) https://namu.wiki/w/%EB%8B%A4%EC%9D%8C 2019.5.3. 검색.

2 구글 검색 방법

구글은 세계적인 인터넷 포털이며 편리한 검색기능을 제공하고 있다. 또한, 구글에서 검색을 한 후, 검색대상의 범위를 줄여 나가는 다양한 고급 검색 방법을 사용할 수 있다. 구글에서 검색방법을 자세히 홈페이지에 게시하고 있는데, 기본적인 검색요령, 고급검색 도구 등 주요한 내용들을 구글이 설명하는 방식 그대로 다음에 정리하여 보면 다음과 같다.[10]

1. 기본적인 검색 요령

구글에서 정보를 쉽게 찾을 수 있는 요령을 몇 가지 알아보자.

팁 1: 기본적인 내용으로 시작한다.

찾고 있는 내용이 무엇이든 **가까운 공항**과 같이 간단한 검색어로 시작한다. 그런 다음 언제든지 수식어를 더할 수 있다.

특정 지역의 장소나 제품을 찾는 경우 **남영동 빵집**과 같이 위치를 추가한다.

팁 2: 음성으로 검색해 본다.

입력하기가 귀찮을 때 음성으로 검색하려면 "Ok Google"이라고 말하거나 마이크 🎤 를 선택한다.

팁 3: 단어를 신중하게 선택한다.

검색창에 입력할 단어를 결정할 때 찾고 있는 사이트에 있을 것 같은 단어를 입력해 본다. 예를 들어 **머리가 아픔**보다는 의료 관련 사이트에서 사용할 법한 단어인 **두통**을 입력한다.

---

10) https://support.google.com/websearch/answer/134479?hl＝ko&ref_topic＝3036132 2019.5.3. 검색.

팁 4: 사소한 것에 신경쓰지 않는다.

- **철자:** 틀리게 써도 구글 맞춤법 검사기가 가장 많이 쓰이는 철자로 자동 변환해 준다.
- **대문자 표기:** New York Times에 대한 검색결과는 new york times에 대한 검색결과와 동일하다.

팁 5: 빠른 답변을 찾아보자

대체로 구글은 검색결과에 사용자가 원하는 답변을 바로 보여준다. 하지만 스포츠팀 정보와 같이 일부 지역에서만 제공되는 정보도 있다.

- **날씨:** 현재 위치의 날씨를 알고 싶다면 **날씨**라고 검색한다. 또는 **시애틀 날씨**와 같이 도시 이름을 추가해서 다른 지역의 날씨를 알아볼 수도 있다.
- **사전:** 단어의 뜻이 궁금하면 단어 뒤에 **의미**를 입력한다.
- **계산:** 3 * 9123과 같은 수식을 입력해 답을 보고 복잡한 방정식을 입력해 그래프를 확인한다.
- **단위 변환:** 3달러/유로와 같이 단위 변환 검색어를 입력한다.
- **스포츠:** 스포츠팀의 이름을 검색하여 경기 일정, 점수 등을 확인한다.
- **요약 정보:** 유명인사, 장소, 영화나 노래 이름을 검색하여 관련 정보를 확인한다.

2. 더 정확한 웹 검색결과 얻기

검색어에 기호나 단어를 사용하여 더 정확한 검색결과를 얻을 수 있다.

- 구글 검색에서는 일반적으로 검색 연산자가 아닌 구두점을 무시한다.
- 기호 또는 단어와 검색어 사이에 공백이 있어서는 안 된다. 즉, site:nytimes.com을 입력하면 검색결과가 표시되지만 site: nytimes.com을 입력하면 결과가 제대로 표시되지 않게 된다.

1) 일반적인 검색 기술

소셜 미디어 검색
소셜 미디어에서 검색하려면 단어 앞에 @ 기호를 입력한다. 예: @twitter

가격 검색
숫자 앞에 $ 기호를 입력한다. 예: **카메라 $400**

해시태그 검색
단어 앞에 # 기호를 입력한다. 예: #throwbackthursday

검색어에서 단어 제외
제외하려는 단어 앞에 — 기호를 입력한다. 예: **재규어 속도 —차**

정확히 일치하는 결과 검색
단어 또는 문구를 큰따옴표 " " 안에 넣는다. 예: "**가장 높은 빌딩**"

숫자 범위 내에서 검색
두 숫자 사이에 .. 기호를 입력한다. 예: **카메라 $50..$100**

검색어 조합
각 검색어 사이에 'OR'를 입력한다. 예: **마라톤 OR 경주**

특정 사이트 검색
사이트 또는 도메인 앞에 'site:'를 입력한다. 예: site:youtube.com 또는 site:.gov

관련 사이트 검색
이미 알고 있는 웹 주소 앞에 'related:'를 입력한다. 예: related:time.com

구글에서 캐시한 사이트 버전 확인
사이트 주소 앞에 'cache:'를 입력한다.

3. 구글에서 이미지 검색

구글에서 웹사이트를 검색하듯 이미지를 검색할 수 있다. 예를 들어, 휴양지 사진을 찾아보거나 프레젠테이션에 사용할 이미지를 검색할 수 있다.[11]

이미지 찾기

① images.google.com으로 이동한다.
② 단어나 구문을 검색하면 이미지 검색결과가 표시된다.

구글에서 찾고 싶은 이미지를 검색한 다음 **이미지**를 클릭해도 된다.

4. 검색결과 필터링

검색결과를 필터링하고 맞춤설정을 하면 정확하게 원하는 내용을 찾을 수 있다. 예를 들어 지난 24시간 이내에 업데이트된 사이트나 특정 색상으로 된 사진을 찾을 수 있다.[12]

도구는 검색 및 필터에 따라 다르며 항상 모든 옵션이 표시되지는 않는다. 도구에는 다음이 포함될 수 있다.

- **게시 날짜**: 게시된 날짜에 따라 검색결과를 제한한다.
- **완전일치**: 정확히 일치하는 단어나 문구를 검색한다.
- **사전**: 정의, 동의어, 이미지 등을 찾는다.
- **소식**: 구글 계정에 로그인하면 Google+ 또는 Gmail에서 내게 공유된 콘텐츠를 볼 수 있다.
- **주변**: 현재 위치에 관한 검색결과를 볼 수 있다.
- **동영상**: 동영상 길이, 화질, 출처(예: youtube.com)별로 필터링한다.
- **레시피**: 재료, 조리 시간, 칼로리별로 필터링할 수 있다.

---

11) https://support.google.com/websearch/answer/112511?co=GENIE.Platform%3DDesktop& oco=1 2019.5.3. 검색.
12) https://support.google.com/websearch/answer/142143 2019.5.3. 검색.

- **앱**: 이용할 수 있는 앱의 가격과 운영체제를 선택한다.
- **특허**: 특허 출원일이나 공개일, 특허를 출원한 특허청, 출원 상태, 특허 유형을 선택할 수 있다. 또한 patents.google.com 사이트에서 직접 특허를 검색할 수도 있다.

5. 고급검색

고급검색 페이지를 이용하면 복잡한 검색에 대한 검색결과를 좁힐 수 있다. 예를 들어 지난 24시간 이내에 업데이트된 사이트나 흑백으로 된 이미지를 찾을 수 있다.[13]

6. 크롬 검색 엔진

구글의 검색 엔진과 함께 크롬의 검색 엔진을 사용하는 것을 알아보자.[14]

1) 기본 검색 엔진 설정

주소 표시줄(검색주소창)을 검색창으로 사용할 수 있다. 기본적으로 구글을 사용하지만, 다른 기본 검색엔진을 설정할 수도 있다.

구글이 기본 검색엔진으로 설정되어 있었는데 갑자기 변경된 경우 멀웨어가 설치되었을 수 있다. 이 경우에는 크롬 설정 복원에 관한 도움을 받아야 한다.

(1) 컴퓨터 검색 엔진 설정

① 컴퓨터에서 크롬을 열어둔다.
② 오른쪽 상단에서 더보기 다음 ⋯ ＞ 설정을 클릭한다.
③ '검색 엔진'에서 '주소 표시줄에서 사용되는 검색 엔진입니다.' 옆의 아래쪽 화살표 ▼를 클릭한다.
④ 새로운 기본 검색 엔진을 선택한다.

---

13) https://support.google.com/websearch/answer/35890 2019.5.3. 검색.
14) https://support.google.com/chrome/answer/95426?hl=ko&ref_topic=7439636 2019.5.3. 검색.

(2) 다른 검색 엔진 추가, 수정 또는 삭제

① 컴퓨터에서 크롬◉을 열어둔다.

② 오른쪽 상단에서 더보기 다음 ··· ❯ 설정을 클릭한다.

③ '검색엔진'에서 검색엔진 관리를 클릭한다.

④ '기타 검색엔진'을 찾는다.

⑤ 추가: '기타 검색엔진' 오른쪽의 추가를 클릭한다. 텍스트 입력란을 작성하고 추가를 클릭한다.

⑥ 기본으로 설정: 검색엔진 오른쪽에서 더보기 다음 ··· ❯ 기본으로 설정을 클릭한다.

⑦ 수정: 검색엔진 오른쪽에서 더보기 다음 ··· ❯ 수정을 클릭한다.

⑧ 삭제 : 검색엔진 오른쪽에서 더보기 다음 ··· ❯ 목록에서 삭제를 클릭한다.

7. 구글 파일 연산자 사용 검색

구글과 빙 모두에서 작동하는 또 다른 연산자는 파일 유형 필터다. 단일 파일 유형 확장자로 어떤 검색 결과든 필터링해 준다. 시스코(Cisco) 회사에 관련된 파워포인트 프리젠테이션 파일을 찾으려면 다음 검색어를 사용해 보자.

"Cisco" "Powerpoint"

결과는 콘텐츠에 단어 Cisco, Powerpoint가 있는 웹사이트를 출력해 준다.

이어서 사이트, filetype 등을 지정하여 검색범위를 좁혀 나갈 수 있다. 백만 개도 넘는 파일을 몇 개로 좁혀주는 검색 기술이다.[15]

1) InURL 연산자

웹사이트 URL 데이터만 집중하는 연산자를 지정할 수 있다.

---

15) 마이클 바젤 지음, 최윤석 옮김, 공개 정보 수집 기법, 에이콘출판사, 2017, 93쪽.

- inurl:ftp 구글에게 url 내에 ftp가 있는 주소만 표시하도록 한다.
- inurl:−http 구글에게 url에 http가 있는 주소를 무시하게 한다.

2) filetype:pdf

구글에게 pdf 문서만 표시하도록 안내한다.

3) intitle 연산자

이 필터는 페이지 제목 내에 특정 콘텐츠가 있는 웹페이지만 제시한다.

4) or 연산자

구글에게 A 또는 B를 검색하라고 알려준다.

5) * 아스터리스크 연산자

아스터리스크는 구글에게 하나 이상의 단어를 나타내되, 와일드카드로 간주한다.

8. 구글 검색 도구

모든 검색결과 페이지 상단에 텍스트 바가 있다. 이것으로 이미지, 지도, 쇼핑, 동영상 등 다른 구글 서비스 내에서 현재 검색어로 검색할 수 있다. 이 바의 마지막 옵션은 "검색 도구" 링크다. 이 링크를 클릭하면 바로 아래에 새 옵션이 있는 열이 생긴다. 이러면 새 필터가 생겨 기대하던 결과에만 집중한다. 필터는 구글 검색 유형마다 다양하다. 검색 도구 중에서 날짜를 지정할 수 있는 범위를 보면 모든 날짜, 여러 지난 시간을 설정할 수 있도록 메뉴가 나온다.[16]

이러한 검색 도구 날짜를 이용하면, 실종자 사건 수색에서 인터넷 검색

---

16) https://www.google.com/search?hl=ko&source=hp&ei=AgwQXYr0NMqRr7wPtqaAiAQ&q=%EC%82%B0%EC%97%85%EC%8A%A4%ED%8C%8C%EC%9D%B4&oq=&gs_l=psy−ab.1.4.35i39l6.0.0..16270...1.0..0.137.137.0j1......0......gws−wiz.....6._kLgSNzF7L8 2019.6.24. 검색.

날짜를 실종 발생일부터 검색하여 추적할 수 있고, 실종이 공개되기 전에 희생자에 관해 게재된 온라인 콘텐츠에 집중하여 검색할 수 있어서 효율적인 조사를 할 수 있다.

▌그림 6-2▐

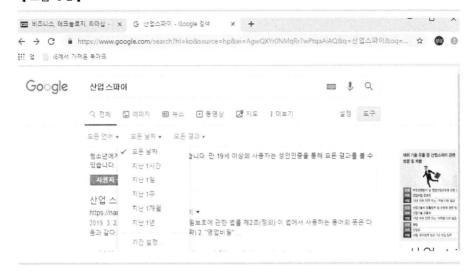

9. 구글 알리미

검색대상을 찾다가 새 콘텐츠가 게재되는지 알고 싶을 때가 있다. 즉, 같은 대상에 대해 새로운 것이 있는지 보기 위해 구글 결과를 매주 확인하려면 지겹다. 이 경우, 구글 알리미를 사용하면 구글에게 새로운 정보를 찾도록 할 수 있다.

지메일 등 어떤 구글 서비스로도 로그인해서 새 구글 알리미를 생성해 검색어, 전송 옵션, 알리미를 보낼 이메일 주소를 지정한다. 그러면 구글이 새로운 검색대상에 대한 콘텐츠가 나타나면 이메일로 알려준다. 부모들이 이것으로 웹사이트, 블로그에서 아이를 언급하면 알림을 받을 수 있다.

지속적으로 검색대상의 정보를 찾는 조사자에게 매우 유익하다. 실제 사례를 보면, 15살 가출아동 사건 조사에서 여러 인터넷검색을 한 후, 가출자 이름, 거주 도시로 구글알리미를 설정하였다. 사흘 만에 알리미 중 하나는 가출을 확인한 블로그, 현재 머물고 있는 곳을 알려 왔고 아이는 30분 만에 집으로 돌아오게 한 사례가 있다고 한다.[17]

1) 알림 만들기

주제에 관한 새로운 검색결과가 구글 검색에 표시되면 이메일로 전송되어 온다. 예를 들어 뉴스, 제품 또는 내 이름 멘션에 관한 정보를 받을 수 있다.[18]

▌그림 6-3 ▌ 구글 알리미 만들기 화면[19]

(1) 알림 만들기

① 구글 알리미 https://www.google.co.kr/alerts로 이동한다.

② 상단의 입력란에 팔로우하려는 주제를 입력한다.

③ 설정을 변경하려면 옵션 표시를 클릭한다. 다음 항목을 변경할 수 있다.

• 알림을 받는 빈도

---

17) 마이클 바젤 지음, 최윤석 옮김, 공개 정보 수집 기법, 에이콘출판사, 2017, 103쪽.

18) https://support.google.com/websearch/answer/4815696?hl=ko 2019.6.24. 검색.

19) https://support.google.com/websearch/answer/4815696?hl=ko 2020.6.10. 검색.

- 표시되는 사이트 유형
- 언어
- 정보를 원하는 대상 지역
- 표시하려는 검색결과 수
- 알림을 받는 계정

④ 알림 만들기를 클릭한다. 일치하는 검색결과가 나타날 때마다 이메일이 전송되어 온다.

(2) 알림 수정

① 구글 알리미로 이동한다.

② 알림 옆의 수정 수정을 클릭한다.

③ 옵션이 표시되지 않으면 옵션 표시를 클릭한다.

④ 변경 내용을 입력한다.

⑤ 알림 업데이트를 클릭한다.

⑥ 알림을 받는 방법을 변경하려면 설정 설정을 클릭하고 그런 다음 원하는 옵션을 확인한 다음 저장을 클릭한다.

(3) 알림 삭제

① 구글 알리미로 이동한다.

② 삭제하려는 알림 옆에서 삭제 아이콘을 클릭한다.

＊선택사항: 알림 이메일 하단에서 수신거부를 클릭하여 알림을 삭제할 수도 있다.

10. 구글 번역(translate.google.com)

요즘 네이버에서 파파고 번역서비스를 하고 있는데, 웹사이트 번역도 해 준다. 그런데 언어의 다양성은 구글이 앞서고 있다고 할 수 있다.

여러 웹사이트는 영어가 아닌 언어로 존재한다. 구글 번역기는 어떤 웹사이트, 문서에서도 텍스트를 취해 다양한 언어로 번역한다. 보통은 텍스트를 복사해 붙여서 번역한다. 전체 웹사이트를 번역하면, 웹사이트 레이아웃의 네이티브뷰가 나온다. 번역을 원하는 웹사이트의 정확한 url 주소를 입력하거나 복사해서 붙여넣는다. "번역" 버튼을 클릭하면 웹사이트의 새 페이지가 번역되어 로딩된다.[20)]

2007년 구글에서 발표한 무료 번역 서비스로, 현재 세계에서 가장 많이 사용되는 기계번역 서비스이다. 구글 번역의 특성상 시간이 갈수록 정보가 많아지면서 정확도가 높아져 가고 있다. 하지만 지금도 뉘앙스가 다르거나 틀린 번역이 많으니 주의해야 한다.[21)]

'구글 번역기(Translator)'가 아니라 '구글 번역(Translate)'이 올바른 명칭이다. 번역된 단어를 사용하며, 번역된 단어가 없으면 소리가 나는 대로 표기하고 있다. 또한 텍스트뿐만 아니라 웹페이지 등의 번역도 가능하다. 구글의 웹브라우저인 크롬에서는 해당 기능이 기본적으로 내장되어서 사용자의 크롬 언어와 다른 언어로 구성된 사이트를 열면 자동으로 번역하겠느냐고 물어본다. 크롬의 모바일 버전에도 있다.[22)]

11. 구글 입력 도구(google.com/inputtools/try)

구글 입력 도구로 다양한 언어를 선택해 입력할 수 있다. 입력 도구 웹사이트로 이동해 검색대상의 언어를 선택한다.

구글 입력기 크롬 확장 프로그램을 사용하면 크롬의 어떤 웹페이지에서나 입력기를 사용할 수 있으며, 구글 입력기 크롬 확장 프로그램사용 방법은 다음과 같다.[23)]

① 구글 입력기를 설치한다.

② 확장 프로그램 아이콘 ▨ 을 클릭하고 '확장 프로그램 옵션'을 선택한다.

③ '확장 프로그램 옵션' 페이지에서 사용하려는 입력기를 왼쪽 창에서

---

20) 마이클 바젤 지음, 최윤석 옮김, 공개 정보 수집 기법, 에이콘출판사, 2017, 111쪽.

21) https://namu.wiki/w/%EA%B5%AC%EA%B8%80%20%EB%B2%88%EC%97%AD 2019.6.24. 검색.

22) https://namu.wiki/w/%EA%B5%AC%EA%B8%80%20%EB%B2%88%EC%97%AD 2019.6.24. 검색.

23) https://www.google.com/intl/ko/inputtools/chrome/ 2019.6.24. 검색.

오른쪽 창으로 이동하여 선택한다.

④ 왼쪽 창에서 더블클릭하면 입력기가 추가되고 오른쪽 창에서 더블클릭하면 선택한 입력기가 제거된다.

⑤ 오른쪽 창에서 입력기를 클릭하고 위로 화살표 및 아래로 화살표 아이콘을 클릭하면 선택한 입력기의 순서를 정렬할 수 있다.

⑥ 입력기를 사용하려면 확장 프로그램 아이콘을 클릭한다. 드롭다운 메뉴가 표시되면 원하는 입력기를 선택한다. 입력기가 설정되면 확장 프로그램 버튼이 처럼 컬러 아이콘으로 바뀐다. 입력기를 사용 중지하면 버튼이 처럼 회색으로 바뀐다. '사용 중지'를 클릭하면 입력기 사용이 중지된다. 선택한 입력기를 클릭하여 사용/사용 중지 상태를 전환할 수도 있다.

⑦ 이제 입력기가 사용 설정되었다. 웹페이지를 열고 입력 상자로 커서를 이동한 다음 입력을 시작한다. 만약 작동하지 않으면 을 클릭하여 페이지를 새로고침하면 된다.

기타 검색엔진

1. iseek(iseek.com)

구글은 포괄적이고 훌륭한 검색엔진이지만 더 전문적인 특수한 검색엔
진들도 적지 않다. 빙이나 야후 이외에도 특수한 기능을 가진 검색엔진들이
있다. iseek는 저장된 타깃 관련 정보를 근거로 검색결과 카테고리를 제공
한다.

"industrial spy"로 검색을 하면 검색결과가 나오고, 화면 좌측 칼럼에는
검색결과가 생성한 카테고리가 있다. 결과는 타깃 관련 화제 인물, 장소, 조
직을 포함하고 있다. 이 카테고리를 클릭하면, 결과의 필터링이 해제된다.
타깃의 이름이 흔할 때 아주 유용하다. 카테고리를 좁혀서 관리해 주는 필
터다.[24]

| 그림 6-4 |

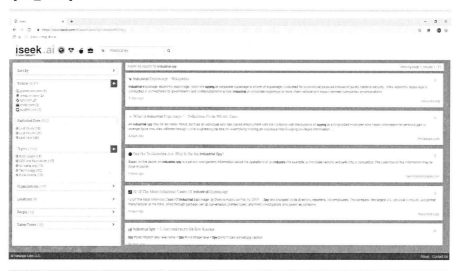

---

24) 마이클 바젤 지음, 최윤석 옮김, 공개 정보 수집 기법, 에이콘출판사, 2017, 120쪽.

2. carrot2(iboogie.com)

검색결과를 주제별로 그룹핑하는 클러스터링 검색엔진이다.[25] "circles", "foam tree" 탭은 텍스트 옵션을 인터랙티브한 그래픽으로 바꿔준다. 섹션마다 크기는 그 화제에 맞게 설정된다. "osint training"으로 검색하면 다음과 같은 결과를 볼 수 있다.

▌그림 6-5 ▌

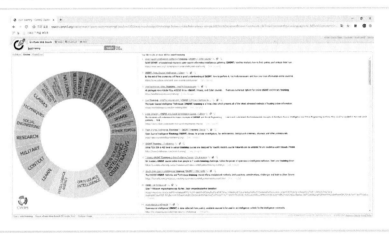

▌그림 6-6 ▌

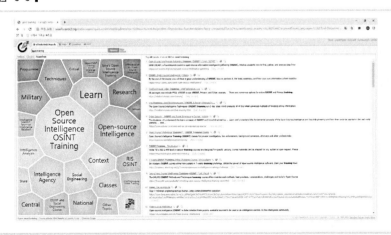

---

25) 마이클 바젤 지음, 최윤석 옮김, 공개 정보 수집 기법, 에이콘출판사, 2017, 120쪽.

3. 덕덕고(DuckDuckGo)

덕덕고는 사용자의 아무것도 추적하지 않아 많은 인기를 끌었다. 구글 등의 엔진은 사용자의 검색 히스토리, 방문한 웹사이트를 모두 기록하고 유지한다. 개인정보 옹호자와 민감한 조사를 하는 사람에게 관심이 큰 부분이다. 게다가 위키피디아 등의 크라우드 소싱 웹사이트에서 얻은 정보로 전통적인 결과를 보완해 준다.26)27)

▌그림 6-7 ▌

---

26) 마이클 바젤 지음, 최윤석 옮김, 공개 정보 수집 기법, 에이콘출판사, 2017, 128쪽.

27) https://duckduckgo.com/?q=%EB%A9%8D%EC%99%84%EC%A0%80%EC%9A%B0＋%ED%99%94%EC%9B%A8%EC%9D%B4＋%EC%B2%B4%ED%8F%AC＋%EC%BA%90%EB%82%98%EB%8B%A4&t=hp&ia=web 2019.6.24. 검색.

┃ 그림 6-8 ┃

4. TOR(torproject.org)

1) 소개

Tor는 'The Onion Router'의 줄임말이다. 기본적으로 IP주소를 마스킹해 거짓 주소로 인터넷을 브라우징하게 해 준다. 정상적으로 인터넷에 접속해 웹사이트로 브라우징할 때 인터넷 서비스 제공업체가 할당한 IP주소를 확인할 수 있다. 하지만 토르 웹브라우저로 방문하는 모든 웹사이트는 자신의 IP주소 대신 새 주소로 접속 중이라고 가정한다. 용의자로부터 숨은 상태를 유지하기 위해 개인정보의 한 층위를 제공한다. 나의 실제 인터넷 연결과 연관되지 않는다.[28]

분산형 네트워크 기반의 익명 인터넷 통신 시스템은 익명 인터넷 통신

---

28) 마이클 바젤 지음, 최윤석 옮김, 공개 정보 수집 기법, 에이콘출판사, 2017, 78쪽.

을 위해 오가는 데이터 소스를 추적하기 어렵게 발신자에서 수신자로 가는 도중 랜덤 서버를 통과하도록 해 트래픽을 3회에 걸쳐 전송하는 방식이다. 사생활 보호 장치로 개발된 것으로, 3개의 서버를 통과하면서 3가지 키를 사용하며, 각각의 서버는 자기 바로 앞에 오거나 뒤에 오는 서버의 ID만을 인식하게 된다. 따라서 어떤 서버도 데이터가 지나가는 전체 통로는 알지 못한다. 데이터는 각 서버당 하나씩 모두 3개의 키로 암호화된다. 일단 데이터가 한 서버에 닿으면, 그 서버는 1개의 암호층을 벗겨 내어 그 데이터를 보낸 다음 서버를 공개한다. 이어 데이터가 랜덤으로 선택된 두 번째 라우터나 서버에 도달하게 되면, 또 한 층의 암호가 제거되면서 다음 목적지가 밝혀진다.[29]

토르 브라우저의 특징과 장점을 토르 프로젝트 사이트에서 보면 다음과 같이 나온다.[30]

• 블록 추적기

Tor 브라우저는 사용자가 방문한 각 웹사이트를 격리하여 제3자 추적자 및 광고가 사용자를 따라갈 수 없도록 한다. 탐색을 완료하면 모든 쿠키가 자동으로 지워진다. 그러면 인터넷 사용 기록도 마찬가지로 지워진다.

• 설문 조사 거부

Tor 브라우저를 사용하면 방문하는 웹사이트를 사용자가 알지 못하게 할 수 있다. 사용자의 브라우징 습관을 모니터링하는 모든 사람들은 당신이 Tor를 사용하고 있다는 것을 알 수 있다.

---

29) [네이버 지식백과] 토 https://terms.naver.com/entry.nhn?docId=859938&cid=42346&categoryId=42346 2019.5.17. 검색.
30) https://www.torproject.org 2019.5.17. 검색.
  다음과 같은 회사 소개 내용을 보면 토르 프로젝트 목적을 잘 알 수 있다.
  우리는 모든 사람들이 프라이버시를 가지고 인터넷을 탐색할 수 있어야 한다고 생각합니다.
  우리는 501 (c)3 미국 비영리단체인 Tor프로젝트입니다. 우리는 자유 소프트웨어와 개방형 네트워크를 통해 인권을 향상시키고 개인정보를 온라인으로 보호합니다.

• 손가락 지문 인식

Tor 브라우저는 모든 사용자를 똑같이 보이게 하여 브라우저 및 장치 정보를 기반으로 지문 인식을 못하게 한다.

• 다중 계층 암호화

사용자의 트래픽은 Tor 네트워크를 통과하면서 3회 중계되고 암호화된 다. 네트워크는 Tor 릴레이라고 하는 수천 개의 자원봉사 실행 서버로 구성된다.

• 빨리 찾아보기

Tor 브라우저를 사용하면 홈 네트워크가 차단했을 수 있는 사이트에 자유롭게 액세스할 수 있다.

2) 토르 검색 엔진

토르는 공개적으로 조회 가능한 네트워크에 호스팅되지 않기 때문에 찾아서 접속하기가 어렵다. 토르를 사용하면 인터넷 활동의 사용자를 추적 하기 어렵다. 토르 네트워크에 호스팅된 웹사이트도 추적이 어렵다. 불법 마약거래, 아동 포르노, 무기 등이 거래되기도 한다. 토르 웹사이트 검색 엔 진에는 다음과 같은 것이 대표적이다.[31]

- Ahmia(ahmia.fi)
- Onion Cab(onion.cab)
- Onion Link(onion.link)
- Tor2Web(tor2web.org)
- DuckDuckGo(duckduckgo.com)

3) 토르 검색 실제

'start to tor'로 들어가면 다음 화면이 나온다. 키워드 등 검색은 Duck DuckGo 엔진으로 들어가서 검색하도록 설정되어 있다. 검색하는 사람의

---

31) 마이클 바젤 지음, 최윤석 옮김, 공개 정보 수집 기법, 에이콘출판사, 2017, 122-128쪽.

검색기록을 남기지 않는 장점이 있어서 사건을 조사하면서 추적을 피하는 방법으로 사용될 수 있다. 또한, 해커들이 해킹루트에 대한 기록을 남기지 않기 위해 사용하기도 한다.

무기거래를 알아보기 위해 'gun'으로 검색하면 다음과 같은 화면이 나온다. 'gun'에 대한 정의를 비롯해서 총을 디스카운트 세일한다는 사이트도 검색된다.

▌그림 6-9 ▌

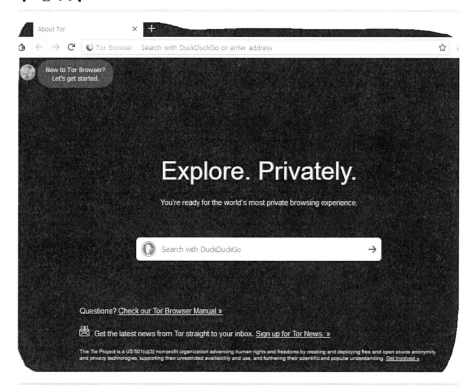

┃그림 6-10┃

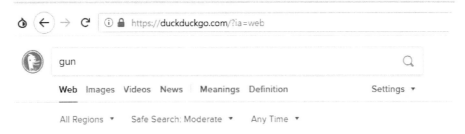

GunBroker.com - Online Gun Auction
https://www.gunbroker.com
Find new and used **guns** for sale at the largest online **gun** auction site GunBroker.com.
Sell and buy firearms, accessories, collectibles such as handguns, shotguns, pistols, rifles
and all hunting cutdoor accessories. Shop Now.

Gun - Wikipedia
w https://en.wikipedia.org/wiki/Gun
A **gun** is a ranged weapon typically designed to pneumatically discharge projectiles that
are solid (most **guns**) but can also be liquid (as in water **guns**/cannons and projected water
disruptors) or even charged particles (as in a plasma **gun**) and may be free-flying (as with
bullets and artillery shells) or tethered (as with Taser **guns**, spearguns and harpoon **guns**).

Gun | Definition of Gun by Merriam-Webster
https://www.merriam-webster.com/dictionary/gun
Gun definition is - a piece of ordnance usually with high muzzle velocity and comparatively
flat trajectory. How to use **gun** in a sentence. Did You Know?

Guns.com | Gun News, Firearms Product ... - How Guns.com Works
https://www.guns.com
How **Guns**.com Works. 1.Find and purchase your **gun**(s) on **Guns**.com. Shop thousands of
new and used firearms and find the perfect **gun** for you. 2.Let **Guns**.com do the hard work

Discount Guns for Sale - Buds Gun Shop
https://www.budsgunshop.com/catalog/index.php
America's # 1 Online Retailer of Firearms, Ammunition and Accessories. Largest Selection,
Lowest Prices, and A+ Rated Service by the BBB.

▌그림 6-11 ▌

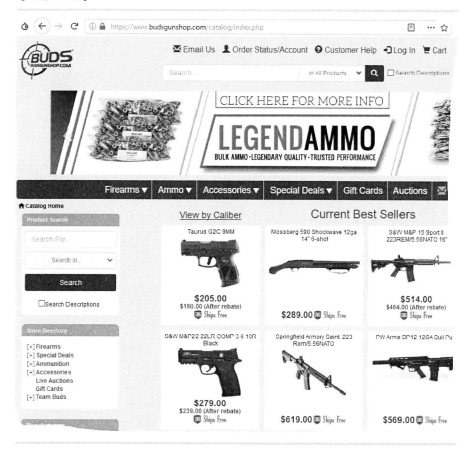

5. 구글 해킹(Google Hacking)

구글은 구글 웹크롤러라는 로봇을 이용해 웹사이트를 찾아다니며 정보를 수집해 구글에 저장하고 검색에 활용한다. 구글 해킹(Google Hacking)은 웹사이트가 사용하는 구성과 컴퓨터 코드에 보안 구멍을 찾기 위해 구글 검색 및 기타 구글 응용 프로그램을 사용하는 컴퓨터 해킹 기술이다. 공격자는 개인정보 등 손쉽게 취약점을 찾을 수 있다. 구글 해킹의 구글봇이 수집하는 데이터를 서버에 캐시상태로 저장한다. 해당 사이트가 삭제된 후에도 오랜 시간이 지나기 전에는 검색결과에 노출되기 때문에 이전 페이지가 그대로 노출될 수 있으며, 이 데이터를 모으면 손쉽게 취약점을 찾을 수 있다.[32] 합법적으로만 사용하고 불법적인 해킹은 하지 않기를 권장한다.

웹크롤러가 검색해 정보를 가져가지 못하게 하는 방법이 있다. 구글이 민감한 정보를 검색하는 도중에, 구글이 웹크롤러가 정보수집을 하지 못하게 하는(예를 들면, robot.txt 파일에 disallow: /admin) 것을 의미한다. 한편으로는, 역으로 이를 이용해 관리자가 숨기고 싶어 하는 내용을 해커가 알아낼 수 있으므로 주의해야 한다. 다음과 같은 구글 검색연산자를 이용하여 노출하지 말아야 할 정보가 무엇인지를 찾아내기도 한다.[33]

일반적인 공격방법은 다음과 같다.

• **따옴표**(" ")
따옴표를 이용하면 여러 개 단어를 묶어서 검색할 수 있다. 예를 들어, korean wikipedia라고 검색을 하면 something korean something wikipedia 로 검색이 되지만 "korean wikipedia"로 검색을 하면 something korean wikipedia something으로 검색이 된다.

---

32) https://ko.wikipedia.org/wiki/%EA%B5%AC%EA%B8%80_%ED%95%B4%ED%82%B9 2019.7.14. 검색.

33) https://search.naver.com/search.naver?sm＝top_sug.pre&fbm＝1&acr＝4&acq＝%EA%B5% AC%EA%B8%80%ED%95%B4&qdt＝0&ie＝utf8&query＝%EA%B5%AC%EA%B8%80＋%ED %95%B4%ED%82%B9 2019.7.14. 검색.

• filetype

filetype을 이용하면 특정 파일타입만 검색할 수 있다. 예를 들어 wikipedia filetype:pdf라고 검색을 하면 wikipedia를 담은 pdf 파일만 구글에 검색된다. 특정한 파일을 찾을 때 유용하다.

• site

site를 이용하면 특정 사이트 내에서만 검색할 수 있다. 예를 들어 구글해킹 site:wikipedia.org라고 검색하면 wikipedia.org 내의 구글해킹만 검색결과로 나온다.

• intitle, alltitle

intitle, alltitle을 이용하면, 타이틀에 키워드가 있는 사이트에서만 검색이 가능하다 intitle은 부분만 일치해도 되지만, alltitle은 모든 키워드가 일치하는 사이트만 표시한다. intitle을 이용한 공격 중에 가장 흔한 공격은, 디렉토리 리스팅인데 intitle:"index of"라고 검색하면 디렉토리 리스팅 취약점이 있는 사이트가 뜬다.

• inurl

inurl은 url에 키워드가 존재하는 사이트 내에서의 검색결과만을 보여준다.

• intext

intext는 키워드를 입력하면 본문에 키워드가 존재하는 사이트를 검색하여 보여준다.

6. 검색엔진의 검색을 피하는 방법

정보검색을 하거나 웹서핑을 하는 정보수집가들도 해커나 사이트운영
자들의 추적을 당할 수 있다. 스파이를 추적하는 기관들도 있고, 회사의 보
안을 위해 추적하는 경우도 있다. 정보수집가들이 겪는 검색엔진에 의한 취
약점은 비교적 많이 알려져 있다고 한다. 첩보를 수집하면서 역추적을 당하
지 않도록 숨길 수 있으면 좋을 것이다. 대응법은 웹서버의 홈 디렉터리에
robots.txt 파일을 만들어 검색할 수 없게 만드는 것이다. 예를 들어 http://
www.wishfree.com/robots.txt 파일이 있으면 구글 검색엔진은 robots.txt에
있는 디렉터리는 검색하지 않는다. robots.txt 파일 내용의 형식은 매우 간단
하고 두 개의 필드로 구성할 수 있으며 User−agent와 Disallow를 이용한다.
User−agent는 검색 엔진의 검색을 막고 Disallow 필드는 특정 파일이나 디
렉터리를 로봇이 검색하지 못하게 한다. 예를 통해 살펴보자.[34]

- User−agent: googlebot 구글 검색엔진의 검색을 막는다.
- User−agent: * 모든 검색 로봇의 검색을 막는다.
- Disallow: dbconn.ini dbconn.ini 파일을 검색하지 못하게 한다.
- Disallow: /admin/ admin 디렉터리에 접근하지 못하게 한다.

---

34) [네이버 지식백과] 구글 해킹을 통한 정보수집 https://terms.naver.com/entry.nhn?docId=
3431913&cid=58437&categoryId=58437 2020.7.10. 검색.

참여수업 과제

1) 네이버 상세검색 연산자인 " ", +, -를 설명한다.

2) 구글에서 일반적인 검색 기술을 설명한다.

3) 구글에서 사용할 수 있는 고급검색 필터를 설명한다.

4) 구글 검색 도구를 설명한다.

5) Tor 검색을 설명한다.

공개정보 활용

- 소셜네트워크, 사물인터넷

개인의 삶에 관한 세부사항을 저장하는 소셜네트워크는 수백 개가 있다. 가족이나 친구 등에 관한 정보가 이제 공개 웹사이트로 세상에 브로드캐스팅된다. 일부 네트워크의 검색 옵션은 계정 로그인이 없다면 엄격히 제한된다. 계정이 합법적으로 개설되지 않으면 검색이 어렵다. 또한 개인정보에 대한 불법적 접근을 하지 않도록 주의해야 한다.[1] 페이스북 사용자는 트위터와 달리 프로필을 만들 때 실명을 사용한다.[2]

건전한 소셜네트워크가 많다. 그렇지만 불법적인 행위의 커넥션으로 작용하는 것들도 많다는 경고도 있으므로 부주의한 앱 다운로드나 사용을 특별히 주의해야 한다.[3]

---

1) 마이클 바젤 지음, 최윤석 옮김, 공개 정보 수집 기법, 에이콘출판사, 2017, 137쪽.
2) 마이클 바젤 지음, 최윤석 옮김, 공개 정보 수집 기법, 에이콘출판사, 2017, 139쪽.
3) 성매매에 유입된 청소년이 듣는 말 [H.I.M. #2 어떤 질문] https://www.youtube.com/watch?v=fR7_VFVwh7g 2019.8.9. 검색.

1 · 소셜네트워크

제1절 페이스북(facebook.com)

1. 소개

페이스북 타임라인과 뉴스피드에는 자신이 올린 글뿐만 아니라 친구들의 동정이 실시간으로 게시된다. 페이스북에서는 자신과 친구로 맺어진 사람들의 반응과 정서, 감정을 '좋아요'와 답글을 통해 공유할 수 있다. 이것이 소셜네트워크서비스의 특성이 발현되는 지점이다. 인터넷의 월드와이드웹이 웹문서끼리 연결되는 하이퍼링크라면 페이스북의 타임라인과 뉴스피드는 사람들끼리 만드는 하이퍼링크다. 페이스북 이용자들은 서로의 감정과 생각, 정서를 실시간으로 하이퍼링크한다. 그래서 어떤 정서나 의견이 전달되는 속도가 매우 빠르고 그 전달 범위 또한 매우 넓다.[4]

2005년 9월 2일 고등학교 학생들도 가입할 수 있게 되었고, 2005년 말에 이르러 미국, 캐나다, 영국 등 7개국의 2,000개 이상의 대학교와 2만 5,000개 이상의 고등학교에 네트워크가 형성되었다. 2006년 9월 11일 마침내 전자우편 주소를 가진 13세 이상의 모든 이들에게 개방되었다. 한편 유럽 지역을 중심으로 사생활 보호와 관련된 논란이 된 바 있다. 2016년 1월 독일 연방법원은 이용자의 이메일 주소록에 접근해 초대장을 보내는 페이스북의 '친구찾기' 기능을 중지하라는 판결을 내렸다.[5]

2. 검색

페이스북에 실명으로 가입해서 여러 가지 검색을 할 수 있으며, 페이스

---

4) [네이버 지식백과] 페이스북 https://terms.naver.com/entry.nhn?docId=1691838&cid=42171 &categoryId=42185 2019.5.19. 검색.

5) [네이버 지식백과] 페이스북 https://terms.naver.com/entry.nhn?docId=1346257&cid=40942 &categoryId=32854 2019.5.19. 검색.

북에서 활동하는 이용자의 최근 동향을 알 수도 있다. 게시된 개인 프로필을 통해 다른 사이트나 블로그 등을 검색하면 추가적인 자료를 얻을 수 있다.

만일 범죄자나 실종자가 페이스북을 사용하고 있다면 최근 이동한 장소, 연락한 사람, 사진이나 글 등을 검색하여 찾을 수 있을 것이다. 여러 법집행의 조사, 특정인의 활동사진이나 영상, 성향 파악에 도움이 될 수 있다. 다만, 그것이 사실인지는 다른 자료를 통해 비교해 보아야 한다.

홍보용이나 선전을 위한 페이스북의 내용들도 많이 있으며, 그러한 내용의 사실 여부가 문제될 수 있다. 공식 페이스북과 비교, 대조거나 공개된 다른 자료와 비교해 보아야 한다.

예를 들어, 문재인 대통령의 페이스북을 검색하면 공식 페이스북 외에 사설홍보팀 페이스북이 나오며, 연락처 정보 등 개인의 정보까지 보여주고 있다. 청와대 공개 공식자료와 대조해 볼 필요가 있다. 공개된 정보는 홍보용일 수 있다. 일상 활동의 사진이나 동영상 등 개인들의 민감한 정보까지 페이스북에 게시되는 경우가 많다.

▌그림 7-1▌ 문재인 사설 홍보팀 페이스북 검색

3. 팩트체크

페이스북 홈페이지에 따르면 가짜뉴스 사실확인 기관엔 AP, AFP 등 언론사가 포함되었다. 페이스북은 미국 비영리 팩트체크 기관인 '포인터 연구소'를 통해 매년 사실 확인 기관들에 대한 인증 감사를 실시하고, 새로 협력을 체결한다.[6)]

페이스북이 국내 가짜뉴스 사실확인 시스템을 운영하기 위해 논의 중인 곳은 KISO다. KISO는 네이버, 카카오 등 국내 인터넷 정보통신 서비스 업체 등을 회원사로 두고 있다. 또한, 가짜뉴스 신고센터를 운영 중이다. 지난해 KISO 정책위원회는 해외 사례와 국내 제도 및 판례 등을 검토해 가짜뉴스의 기본 처리 방안을 담은 자율 가이드라인을 마련했다.[7)]

제2절 트위터

1. 소개

2006년 3월 선보인 휴대폰이나 PC를 이용해 가입자들끼리 짧은 문장을 주고받는 등의 서비스를 제공하는 사이트를 말한다. 트위터는 PC뿐 아니라 휴대폰으로도 사용이 가능하므로 직접 방문해야 사용이 가능한 블로그나 개인 홈페이지와는 달리, 트위터 사이트에 개인 페이지를 개설해 놓으면 언제 어디서나 글을 올릴 수 있고 등록된 가입자의 휴대폰에도 실시간으로 전달되는 특징이 있다.

트위터 홈페이지 주소는 'http://twitter.com'이며, 사용자의 트위터 주소는 '@아이디'로 표기된다. 특히 트위터에 있는 '팔로우(follow)' 기능은 자

---

6) https://www.msn.com/ko−kr/news/techandscience/페이스북−韓−가짜뉴스−막는다 "kiso와−논의−중"/ar−AAH0hwm?ocid=spartandhp 2019.9.18. 검색.

7) https://www.kiso.or.kr/%ea%b8%b0%ea%b5%ac%ec%86%8c%ea%b0%9c/%ec%9d%b4%ec%9a%a9%ec%9e%90%ea%b0%80%ec%9d%b4%eb%93%9c%eb%9d%bc%ec%9d%b8/ 2020.5.31. 검색.

신이 관심 있는 상대를 '팔로어(follower)'로 등록하여 해당 팔로어가 올리는 각종 정보를 바로 받아볼 수 있도록 한 것이다.[8]

2. 검색

트위터로 특정 인물, 키워드, 지역 검색이 가능하다. 예를 들어 '개인 이름'을 검색하면 그 사람이 트위터에 나온 뉴스, 사진, 영상, 팔로워 등 내

---

8) [네이버 지식백과] 트위터 https://terms.naver.com/entry.nhn?docId=932597&cid=43667&categoryId=43667 2019.5.17. 검색.

※ 트위터 관련 용어들
- 팔로워(follower)와 팔로잉(following)
  팔로워는 나를 팔로우하는 사람, 즉 나의 메시지를 보고 있는 사람을 말한다. 팔로잉은 내가 팔로우하는 사람, 즉 내가 메시지를 보고 있는 사람을 말한다. 팔로잉을 하게 되면 해당 인물의 트윗이 내 타임라인에 뜨게 된다.
- 트윗(Tweet)과 리트윗(Retweet)
  트윗은 나의 팔로워들에게 메시지를 보내는 것으로, 나의 팔로워 타임라인에 게시된다. 리트윗은 다른 사람의 트윗을 내가 다시 한번 트윗하는 것으로, 내가 팔로우하지 않은 사람의 트윗을 내 타임라인에 공유하여 나의 팔로워들에게 전달할 수 있다.
- 멘션(Mention)
  문장 앞에 '@Hongkildong'이라고 붙여서 메시지를 작성하면 '홍길동'에게만 트윗이 보내지며 알람이 울린다. 그리고 이 멘션에 대해 답하는 것을 '답멘션'이라 한다.
- DM(Direct Message)
  특정인만 볼 수 있는 1:1 멘션으로, 나를 팔로잉하는 사람에게만 DM을 보낼 수 있다.
- 타임라인(Timeline)
  내가 팔로잉하는 사람들의 메시지(트윗과 RT)가 실시간으로 보이는 게시판을 말한다.
- 트친과 트친소
  트친은 트위터 친구를, 트친소는 트위터 친구를 소개하는 행위를 말한다.
- 언팔
  팔로우를 해지하는 것을 말한다.
- 블락(Block)
  팔로워 또는 팔로워가 아닌 트위터 이용자를 차단하면 상대방이 내 트윗을 볼 수도 없고 나에게 멘션도 보낼 수 없다.
- 트위터롤로지(Twitterology)
  트위터 메시지를 분석하는 새로운 연구 방식으로, 트위터와 고대 그리스어에서 유래한 학문을 뜻하는 접미어 '로지(-logy)'를 합성한 단어다. 언어학자인 벤 지머가 붙인 이름이다.
- 트위터봇(Twitter bot)
  트위터에서 프로그램을 이용해 자동으로 글을 올리고, 이용자가 가상의 인물이나 대상인 것처럼 가해 운영하는 계정을 일컫는 용어이다. 이는 정보와 재미를 제공하는 긍정적인 측면도 있지만, 악의적으로 이용되기도 해 종종 부작용이 발생하기도 한다.
- 트위터러처(twitterature)
  트위터를 통해 즐기는 문학 또는 트위터를 통해 압축시킨 새로운 형태의 문학 작품을 일컫는 신조어다. 140자 이내의 단문 서비스인 트위터를 통해 이뤄지기 때문에 '140자로 즐기는 문학'이라고도 한다.

용을 볼 수 있다.

실제로 여러 사건에서 경찰관은 이 서비스로 가출한 아이들을 찾았다. 아이나 노인은 트위터를 잘 사용하지 않을 수 있다. 그때에는 가족이나 아는 사람의 트위터, 용의자의 트위터 등을 검색하여 보면 새로운 활동사항이나 동향이 나오는 수도 있다. 게다가 10대들은 트위터 같은 웹사이트에 기물 파손, 절도, 폭력 등 자신의 행동을 자랑하는 경향이 있기도 하다. 재판 시 배심원에 대한 호소력을 높일 수 있다.9)

유명인은 물론 공인들도 트위터를 많이 사용하고 있다. 특히, 트럼프 대통령은 트위터정치를 많이 하고 있으며 국제정치, 미국의 움직임을 실시간 가장 빠르게 볼 수 있는 최근 뉴스, 트랜드 등을 검색할 수 있다.10)

▎그림 7-2▎ 트위터 화면

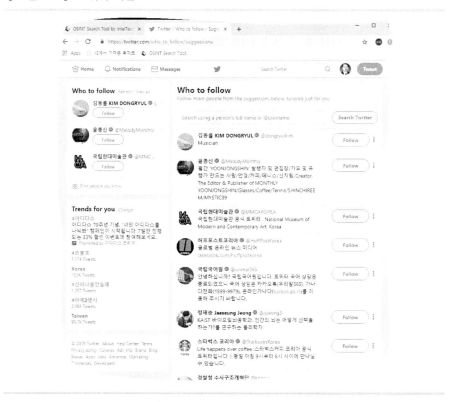

---

9) 마이클 바젤 지음, 최윤석 옮김, 공개 정보 수집 기법, 에이콘출판사, 2017, 173쪽.
10) 마이클 바젤 지음, 최윤석 옮김, 공개 정보 수집 기법, 에이콘출판사, 2017, 172쪽.

제3절　Craigslist

1. 소개

　　세계 여러 곳의 거대한 단일 온라인 클래시파이드 광고이다. 이 웹사이트는 아파트를 찾거나, 지역에서 각종 물건이나 차량 구매의 여러 옵션을 제공한다. 도난품을 검색해 볼 수 있는 사이트라고 볼 수 있다. 실제 "for sale" 섹션의 여러 물품에 대해 검색해서 도난당한 물건인지 조사가 가능하다.[11] 중고나라와 유사하다고 할 수 있다.

　　Craigslist(craigslist, Inc.)는 서버, 서비스, 웹사이트 또는 관련 콘텐츠, 게시에 액세스하거나 다른 방식으로 상호작용함으로써 사용자는 이용약관(TOU)에 동의하게 된다. 이용약관에 동의하지 않으면 사용권한이 부여되지 않는다. 나름의 개인정보보호 정책(policy), 금지목록(cl.com/about/prohibited)을 가지고 있다.[12]

┃그림 7-3┃

---

11) https://seoul.craigslist.org 2019.6.22. 검색.

12) https://www.craigslist.org/about/terms.of.use#copyright 2019.6.23. 검색.

구인·구직 광고도 게재하고 있으며, resumes를 보면 서울에서 구직을 하는 사람을 찾을 수도 있고, 그 사람의 이력도 제공되기도 한다.[13]

▌그림 7-4 ▌

2. 검색

도난사건이 있다면 도난물품인 장물을 팔기 위해 이러한 사이트를 이용하기도 하는데, 도난당한 장물을 조사하기 위해 "for sale" 리스트를 검색해 찾아볼 수 있다. 예를 들어, "computers" 검색을 하면 다음과 같은 결과가 나온다.[14]

---

13) https://seoul.craigslist.org 2019.6.22. 검색.
14) https://seoul.craigslist.org/d/computers/search/sya 2019.6.23. 검색.

▌그림 7-5 ▌

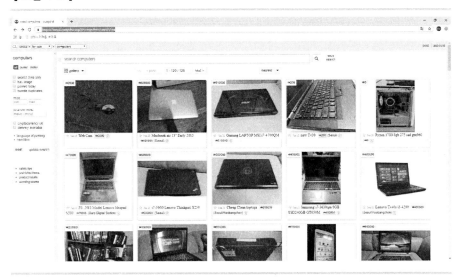

그리고 저렴한 노트북을 클릭하면 다음과 같은 결과가 나온다.[15] 신고된 도난품인지 가격이나 번호 등 확인을 정확히 해 보고 판단해야 한다.

▌그림 7-6 ▌

15) https://seoul.craigslist.org/sys/d/fs−2013−model−lenovo−ideapad−s500/6902796446.html
   2019.6.23. 검색.

3. 유의사항

이 Craigslist(craigslist, Inc.) 사이트는 사기범죄나 장물거래 등을 위해 이용될 수 있다. 따라서 홈페이지에 사기 피하기 방법을 다음과 같이 게시해 놓고 있다.[16]

- 로컬에서 대면 거래: 이 규칙에 따르고 사기 시도의 99%를 피한다.
- 직접 만난 적이 없는 사람에게 지불하지 않는다.
- 출장 관련 제안을 조심하라: 직접 만날 수 있는 현지인과 거래하지 않는다.
- 펀드(예 : 웨스턴 유니언)를 절대 사용하지 않는다. 당신에게 묻는 사람은 누구나 사기꾼이다.
- 출납원/인증 수표 또는 우편환을 수락하지 않는다.
- 트랜잭션은 사용자 간에만 제공되며 제3자는 "보증"을 제공하지 않는다.
- 금융정보(은행 계좌, 사회 보장, 페이팔 계좌 등)를 절대로 제공하지 않는다.
- 눈에 보이지 않는 것을 임대하거나 구매하지 않는다. 놀라운 "거래"가 존재하지 않을 수도 있다.
- 집주인/고용주를 직접 만나기 전까지는 신용 수표를 거부한다.
- "craigslist voicemails": "craigslist 음성 메일" 또는 "craigslist 음성 메시지"에 액세스하거나 확인하라는 메시지는 위조다. 이러한 서비스는 존재하지 않는다.

---

16) https://www.craigslist.org/about/scams 2019.6.23. 검색.

제4절 Linkedin(linkedin.com)

1. 소개

사업 관련 소셜 네트워킹 웹사이트에 관한 인기 있는 사이트이다. 전 세계에 회원이 있다. 이 웹사이트는 검색 사용자에게 어떤 데이터도 접근하기 전에 무료 프로필을 만들도록 권장하고 있다. 필수적인 것은 아니다. 무료 계정에 등록하지 않으면 보이지 않는 부분이 있다. 메인 페이지에서 실명을 이용해 검색할 수 있다. 실명을 검색해 회사, 업계를 찾을 수 있다. 사업상 네트워킹에 사용하기 때문에 신뢰도가 높은 편이다. 프로필 중 일부는 휴대폰 번호 등 연락처 정보가 있다. 프로필에는 이전 회사의 정보, 동료 정보, 현재 동료 등에 관한 정보도 있을 수 있다.[17]

Linkedin은 공동설립자인 리드 호프만(Reid Hoffman)이 2002년에 착안했고, 2003년 5월에 처음으로 공식 출시되었다. 비즈니스 모델은 유료 멤버십, 광고 운영, 채용 솔루션 등으로 다양하다. 2016년 12월에는 마이크로소프트가 Linkedin을 인수하여 세계 최대의 프로페셔널 클라우드와 세계 최대의 비즈니스 인맥이 만나게 되었다. Linkedin은 200개국 이상에서 5억 4천 6백만 명 이상의 회원을 보유한 세계 최대의 비즈니스 네트워킹 사이트이다. 전 세계 인재들이 서로 인맥을 맺고 인맥의 힘을 활용해서 각자가 원하는 커리어의 꿈을 펼칠 수 있도록 한다.[18]

---

17) 마이클 바젤 지음, 최윤석 옮김, 공개 정보 수집 기법, 에이콘출판사, 2017, 206-207쪽.
18) https://about.linkedin.com/ko-kr?# 2019.6.24. 검색.

2. 검색

Linkedin 검색란에는 사람, 채용, 내용 등으로 검색 카테고리를 제공하고 있다. 인물정보를 수집하거나 확인하기 위해 필요한 자료를 모을 수 있을 것이다.[19]

❚그림 7-7 ❚ linkedin 검색 화면[20]

---

19) https://www.linkedin.com/feed/ 2019.6.24. 검색.

20) https://www.linkedin.com/feed/ 2019.6.24. 검색.

2 OSINT 인터넷 도구

각종 정보수집 단계에서 OSINT 도구들을 사용하여 시간과 비용을 절약하고 효율적이며 체계적으로 정보를 수집할 수 있다. 분야별로 다양한 공개정보수집 도구들이 개발되어 있으며, 계속해서 발전해 가고 있다. 도구들을 조직적으로 사용할 수 있게 정리해서 보여주는 사이트도 있다. 너무나 공개정보수집 도구들이 많기 때문에 일일이 열거하기 어렵다. 더구나 그러한 도구들을 모두 가르치고 배우는 것은 사실상 불가능하다. 정보수집에 필요한 도구를 선택해 배우도록 하여야 한다.

OSINT는 과거부터 국가나 민간 정보단체 혹은 경호단체 등에서 테러 및 범죄활동과 관련된 정보를 파악하기 위해 사용되었다. 대표적으로 언론사나 대학에서 공개한 논문, 학술자료, 기사 등의 자료가 공개정보수집의 대상이었다. 오늘날에는 IT 기술의 발달로 OSINT 도구의 범위는 나날이 다양해지고 확대되고 있다. 공개정보수집 도구들은 해커들에게도 많이 악용되고 있다.[21] 또한, 기업이나 공공기관 시스템보안을 담당하는 전문가들에게는 모의침투(penetration testing) 과정의 성패를 좌우할 정도로 중요하다.

이 책에서는 중요하고 핵심적인 도구만 소개하려고 한다. 먼저 인터넷 네트워크 기본 용어에 대해 알아본 다음 인터넷 네트워크를 분석해 정보를 수집하는 Maltego, 사물인터넷 및 사회기반시설 네트워크 정보를 수집하는 Shodan 등을 대표로 소개하고자 한다.

제1절 인터넷 네트워크 기본용어 해설

도메인으로도 알려진 웹사이트는 특정 주소의 메인 웹사이트다. 예를 들어 웹사이트 www.computercrimeinfo.com/blog는 computercrimeinfo.com의 도메인에 있다. 웹사이트는 도메인 관련 등록자, 관리계약, 기술계약 관련 정

---

21) https://mrrootable.tistory.com/90 2019.8.1. 검색. Netcraft, Whois 등 IT 분야의 OSINT tool들의 더 자세한 도구 활용 방법을 잘 소개하고 있다.

보를 필요로 한다.

연락처 정보는 전체 이름, 회사명, 물리적 주소, 전화번호, 이메일 주소가 있다. 이 세부사항은 도메인명 등록기관이 구매한 서비스에 제공한다. 이 서비스는 이어서 이 세부사항을 Icann(Internet Cooperation For Assigned Names and Numbers)에 제공한다. 거기서부터 정보는 공개활용 가능하며, 온라인 자료에서 획득한다.[22)

1. OSI 7계층(Open System Interconnection 7 Layer)

OSI 7계층 모델(OSI 7 layer model)이란 국제표준화기구(ISO)가 1977년에 정의한 국제 통신 표준 규약이다. 통신의 접속에서부터 완료까지의 과정을 7단계로 구분, 정의한 통신 규약으로 현재 다른 모든 통신 규약의 지침이 되고 있다. 이 7계층의 통신규약군에 대해 각 계층별로 설명, 정의한 것이 OSI 기본 참조 모델이다.[23)

▌그림 7-8 ▌ OSI 7계층(Open System Interconnection 7 Layer)

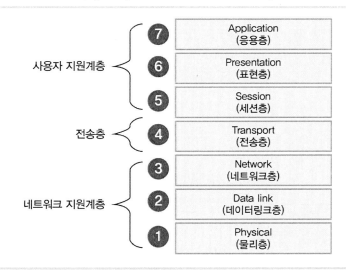

22) 마이클 바젤 지음, 최윤석 옮김, 공개 정보 수집 기법, 에이콘출판사, 2017, 386쪽.
23) [네이버 지식백과] OSI 7계층 모델 https://terms.naver.com/entry.nhn?docId=2271797&cid=51207&categoryId=51207 2020.7.10. 검색.

2. TCP/IP 모델

인터넷은 데이터 중개 기능을 담당하는 네트워크 계층으로 IP(Internet Protocol) 프로토콜을 사용하는 네트워크다. 따라서 인터넷에 연결하고자 하는 호스트는 반드시 IP 프로토콜을 지원해야 하며, 전송 계층은 TCP(Transmission Control Protocol)나 UDP(User Datagram Protocol)를 사용한다.[24]

3. DNS(Domain Name System)

네트워크에서 도메인이나 호스트 이름을 숫자로 된 IP 주소로 해석해 주는 TCP/IP 네트워크 서비스다. 계층적 이름 구조를 갖는 분산형 데이터베이스로 구성되고 클라이언트·서버 모델을 사용한다.

각 컴퓨터의 이름은 마침표에 의해 구분되고 알파벳과 숫자로 구성된 세그먼트의 문자열로 구성되어 있다. 예를 들어 기관별로는 com이면 기업체, edu인 경우는 교육기관, go 또는 gov인 경우는 정부기관 등으로 나누어져 있다. 국가도메인은 au는 호주, ca는 캐나다, jp는 일본, kr는 한국, tw는 대만, uk는 영국 등이다.[25]

4. IP 주소 획득

온라인 콘텐츠 제공업체에 법적 조사절차를 진행할 때, 계정 로그인에 사용한 IP 주소 목록은 보통 정보제공의 일부로 제시된다.

IP 주소의 확인이나 획득을 위한 법적 절차수행은 이 공개정보 활용 및 공개정보분석 강좌의 범위를 벗어난다. 경찰이 사건 수사를 하면서 정식 수사절차를 통해서 확인하고 필요한 경우 압수수색 영장을 발부받아 자료획득을 해야 한다.[26]

---

24) [네이버 지식백과] TCP/IP 모델 https://terms.naver.com/entry.nhn?docId=2271812&categoryId=51207&cid=51207 2019.8.1. 검색.

25) [네이버 지식백과] DNS https://terms.naver.com/ entry.nhn?docId=1179826&cid=40942&categoryId=32848 2019.8.1. 검색.

26) 마이클 바젤 지음, 최윤석 옮김, 공개 정보 수집 기법, 에이콘출판사, 2017, 385쪽.

5. 한국인터넷진흥원 도메인 네임 체계

한국인터넷진흥원은 국내 인터넷 서비스(홈페이지, 이메일 등)의 안정성 확보를 위한 krDNS 서버의 무중단 관리·운영 및 서비스 제공을 한다. DNS란 인터넷상에서 사람들이 인식하기 쉬운 도메인 네임(www.kisa.or.kr, 한국인터넷진흥원.한국)을 서버가 인식하는 IP 주소(101.79.209.67)로 변환해 주는 시스템을 말한다.[27)]

한국인터넷진흥원의 DNS 주요 업무는 다음과 같다.

- 국내외 krDNS 서버의 무중단 운영 및 안정성 강화
- 국내 일반 DNS 설정 오류 개선 지원
- 국내 DNS 운영자 대상 실무형 기술교육 실시
- DNS 정보 위·변조 방지기술(DNSSEC) 적용 지원
- 국내 인터넷 안정성 확보를 위해 최상위 루트 DNS 미러서버(F−root) 운영

한국 도메인 네임 DNS(Domain Name System) 그림은 도메인 네임을 사용하는 거대한 영역의 수직적인 체계를 말한다. 아래의 그림은 도메인 체계를 보여주고 있다.

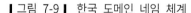

┃그림 7-9┃ 한국 도메인 네임 체계

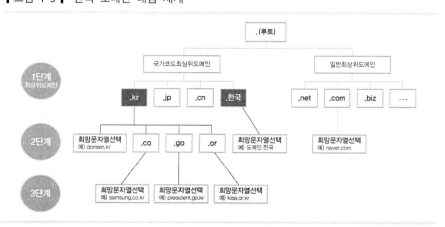

예컨대, kr도메인에는 or영역을 표현하는 or.kr 도메인이 포함되어 있고, or.kr 도메인에는 kisa.or.kr 도메인이 포함되어 있다.

일반적으로 도메인 관리자는 해당 도메인이 포함하는 영역을 관리할 수 있다. kisa.or.kr 도메인의 관리자는 kisa.or.kr 하위에 www.kisa.or.kr 혹은 krnic.kisa.or.kr 등 여러 개의 호스트를 생성하는 등 kisa.or.kr 도메인을 관리할 수 있다.

DNS(Domain Name Server)는 할당된 도메인 영역에 대한 정보를 가지고 있는 서버로, 주로 도메인 네임을 IP 주소로 변환하는 역할을 한다.

6. 한글.kr 소개

한글.kr[28]은 kr도메인(예: kisa.or.kr)에 영어, 숫자, 하이픈(-)뿐만 아니라 한글도 사용할 수 있는 도메인(예: 한국인터넷진흥원.kr)을 말한다.[29]

7. Whois 검색

후이스(Whois)는 아주 단순한 검색이지만 유용한 옵션을 제공한다. viewdns.info/whois 사이트를 이용하면 도메인, IP주소 온라인 검색을 할 수 있다. 나아가 viewdns.info/reverseip, viewdns.info/portscan, viewdns.info/iphistory, viewdns.info/traceroute 등을 이용할 수 있다.[30]

---

28) https://www.kisa.or.kr/business/address/address3_sub2.jsp 2019.8.1. 검색.

29) 2002년 10월 국제인터넷기술표준기구인 IETF는 인터넷 응용 프로그램(웹브라우저, 전자우편 등)에서 한글도메인 질의를 아스키(영문, 숫자, -)로 변환 후 네임서버로 전달되는 방식의 다국어 도메인 국제표준을 정했다. 인터넷 이용자는 이러한 국제표준을 반영한 응용 프로그램을 사용하거나, 별도의 플러그인(다국어 도메인 변환 프로그램)을 PC에 설치하여 사용할 수 있다. 그리고 네임서버, 메일서버, 웹서버 운영자는 아스키로 변환된 문자열(Punycode)을 호스트 이름으로 설정하여야 한다. 한글.kr이 도메인으로써 불편 없이 사용되려면 웹서버, 메일서버 운영자들이 다국어 도메인 표준에 맞는 설정을 해 주고, 인터넷 응용 프로그램 개발업체들이 다국어 도메인 표준을 반영한 응용 프로그램을 개발해야 한다.
https://www.kisa.or.kr/business/address/address3_sub2.jsp 2019.8.1. 검색.

30) 마이클 바젤 지음, 최윤석 옮김, 공개 정보 수집 기법, 에이콘출판사, 2017, 387쪽.

▌그림 7-10▐ 한국 도메인 네임 운영 현황[31]

■ krDNS 운영 현황

호스트명	배치기관	위치	IPv4/IPv6 지원
b.dns.kr	KT	서울 혜화	IPv4
c.dns.kr	LG U+	경기 안양	IPv4
d.dns.kr	ISC(Internet Systems Consortium)	미국	IPv4
	KINX	서울 도곡	
	드림라인	서울 삼성	
	KT	경기 성남	
e.dns.kr	한국과학기술정보연구원(KISTI)	대전	
	CNNIC	중국	IPv4/IPv6
	Registro.br	브라질	
	세종텔레콤	서울 역삼	IPv4
f.dns.kr	SK브로드밴드	서울 동작	IPv4
g.dns.kr	한국인터넷진흥원(KISA)	서울 서초	IPv4/IPv6
	DENIC	독일	IPv4/IPv6
	SK브로드밴드	서울 서초	IPv4

8. 해킹 대응

해킹은 범죄이며, 기업에서 보안 조사를 하거나 경찰에서 수사를 한다. 수사를 하는 방법에 대해 경찰청이 사이버범죄 신고 상담에서 Q&A 내용으로 게시한 대응방법을 소개하면 다음과 같다.[32] 공개정보를 수입하는 사람도 해커들 또는 상대방 스파이의 해킹 대상이 될 수 있으므로 알아둘 필요가 있다.

---

31) https://www.kisa.or.kr/business/address/address3_sub2.jsp 2019.8.1. 검색.
32) http://cyberbureau.police.go.kr/board/boardList.do?board_id=faq2&mid=010502 2019.8.11. 검색.

1) 해킹을 시도한 사람의 위치 추적은?

침입 시도 또는 해킹사고를 탐지하는 경우, 관련 공격 사이트의 정보는 도메인 주소나 IP 주소로 나타난다. 따라서 이러한 도메인 주소 또는 IP 주소 정보만을 가지고 관련 사이트의 연락처를 찾아야 한다.

도메인 주소를 알 경우에는 일반적으로 직접 관련 도메인의 메인 홈페이지를 방문하여 메일 주소를 얻을 수도 있으며, IP 주소만을 알 경우에는 nslookup 명령이나 툴을 이용하여 IP 주소에 대한 도메인 주소를 알아낼 수 있다.

하지만 공격 호스트의 도메인은 대부분 나타나지 않기 때문에 이런 경우에는 보통 Whois 명령을 이용하여 인터넷 등록기관의 공개 데이터베이스를 조회함으로써 알아낼 수 있다.

2) 해킹의 유형과 사례 및 처벌은?

해킹은 크게 두 가지로 나누어 볼 수 있다.[33]

첫째, 시스템 침입에 의한 해킹으로서 OS의 버그나 해킹툴 등을 이용하여 정당한 접근 권한 없이 또는 허용된 접근 권한을 초과하여 정보통신망에 침입하는 행위를 말하는데 정보통신망 이용촉진 및 정보보호 등에 관한 법률 제48조 제1항, 제72조에 의하여 3년 이하의 징역 또는 3천만원 이하의 벌금형을 받게 된다.

최근에는 국내외 24개국 104개 웹사이트를 해킹하고 악성프로그램을 유포한 뒤, 28만여 건의 개인정보 등을 탈취하고 DDos 공격을 감행한 사례가 있다.

둘째, 정보통신망에 의하여 처리·보관 또는 전송되는 타인의 정보를 훼손하거나, 타인의 비밀을 침해, 도용 또는 누설하는 행위로 정보통신망 이용촉진 및 정보보호 등에 관한 법률 제49조, 제71조 제11호에 의하여 5년 이하의 징역 또는 5천만원 이하의 벌금형을 받게 된다.

---

33) http://cyberbureau.police.go.kr/board/boardList.do?board_id = faq2&mid = 010502
2019.8.11. 검색.

최근에는 중국에서 국내 100여 개 사이트를 해킹, 개인정보 1천만 건을 수집 후 매매하여 부당이득을 취한 사건사례가 있다.

이외에도 형법 등에서 해킹행위를 처벌하는 여러 조항을 두고 있다.

3) 누가 내 메일 계정에 접속해 읽고 있다면, 어떻게 해야 하나?

타인의 메일을 몰래 훔쳐보는 것은 '정보통신망에 의하여 처리·보관 또는 전송되는 타인의 정보를 훼손하거나 타인의 비밀을 침해·도용 또는 누설'하는 행위로서 '정보통신망 이용촉진 및 정보보호에 관한 법률'에서 규정하고 있는 위법행위다.[34]

먼저, 최신 백신 프로그램으로 업데이트한 후 바이러스 감염 여부 등에 대해 검사하여 해킹, 바이러스 프로그램이 설치·실행되고 있는지 여부를 검사할 필요가 있다. 또한 최근에는 불법스팸메일 차단프로그램 등에 의하여 수신된 메일이 읽어 본 것으로 표시될 수도 있으므로 먼저 컴퓨터에 설치된 프로그램의 종류 및 기능 등에 대하여 살펴보고 기능이 불명확하거나 의심되는 프로그램은 삭제조치를 한다.

메일계정 해킹이 확실한 경우에는 추가 메일계정 해킹을 방지하도록 비밀번호를 변경하고 메일계정 서비스업체에 연락하여 접속기록 보존유무 확인 및 관련 기록을 보존하도록 조치하는 등 관련 범죄행위를 입증할 수 있는 증빙자료를 충분히 확보한 후 신고한다.

참고로 일부 인터넷서비스업체(ISP)에서는 접속기록 관리서버 운영에 필요한 추가비용 및 관리자 확보 곤란 등의 사유로 접속기록을 보존하지 않는 경우가 있기 때문에 접속기록이 없는 경우에는 용의자 특정 및 범죄혐의를 구증할 수 없어 추적수사가 곤란할 수 있다.

4) 해킹방지 방법은?

공개정보를 수집하는 사람도 해킹의 대상이 되고, 역추적을 당할 수 있다는 것을 알고 대처해야 한다. 경찰청이 제시한 해킹방지 방법은 다음과 같다.

---

34) http://cyberbureau.police.go.kr/board/boardList.do?board_id=faq2&mid=010502
2019.8.11. 검색.

해킹을 완벽히 막을 수 있는 프로그램은 사실상 없다고 해도 과언이
아니다. 트로이목마(Trojan Horse), 백도어(Backdoor), 웜(Worm) 등의 악성프
로그램을 방지하기 위한 효과적인 방법은 V3Lite, 알약, 네이버백신 등 백신
프로그램으로 주기적인 바이러스 검사를 하는 것이다.[35]

프로그램은 정품을 사용하시고, 공인된 사이트에서 파일 등을 다운받
고 모르는 사람에게서 온 메일은 가능하면 열어보지 않는 것이 좋다. 또한
윈도우 보안 업데이트(http://www.update.microsoft.com/)를 주기적으로 해 주
고, 신뢰하지 않는 사이트의 접근은 자제하는 것이 중요하다.

특히 PC방에서 컴퓨터를 사용할 경우 바이러스 검사 및 키로거(keylogger)
등 파일 작동 여부를 반드시 확인한 다음 사용하는 것이 좋다. 가급적 PC방
에서는 개인정보가 노출될 수 있는 위험 있으므로 사이트 가입 및 로그인은
자제하는 것이 좋다.

제2절 Maltego

말테고(Maltego)를 이용하면 네트워크 정보, 대상 인물의 이름, 이메일
주소, 전화번호, 대상 인물이 언급된 웹페이지 등 자료를 수집할 수 있다.
해커들도 사용하는 프로그램이며, 사용자가 특별히 합법적인 정보활동에만
사용하도록 하여야 한다.[36]

1. 소개

그래픽 인터페이스를 통해서 정보를 수집하고 보여주는 프로그램이
Maltego다. 아직 한글 지원은 안 되고 영어로 프로그램을 이용해야 한다.
실행을 위해서는 회원가입하고 사용권한을 받아야 한다. Maltego CE는 무
료로 사용이 가능하다고 한다. 회원가입을 진행하면 회원가입 시 사용한 이

---

35) http://cyberbureau.police.go.kr/board/boardList.do?board_id=faq2&mid=010502
   2019.8.11. 검색.
36) https://mrrootable.tistory.com/109 2019.8.11. 검색.

메일로 확인 메일이 전송된다. 본인의 이메일로 가서 인증 URL을 이용하여 인증을 받도록 한다. 인증이 완료되면 Maltego에서 다시 이메일과 패스워드를 입력하여 진행한다.[37] 개인정보 등 불법 정보수집이 되지 않도록 늘 주의할 필요가 있다.

Maltego를 만들고 가르치는 회사 Paterva는 케이프타운과 프리토리아에 사무소가 있는 남아프리카 공화국에 위치하고 있다. Maltego의 최초 상용서비스는 2008년 5월에 제공되었다. 오늘날 Maltego는 법 집행기관 및 정보기관부터 금융 및 은행업에 이르기까지 500,000명이 넘는 등록된 커뮤니티 사용자와 다양한 상업고객을 보유하고 있다.[38]

Maltego Technologies GmbH는 모든 Maltego 제품 및 Maltego 관련 서비스를 제공하는 파트너다. 그것은 2017년에 설립되었으며 독일 뮌헨을 기반으로 한다. Maltego 응용 프로그램은 시각적인 링크 분석 도구로, 변환이라는 오픈 소스 인텔리전스(OSINT) 플러그인이 함께 제공된다. 이 도구는 실시간 데이터 마이닝 및 정보수집뿐만 아니라 노드 기반 그래프 작성 패턴 및 이 정보 간의 다중 연결에 대한 정보를 표출한다.[39]

2. 기능

Maltego는 모든 보안 관련 작업의 정보수집을 할 때 사람의 이름, 이메일 주소, 별칭, 도메인, IP주소 등 수집과정에서 사용될 수 있다. 시간을 절약하고 보다 정확하게 해 준다. 나아가 Maltego는 더욱 강력한 검색 기능을 제공하여 보다 지능적인 검색 결과를 제공한다. Maltego는 검색된 항목 간의 상호 연결된 링크를 시각적으로 보여줌으로써 사고 프로세스를 도와준다.

Maltego에 대한 자세한 기능은 다음과 같다고 회사 Paterva는 소개하고 있다.

• Maltego는 링크 분석을 위해 유향 그래프를 만들어 주는 대화형 데이

---

37) 공격툴&정보수집 – 제15장 말테고(maltego)를 이용한 정보 수집 https://www.youtube.com/watch?v=Zb63QUZ6kas 2019.7.13. 검색.

38) https://www.paterva.com/web7/about/company.php 2019.6.20. 검색. 6.24. 검색 안 됨.

39) https://www.maltego.com/ 2019.6.24. 검색.

터 마이닝 도구다. 이 도구는 인터넷에 있는 다양한 출처의 정보 간의 관계를 찾는 온라인 조사에 사용된다.

- Maltego는 변환(transform)의 아이디어를 사용하여 다른 데이터 소스를 쿼리하는 프로세스를 자동화한다. 이 정보는 링크 분석을 수행하는 데 적합한 노드 기반 그래프에 표시된다.
- Maltego는 다음 엔터티 간의 관계를 결정하는 데 사용할 수 있다.
  - 사람들: 이름, 이메일 주소, 별칭
  - 소셜 네트워크의 그룹
  - 회사
  - 조직
  - 웹사이트
  - 인터넷 인프라[40]: 도메인, DNS 이름,[41] Netblocks, IP 주소
  - 제휴
  - 문서 및 파일

이러한 정보 간의 연결정보는 DNS 레코드, Whois 레코드, 검색 엔진,

---

40) ICANN이 하는 일
인터넷에서 다른 사람과 연락하려면 컴퓨터에 주소(이름 또는 번호)를 입력해야 한다. 이 주소는 컴퓨터가 서로를 찾을 위치를 알 수 있도록 고유해야 한다. ICANN은 전 세계에 걸쳐 이러한 고유한 식별자를 조정한다. 그러한 조정이 없다면 우리는 하나의 글로벌 인터넷을 가지지 못할 것이다.
보다 기술적인 측면에서 ICANN(Internet Corporation for Assigned Names and Numbers)은 IANA(Internet Assigned Numbers Authority) 기능을 조정하는 데 도움을 준다. 인터넷의 기본 주소록인 정책결정을 IANA가 한다.
https://www.icann.org/resources/pages/welcome-2012-02-25-en 2019.8.1. 검색.

41) 다음은 인터넷 도메인 관리와 정책을 결정하는 '국제 인터넷주소 관리기구(Internet Corporation for Assigned Names and Numbers, 이하 ICANN)'의 초보자용 안내서에 나온 '도메인 네임과 그 작동 방식(What is a domain name and how does it work?)'에 대한 내용이다.
개방된 인터넷상의 모든 컴퓨터는 전화번호와 마찬가지로 숫자로 된 고유한 주소를 가지고 있다. 이 일련의 숫자로 된 주소를 우리는 IP(Internet Protocol)라 부른다. 그러나 사람들이 이 숫자로 된 주소를 기억하기는 어렵다.
인터넷상에서 주어진 위치를 보다 쉽게 찾기 위해 도메인 네임 시스템(Domain Name System, 이하 DNS)이 개발되었다. DNS는 IP주소를 영문과 숫자 조합으로 구성되어 기억하기 쉬운 고유한 '도메인 네임(Domain Name)'으로 변경하여 준다.
익숙한 문자열(도메인 네임)을 IP 주소에 결부하여 인터넷 사용자들이 웹사이트 주소와 이메일 주소를 보다 쉽게 기억할 수 있도록 만들어 준다. 예를 들어 www.gabia.com에서 gabia.com은 인터넷 주소의 한 부분으로 '도메인 네임'이라 불린다.
http://library.gabia.com/contents/domain/4005 2019.8.1. 검색.

소셜네트워크, 다양한 온라인 API 및 메타데이터 추출과 같은 소스를 쿼리하여 OSINT(Open Source Intelligence) 기술을 사용하여 찾는다.

Maltego는 광범위한 그래픽 레이아웃으로 결과를 제공하므로 정보를 클러스터링하여 관계를 즉각적으로 정확하게 볼 수 있다. 이렇게 하면 3~4 단계 분리된 숨겨진 연결을 볼 수 있다.

3. 클라이언트

각기 다른 목적으로 사용 가능한 네 가지 유형의 MALTEGO 클라이언트가 있다.

Maltego eXtra Large는 대규모 데이터 세트를 시각화하는 Paterva의 새로운 프리미엄 솔루션으로 최대 100만 개의 정보 사이의 관계를 보여줄 필요가 있는 사람들에게 적합하다.

Maltego XL(eXtra Large)은 Maltego Classic의 모든 기능과 기능을 포함하지만 매우 큰 그래프로 작업할 수 있는 향상된 기능을 갖추고 있다. Maltego Classic과 마찬가지로 Maltego XL을 사용하면 전체 네트워크의 확실한 위협 그림을 그려내어 약점을 쉽게 식별할 수 있다.

Maltego XL 특징은 다음과 같다.

- 단일 그래프에서 최대 1,000,000개의 엔터티에 대한 링크 분석을 수행하는 기능을 한다.
- 공통 기능과 함께 엔터티를 자동으로 그룹화하는 수집 노드가 포함되어 있어 소음이 전달되었는지 확인하고 원하는 주요 관계를 찾을 수 있다.
- 단일 세션에서 여러 분석가와 실시간으로 그래프를 공유하는 기능을 포함한다.
- 그래프 내보내기 옵션에는 다음 사항이 포함된다.
  - 이미지: jpg, bmp, png 및 gif. PDF 보고서를 생성
- 그래프 가져오기 옵션에는 다음이 포함된다.
  - 표 형식: csv, xlx 및 xlsx
  - 복사 및 붙여넣기 가능

┃그림 7-11┃ Maltego 클라이언트⁴²⁾

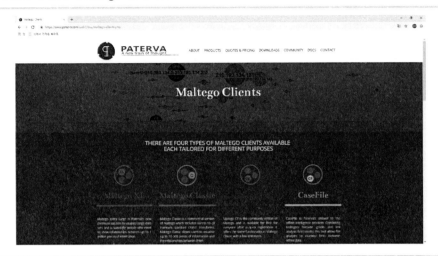

Maltego Classic은 모든 Paterva의 표준 OSINT 변환에 대한 액세스를 포함하는 Maltego의 상용 버전이다. Maltego Classic을 사용하면 최대 10,000개의 정보와 그 사이의 관계를 시각화할 수 있다. Maltego Classic은 Maltego의 전문 버전으로 커뮤니티 버전의 도구와 비교할 때 확장된 기능과 기능을 제공한다. Maltego Classic은 상용 응용 프로그램이며 유효한 라이선스 키가 필요하다.

Maltego CE는 Maltego의 커뮤니티 에디션이며 빠른 등록 후에 누구나 무료로 사용할 수 있다. 몇 가지 제한사항이 있는 Maltego Classic과 동일한 기능을 제공한다.

Maltego CE는 빠른 온라인 등록 후에 무료로 사용할 수 있는 Maltego의 커뮤니티 버전이다. Maltego CE에는 상용 버전과 동일한 기능이 대부분 포함되어 있지만, 일부 제한사항이 있다. 커뮤니티 버전의 주요 제한사항은 응용 프로그램을 상업적 목적으로 사용할 수 없으며 단일 변환에서 반환할 수 있는 최대 엔터티 수에 대한 제한도 있다. Maltego의 커뮤니티 버전에는 상용 버전에서 사용할 수 있는 그래프 내보내기 기능이 없다.

CaseFile은 오프라인 인텔리전스 조사자들의 문제에 대한 Paterva의 대

---

42) https://www.paterva.com/web7/about/company.php 2019.6.20. 검색.

답이다. Maltego의 환상적인 그래프와 링크 분석 기능을 결합하여 분석가는 오프라인 데이터 간의 링크를 검사할 수 있다.

4. 교육

파테르바 회사가 실제 Maltego 사용을 위한 교육을 해 주고 있다. 보안 분석가가 사용할 수 있는 다양한 OSINT 소스에 대해 잘 알고 있더라도 Maltego 사용은 상당히 어려운 작업이 될 수 있다. Maltego 교육은 분석에 도움이 되는 기초기술을 이해하는 데 도움을 준다.[43]

사람들과 이들에게 영향을 미치는 사람들을 찾아서 주요 기업에서 사용되는 내부 IP 주소와 기술을 알아내는 것 등 오픈 소스 인텔리전스의 세계를 안내한다.[44]

우리나라에서 Maltego 사용 공개정보수집을 잘 설명해 주는 사이트도 있으니 참고하면 좋을 것이다.[45] 다만, 이러한 정보수집을 불법적인 해킹에 사용하지 않도록 주의해야 한다.

┃그림 7-12┃ Maltego transform 정보1[46]

---

43) Open Source Intelligence Gathering with Maltego https://www.youtube.com/watch?v=−4ell2N3kj4&t=295s 2019.8.26. 검색.

44) https://www.youtube.com/watch?v=Zb63QUZ6kas 2019.7.13. 검색.

45) https://mrrootable.tistory.com/109 2019.8.11. 검색.

46) https://www.youtube.com/watch?v=Zb63QUZ6kas 2019.7.13. 검색.

| 그림 7-13 | Maltego transform 정보2[47]

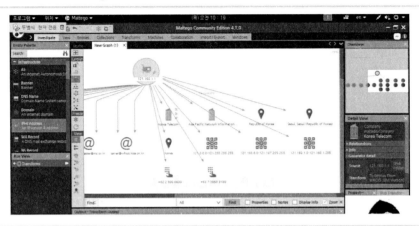

제3절 Shodan

4차 산업혁명의 키워드인 초연결성과 초지능성은 현대의 사물 간 인터넷 연결을 잘 표현해 준다. 쇼단(Shodan)으로 웹캠, 라우터, 산업제어시스템, 인터넷 전화, 서버, 스마트 TV, 냉장고 등 인터넷에 연결된 장비 관련 정보를 검색할 수 있다.[48]

사물인터넷 IoT 분야는 보안사고 위험이 많다. 해커들이 노리는 국가 기간시설망도 쇼단으로 정보를 입수해 해킹 및 마비를 시키고 국가안보나 사회질서의 혼란을 가져올 수 있다.

1. 소개

Shodan을 개발한 사람은 존 매털리(John Matherly)다. 매털리는 2009년 Shodan을 처음 공개했는데, 그러면서 Shodan에 관한 전자책도 펴냈다. 이

---

47) https://www.youtube.com/watch?v=Zb63QUZ6kas 2019.7.13. 검색.

48) http://blog.naver.com/PostView.nhn?blogId=chogar&logNo=220807622102&categoryNo=0&parentCategoryNo=0&viewDate=&currentPage=2&postListTopCurrentPage=1&from=postView 2019.8.11. 검색.

름은 '쇼단 완전 가이드(The Complete Guide to Shodan)'이다.[49]

인터넷 인텔리전스용 엔터프라이즈 플랫폼이 Shodan이다. Shodan은 데이터 및 인프라에 대한 모든 액세스 권한, 전체 인터넷에 대한 실시간 정보를 조직에 제공하여 준다.[50]

주의할 것은 접근 권한이 없거나 접근 권한을 넘어서는 범위의 정보를 수집하는 것은 위법행위로 민사 또는 형사상 불법행위로 처벌될 수 있으므로 상당한 주의를 해야 한다.[51]

사물인터넷 검색 엔진 Shodan은 인터넷 연결장치를 위한 세계 최초의 검색 엔진이다. Shodan을 사용하여 인터넷에 연결되어 있는 장치, 해당 장치의 위치 및 사용 중인 장치를 확인할 수 있다. Shodan으로 발전소, 스마트 TV, 냉장고 등을 찾아낼 수 있다.

Shodan은 최신 인터넷 인텔리전스를 제공하기 위해 매일 24시간 인터넷을 크롤링하는 전세계 서버를 보유하고 있다.

네트워크 보안 모니터링의 좋은 도구이며, 인터넷에서 직접 액세스할 수 있는 네트워크상의 모든 컴퓨터를 추적한다. Shodan을 사용하면 디지털 풋 프린트(digital footprint)를 이해할 수 있다.

Shodan 플랫폼을 사용하면 자신의 네트워크뿐만 아니라 전체 인터넷을 모니터링할 수 있다. 클라우드, 피싱 웹사이트, 손상된 데이터베이스 등에 대한 데이터 유출을 탐지한다. 엔터프라이즈 데이터 라이선스는 인터넷에 연결된 모든 장치를 모니터링하는 도구를 제공한다.

Shodan에게 인터넷에 연결된 장치를 검색하여 방화벽의 유효성을 검사하고 기존 문제가 해결되었는지 확인할 수 있다. 실시간으로 네트워크 모니터링하고, 외부 네트워크에서 발견된 최신 서비스를 추적할 수 있다.

---

49) https://www.boannews.com/media/view.asp?idx=72674 2019.7.15. 검색.
50) https://enterprise.shodan.io 2019.6.20. 검색.
51) Aaron Jones: Introduction to Shodan https://www.youtube.com/watch?v=01dLzan9g0E 2019.7.13. 검색.

┃ 그림 7-14 ┃

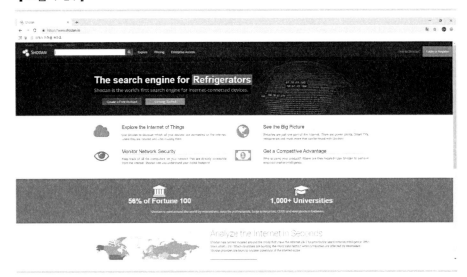

┃ 그림 7-15 ┃

2. 활용

• 경쟁 우위 확보를 위해 사용

누가 당신의 제품을 사용하고 있는지? 그들은 어디에 위치해 있는가? Shodan을 사용하여 실제 시장의 정보를 수집할 수 있다.

• 인기 있는 도구와의 통합 가능

Metasploit, Maltego, Nmap 및 Splunk는 Shodan과 함께 즉시 사용할 수 있는 도구 중 일부이다.

• 사기 방지의 새로운 시대

Shodan을 사용하여 IoT 장치, 손상된 데이터베이스, VPN, Tor 또는 임의의 유형의 비정상적인 장치에서 구매가 이루어졌는지도 확인할 수 있다.

Shodan의 인터넷 노출감시센터(Internet Exposure Observatory)가 한국의 인터넷 노출상황을 보여주는 대시보드다.

▌그림 7-16 ▌

| 그림 7-17 |

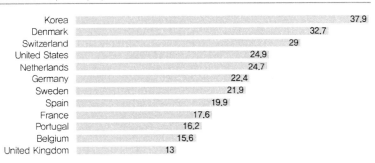

Countries with the most IoT devices
Devices online per 100 people

Korea	37.9
Denmark	32.7
Switzerland	29
United States	24.9
Netherlands	24.7
Germany	22.4
Sweden	21.9
Spain	19.9
France	17.6
Portugal	16.2
Belgium	15.6
United Kingdom	13

3. 사물인터넷 시대 악용 주의

글로벌 사물인터넷 시대가 도래했다. 사물인터넷은 현재 79억 개 연결된 것으로 추정되어 있고, 2025년 200억 개로 증가할 전망이다. 각종 노트북 웹캠, 베이비 모니터, 반려동물용 IP카메라 등이 해킹을 당하고 있으며, 다크웹에 사물인터넷 해킹 동영상 가득한 실정이다. 예방을 위해서는 비번을 바꿔주는 것이 중요하다. 특히 5G 상용화로 스마트홈은 물론 공장, 병원 등까지 사물인터넷으로 연결될 경우 허술한 보안이 개인의 문제를 넘어 범죄로 이어져 사회 문제가 될 수 있다는 점에서 경고음이 켜지고 있다. 홈 IoT는 물론, 산업계나 스마트시티 등 보안 문제 적극적 대응이 필요하다고 한다.52)53)

Shodan을 이용하는 목적은 방어와 공격 두 가지가 모두 가능하다.

• 취약점 진단용으로 외부사이트에 의한 시스템 운영정보 노출 여부에 대한 판단을 한다.

---

52) "사생활이 위험하다"···웹캠·IP카메라 해킹 영상 '수두룩' 【서울＝뉴시스】 SK인포섹의 보안 전문가 그룹 이큐스트(EQST)는 1월30일 IoT 해킹 위협과 사생활 침해 문제에 대해 발표했다. 이큐스트는 사이버 위협 분석 · 연구를 비롯해, 실제 해킹 사고 현장에서 침해사고 대응을 맡고 있다. http://www.newsis.com/view/?id＝NISX20190201_0000548603 2019.6.28. 검색.

53) (모의해킹, 취약점 진단) 쇼단(Shodan)에서 mongodb의 위협 https://www.youtube.com/watch?v＝a0EU5QzModE 2019.8.8. 검색.

- 웹캠, 캠, CCTV, IoT 기기 접속 용도(허가되지 않은 기기에 대한 접근은 처벌을 받을 수 있음을 주의해야 한다)로 쓰일 수 있다.[54)]

일반인들에게도 그렇지만 해커들에게도 검색 엔진은 필수적인 요소가 되었다. 이제 공격을 시작하려는 해커들 중 검색 엔진을 사용하지 않는 자는 하나도 없다고 말해도 과장이 아니다. 그 중에서 가장 많이 이용되는 것은 Shodan이다. Shodan은 인터넷에 연결된 장비들을 찾아주는 검색 엔진으로, 기업 내 취약한 장비를 빠르게 발견하는 데에 도움을 준다.[55)]

Shodan과 유사한 인터넷 검색 도구는 여러 가지가 있다. censys 검색 도구는 Shodan과 유사한 정보를 제공한다.[56)]

---

54) 쇼단(shodan)을 이용한 모의해킹 및 정보수집 https://itinformation.tistory.com/71 2019.7.15. 검색.
55) https://www.boannews.com/media/view.asp?idx=72674 2019.7.15. 검색.
56) OSINT의 대표적인 censys 검색 서비스의 이해와 검색 활용 https://www.youtube.com/watch?v=8CL4W−XCdSI 2019.8.2. 검색.

참여수업 과제

1) 트위터 검색에 대해 설명한다.

2) 한국인터넷진흥원 도메인 네임 체계를 설명한다.

3) 경찰청이 제시한 '해킹방지 방법'은 무엇인가?

4) Maltego를 설명한다.

5) Shodan을 설명한다.

공개정보 활용

- 지도 위치 찾기

온라인 지도는 이제 무료로 전 세계 구석구석을 보여주는 놀라운 서비스를 하고 있다. 거리에서 숨은 골목, 창고, 이면도로들을 실물사진으로 보게 하거나, 숙박업소, 주유소, 레스토랑, 식당 등 다양한 테마의 장소를 손가락 검색으로 가지 않고도 찾을 수 있다. 법 집행자들이나 조사관들은 이러한 정보를 검색해서 위치정보를 확보할 수 있다. 압수수색 영장을 신청하거나 집행할 때, 체포영장을 집행할 때도 진입, 압수, 수색, 체포, 도주방지 등에 유용하게 활용할 수 있다. 나아가 조사나 진압 작전에서 출입문, 탈출 경로, 계단, 여러 장애물 위치를 표시할 때도 유용하다.[1]

여러 위성뷰를 조합하면 타깃의 거주지에 관해 더 많은 정보가 나온다. 압수수색 영장 집행 전에 가능한 많은 지도 정보를 수집하면 경찰에게 유리하다. 그려진 지도, 집 바로 위의 위성사진, 거리에서 본 집과 건물 울타리 진출입로, 이웃집들의 모습, 주차된 차 등을 보여준다. 나아가 물리적 장벽, 도주 경로, 설치된 CCTV 등 잠재적 위협을 확인할 수 있다.[2]

우리나라의 경우 네이버, 다음, 카카오 등의 지도를 활용할 수 있다. 또한, 현재 구글 지도, 구글 어스, 구글 스트리트뷰, 빙 스트리트뷰, 빙 위성, 빙 버즈아이 등 여러 가지 뷰를 활용할 수 있다.[3] 구글이나 빙 지도는 해외 지도도 서비스하고 있어서 해외 비즈니스에도 활용한다.

---

1) 마이클 바젤 지음, 최윤석 옮김, 공개 정보 수집 기법, 에이콘출판사, 2017, 213쪽.
2) 마이클 바젤 지음, 최윤석 옮김, 공개 정보 수집 기법, 에이콘출판사, 2017, 217쪽.
3) 마이클 바젤 지음, 최윤석 옮김, 공개 정보 수집 기법, 에이콘출판사, 2017, 218쪽.

1 ・ 네이버 지도

1. 소개

　기업 네이버(기업)의 한국 전용 지도 서비스이다. 위성사진도 지원한다. 데스크톱 홈페이지, 모바일 홈페이지, 안드로이드, iOS 등의 다양한 플랫폼으로 서비스되고 있다. 거리뷰(로드뷰), 항공뷰, 위성사진(스카이뷰)를 이용할 수 있으며, 고속/시외버스, 일반철도의 운행시간표 및 가격을 확인할 수 있다.

　국내에 서비스 중인 다른 지도들처럼, 국가 주요 군사시설은 모자이크 처리가 되어 있다. 하지만 네이버 지도만 가지고 있는 항공뷰라는 서비스는 좀 더 저고도에서 헬기를 이용해 찍은 사진을 보여주는 것인데, 이 항공뷰에는 군사시설이 그대로 노출된다.[4]

2. 주요 기능

　일반적인 지형도는 기본으로 나타나고, 몇몇 산은 등산로까지도 표시된다. 5.0부터는 벡터 지도를 지원한다.[5]

　상호 검색은 업데이트 속도가 생명이기 때문에, 다음 지도에서 동시에 검색을 한 후에 대조하는 방식으로 사용하면 더욱 정확하다.

　주변 검색은 특정 지점을 중심으로 500m, 1km, 2km의 동심원을 그려서 특정 카테고리의 시설물들을 모두 검색할 수 있다.

　교통상황은 소통과 안전 관련 교통상황을 알려준다. 간혹 사고현장이

---

4) https://namu.wiki/w/%EB%84%A4%EC%9D%B4%EB%B2%84%20%EC%A7%80%EB%8F%84
2019.6.25. 검색.

5) https://namu.wiki/w/%EB%84%A4%EC%9D%B4%EB%B2%84%20%EC%A7%80%EB%8F%84
2019.6.25. 검색.
앱과 리테일 분석서비스 와이즈앱은 2019년 5월 한국 안드로이드 스마트폰 사용자의 지도, 택시, 내비 앱 사용 현황을 25일 발표했다. 와이즈앱에 따르면 지난 5월 사용자가 가장 많은 앱은 네이버 지도로 5월 한 달 동안 983만 명이 이용했다. 2위는 T map(티맵), 3위는 구글 지도로 935만 명이 이용했다. 그 뒤를 카카오맵, 카카오 T, 카카오내비의 순이 차지했다 (http://www.dt.co.kr/contents.html?article_no=20190625021099310 32001&ref=naver 2019. 6.25. 검색).

나 집회, 공사정보를 표기해 주기 때문에 이런 점에서는 유용하다. CCTV는 도로상황을 볼 때 쓸 만하다.

자전거 도로는 상당히 유용하다. 특히나 자전거 도로에 대한 디테일한 정보를 상당수 구현하고 있다.

지적 편집도는 지적 관련 정보 특성상 수시로 바뀌다 보니 더 정확한 정보는 해당 지역주민센터나, 국가에서 제공하는 시스템을 이용하는 것이 더 좋다.

위성사진은 위성사진만 볼 수도 있고, 지도를 오버레이해서 볼 수도 있다. 군사시설이나 국가 주요 시설은 논밭이나 산으로 덧칠해져 있으니 참고하면 좋다.

파노라마는 카카오맵의 로드뷰, 항공뷰와 같은 기능을 한다.

길이 재기는 지도 위에 가상의 선을 긋고 거리를 측정하는 기능이다. 면적도 구할 수 있다.

지도 공유는 위치 좌표 공유 및 거리뷰의 링크도 공유 가능하며, 웹페이지에 임베드(embed)시킬 수도 있다.

길찾기는 자가용, 대중교통, 자전거, 도보 길찾기가 가능하다.

내비게이션은 버스노선 검색 및 실시간 위치 보기, 지하철 노선도 및 지하철 길찾기 등을 지원한다.

3. 네이버 부동산

네이버 부동산은 네이버 부동산에 등록된 부동산의 시세를 비교하고, 매물 중개 및 매물을 등록하여 거래할 수 있는 네이버의 서비스다. 주메뉴, 하위 메뉴, 본문 바로 가기 등이 제공되고 있다. 네이버 부동산은 주메뉴 탭인 부동산 홈, 매물, 분양, 뉴스, 커뮤니티, 경매, My 페이지와 각 탭에 속하는 아파트, 오피스텔, 분양권 등으로 기본 구조가 구성되어 있다.[6]

네이버 부동산은 네이버 지도와 연동되고 있어서 부동산의 위치, 네이버 지도에 나타나는 정보를 확인하기 쉽다. 또한, 매물 부동산의 사진, 단지

---

6) https://accessibility.naver.com/se/guide_10 2019.6.25. 검색.

규모, 층별구조, 건물의 도면, 건물 내부 사진, 건축물대장 정보, 지역특성 등을 제공하고 있다. 범죄현장 출동 시 사전확인, 사건사고 조사를 위한 사전 탐색 및 사후 확인, 보고서 작성 등에 매우 유용한 정보를 찾을 수 있다.

2 다음 지도

1. 소개

　다음 지도 웹은 2019년 2월 25일부로 카카오맵으로 일원화되었다. 다음 지도 웹의 스타일을 카카오맵의 스타일로 바꿨지만, 기존 다음 지도의 경우 PC 웹과 모바일 웹에서, 카카오맵은 모바일 앱에 최적화된 디자인이라, 환경에 따라 상이한 사용 경험을 발생시킬 수 있어 일원화를 하겠다는 것이다.[7]

2. 주요 기능

　일반적인 지도보기, 주소 등 검색, 교통정보, 자전거 도로, 지적편집도, 위성사진, 로드뷰, 길이재기, 지도 공유, 길찾기, 내비게이션, 버스노선, 지하철 노선, 스카이뷰, 테마지도 등 기능을 제공한다.[8]

　최근에 기능을 보면, 거리재기, 면적재기, 반경재기 등을 하는 메뉴가 있어서 실종자 수색 등에서 소요시간이나 수색 투입 경찰인력을 산정하는 데 도움이 될 수 있다.

　지도에 행정구역의 행정경계와 법정경계 표시를 활용하면 실제 행정구역을 구분하기도 용이하다.[9] 행정관할이나 경찰관할에서도 참고할 수 있을 것이다.

3. 역사적 지도 정보의 가치

　네이버 지도 거리뷰와 장단점이 서로 극명하기 때문에 서로 대조해서 참조하는 것이 가장 좋다. 예를 들면 다음 로드뷰가 촬영한 곳을 네이버 거

---

7) https://namu.wiki/w/%EC%B9%B4%EC%B9%B4%EC%98%A4%EB%A7%B5 2019.7.31. 검색.
8) https://namu.wiki/w/%EC%B9%B4%EC%B9%B4%EC%98%A4%EB%A7%B5 2019.7.31. 검색.
9) https://map.kakao.com/ 2019.7.31. 검색.

리뷰는 촬영했을 수도 있고 그와 반대일 수도 있기 때문이다. 로드뷰에는 역사적인 사건들에 관한 사진 정보가 있기도 하다.[10]

2008년 로드뷰에서 한 커플이 사진에 잡혀서 그 커플이 화제가 된 바 있다. 2015년 10월판 이후 수정되었다. 2010년 10월 해운대 해변에서 팬티만 입고 선탠하다가 온몸이 촬영된 남자도 있다. 한때 해운대 통닭남으로 화제가 되었다.[11]

2015년 로드뷰에서는 시신이 발견되었다는 주장이 있었으나, 경찰의 조사 결과, 단순히 술만 마시면 그 자리에서 드러눕던 몽골 국적의 불법체류자라는 사실이 드러났다.[12]

안산 리어카 토막 살인 사건 당시의 문제의 리어카도 시신이 발견되기 이전에 로드뷰에서 촬영되었다. 실제로 문제의 리어카에서 시신이 발견되기 1년 전에 한 이용자가 이 리어카에 대해 의심을 품었다고 한다.[13]

10) https://namu.wiki/w/%EC%B9%B4%EC%B9%B4%EC%98%A4%EB%A7%B5 2019.7.31. 검색.
11) https://namu.wiki/w/%EC%B9%B4%EC%B9%B4%EC%98%A4%EB%A7%B5 2019.7.31. 검색.
12) https://namu.wiki/w/%EC%B9%B4%EC%B9%B4%EC%98%A4%EB%A7%B5 2019.7.31. 검색.
13) https://namu.wiki/w/%EC%B9%B4%EC%B9%B4%EC%98%A4%EB%A7%B5 2019.7.31. 검색.

CHAPTER

3 구글 지도

제1절 구글 지도(maps.google.com)

구글 지도(Google Maps)는 구글에서 제공하는 지도 서비스다. 구글 지도는 위성사진, 스트리트뷰, 360° 거리 파노라마뷰, 실시간 교통상황 (구글 트래픽), 그리고 도보, 자동차, 자전거, 대중교통의 경로를 제공한다.[14]

구글 지도로 장소 검색, 장소에 대한 정보, 도보(대한민국 제외), 자동차 (대한민국 제외), 대중교통 길찾기, 호텔 예약 등의 기능을 사용할 수 있다. 또한 사용자들이 직접 누락된 장소 추가, 잘못된 장소 수정 등의 참여를 할 수 있다. 참여하려면 만 18세 이상의 계정이어야 한다.

구글 지도의 경우 대한민국의 지도는 다른 나라의 지도와는 다르게 이미지로 표시되어 여러 서비스가 적용되지 않는다. 이것은 대한민국의 법 때문으로, 대한민국은 공간정보의 구축 및 관리 등에 관한 법률과 국가공간정보 보안관리규정 등의 법령에 따라 국토교통부 장관의 허가 없이는 지도데이터를 국외로 반출할 수 없도록 하고 있다. 국토교통부는 국가안보를 이유로 현재까지 지도데이터의 반출을 허가해 주지 않고 있다. 벡터 지도데이터가 제공되는 타국과 달리 한국에서는 비트맵 이미지만 제공되기 때문에 지도를 높혔을 때 건물들의 3D 오브젝트가 드러나지 않는다. 한국 지역은 SK 텔레콤의 T맵 데이터를 받아 서비스하고 있다.[15]

Android 휴대전화와 태블릿에 맞춰 새로 디자인된 구글 지도 앱으로 전 세계를 더 쉽고 빠르게 탐색할 수 있는 다음과 같은 여러 가지 장점이 있다.[16][17] 그러나 국가에 따라 제공되지 않는 기능이 있을 수 있다.

---

14) https://ko.wikipedia.org/wiki/%EA%B5%AC%EA%B8%80_%EC%A7%80%EB%8F%84 2019.6.25. 검색.

15) https://namu.wiki/w/%EA%B5%AC%EA%B8%80%20%EC%A7%80%EB%8F%84 2019.6.25. 검색.

16) https://ko.wikipedia.org/wiki/%EA%B5%AC%EA%B8%80_%EC%A7%80%EB%8F%84 2019.6.25. 검색.

17) https://www.google.co.kr/maps/@37.4393545,127.2151843,14049m/data=!3m1!1e3?hl=ko 2019.6.25. 검색.

- 220개 국가와 지역을 아우르는 정확한 지도
- 운전, 자전거 및 도보 이동을 위한 음성 안내 지원 GPS 내비게이션
- 대중교통 길찾기 및 지도를 15,000여 개 도시에서 제공
- 최적 경로 검색을 위한 실시간 교통상황, 교통사고 정보 및 자동 경로 변경
- 음식점, 박물관 등의 스트리트뷰 및 실내 이미지
- 1억 개 이상의 장소에 있는 비즈니스 및 연락처 상세 정보: 지도 앱에서 바로 리뷰 작성
- 지도에서 개인 연락처 검색 및 표시
- 데이터 로컬 저장으로 인터넷 없이도 사용 가능

지도 활용 방법 알아보기

컴퓨터, 휴대전화 또는 태블릿에서 구글 지도를 다양하게 활용할 수 있다. 그중 일부를 소개한다. 지역에 따라 일부 기능이 제공되지 않을 수 있다. 컴퓨터, 휴대전화 또는 태블릿에서 구글 지도를 사용해 전 세계를 검색하고 둘러보고 길을 찾아볼 수 있다. 컴퓨터에서는 구글 지도, 휴대전화나 태블릿에서는 구글 지도 앱을 사용하면 된다.

컴퓨터에서는 지도의 아무 곳이나 클릭하면 장소의 세부정보가 표시된다. 휴대전화나 태블릿의 경우 지도의 아무 곳이나 길게 터치하면 장소의 세부정보가 표시된다.

장소에 관한 정보 찾기

지도에서 장소를 찾고 경로를 검색한다. 영업시간, 메뉴 같은 정보를 검색하거나 스트리트뷰 이미지를 볼 수도 있다.

구글 지도에서 검색할 수 있는 예를 들면 다음과 같다.

- 특정 업체: 스타벅스
- 장소 유형: 도산공원 근처의 커피숍
- 시, 도 등을 사용해 범위를 좁힌 검색: 경기도 안산의 식료품점
- 우편번호를 사용해 범위를 좁힌 검색: 03900 지역 내의 주유소
- 교차로 찾기: 23번 길과 상암로의 교차로

- 주소, 도시, 시/도, 국가, 공항: 서울시 강남구 역삼동 1번지, GMP, 김포공항, 서울 남산
- 위도 및 경도 좌표: 41.40338, 2.17403
- 친구 및 기타 연락처(로그인 필수): 홍길동
- G Suite 연락처에 등록된 다른 사람들의 이름

경로 검색 및 내비게이션 시작

구글 지도에서 경로를 검색하고 내비게이션을 시작하는 방법을 알아보자. 휴대전화 또는 태블릿에서 집, 직장, 캘린더 약속 장소처럼 다음으로 이동하려는 장소의 이동 시간과 경로를 확인할 수 있다.

위도 및 경도 찾고 입력하기

위도 및 경도 GPS 좌표로 장소를 검색할 수 있다. 또한 구글 지도에서 찾은 장소의 좌표를 확인할 수 있다.[18]

좌표로 장소 찾기

① 컴퓨터에서 구글 지도를 열어둔다.
② 상단 검색창에 좌표를 입력한다. 아래는 허용되는 형식의 예이다.
- 도, 분 및 초(DMS): 41°24′ 12.2″ N 2°10′ 26.5″ E
- 도 및 십진수 분(DMM): 41 24.2028, 2 10.4418
- 십진수 도(DD): 41.40338, 2.17403

③ 좌표에 핀이 표시된다.

장소의 좌표 구하기

컴퓨터에서 구글 지도를 열어둔다. 라이트 모드로 지도를 사용 중이면 하단에 번개 표시 아이콘이 표시되고 장소의 좌표를 구할 수 없다.

① 지도상의 장소나 지역을 마우스 오른쪽 버튼으로 클릭한다.
② 이곳이 궁금한가요?를 선택한다.
③ 하단에 좌표가 포함된 카드가 표시된다.

---

18) https://www.google.co.kr/maps/@37.4393545,127.2151843,14049m/data=!3m1!1e3?hl=ko 2019.6.25. 검색.

제2절 구글 어스(Google Earth)

1. 소개

구글 어스는 지역에 따라 다르지만, 기본적으로 지구 전역은 'Earthsat' 사의 위성사진을 이용하고 있다. 북미의 일부에서는 퍼블릭 도메인 위성사진을 이용하고, 그 밖에는 위성사진을 판매하는 각 회사의 위성사진과 일부 지역은 항공사진을 이용하고 있다.[19]

구글 어스의 콘텐츠(영상, 사진, 블로그 등)는 유엔 환경 계획(UNEP), 제인 구달 협회(Jane Goodall Institute), 미국 국립공원관리국, 디스커버리 네트워크 등 협력업체로부터 제공된다. 치안과 기밀에 밀접한 장소에 대해서는 모자이크 효과 처리를 하고 있다. 조이스틱이나 키보드를 이용하여 비행 시뮬레이터 기능을 이용할 수 있다.

2007년 8월 22일 행성과 성좌를 관찰할 수 있는 '스카이' 기능이 구글 어스에 추가되었다. 또 이 무렵 비행 시뮬레이션 기능이 추가되었다.

2008년 4월 15일부터는 구글 맵에서만 제공하던 '스트리트뷰' 기능을 구글 어스에서도 지원하기 시작해, 사용자들이 360° 파노라마 형식으로 촬영된 거리 사진을 볼 수 있게 되었다.

2. 구글 어스의 기능들

1) 검색

'가천대학교'를 검색하면,[20] 사진 안의 글 상자와 특정 장소 사진이 추가되어 보인다. 여기의 종이비행기를 클릭하면 그 사진의 장소로 이동하여 360° 회전하면서 사진으로 보여준다. 조사를 위해 특정한 장소를 검색하고, 그곳의 위성사진, 파노라마 사진, 세부 환경 등에 관한 정보를 확인할 수 있다.

19) https://ko.wikipedia.org/wiki/%EA%B5%AC%EA%B8%80_%EC%96%B4%EC%8A%A4 2019.7.3. 검색.
20) https://earth.google.com/web/@37.4507452,127.1288474,62.50809246a,818.03677424d,35y, −76.51422917h,45t,0r/data＝ChYSABoSCgovbS8wajY3NjZqGAIgASgC 2019.7.3. 검색.

2) 장소 보기 및 보기 변경

구글 어스를 사용하여 세계를 여행하고 새로운 장소를 탐험할 수 있다. 스트리트뷰로 장소를 가까이에서 볼 수도 있다.[21]

크롬을 사용하여 장소 보기

① 컴퓨터에서 크롬을 사용하여 구글 어스를 열어둔다.

② 다음 중 원하는 작업을 선택한다.

- 특정 장소 찾기: 검색을 클릭한다.
- 이동하기: 마우스를 클릭하고 드래그한다.
- 확대 및 축소: 오른쪽 하단에서 더하기(+) 또는 빼기(−) 버튼을 사용한다(또는 마우스 오른쪽 버튼으로 클릭하고 드래그).
- 내 위치 둘러보기: Ctrl 키를 누른 상태로 화면을 클릭하고 드래그 한다.

3) 3D 이미지 보기

'빌딩 3D 이미지 보기'를 사용해서 3D 빌딩 및 나무 보기를 켜거나 끌 수 있다. 빌딩 3D 이미지 보기를 끄면 최신의 이미지가 표시되고 구글 어스 의 전반적인 성능이 향상될 수 있다.

① 컴퓨터에서 크롬을 사용하여 구글 어스를 열어둔다.

② 왼쪽에서 메뉴 지도 스타일을 클릭한다.

③ 빌딩 3D 이미지 보기를 켜거나 끈다.

4) 스트리트뷰 열기

① 컴퓨터에서 크롬을 사용하여 구글 어스를 열어둔다.

② 장소를 클릭하거나 위치를 검색한다.

③ 해당 지역을 더 자세히 살펴보려면 확대한다.

④ 화면의 오른쪽 하단에 있는 페그맨 👤을 클릭한다.

⑤ 강조표시된 지역을 클릭한다.

---

21) https://support.google.com/earth/answer/7364447?hl=ko&ref_topic=7676284 2019.7.3. 검색.

⑥ 파란색으로 표시된 원 또는 지역에서는 스트리트뷰를 볼 수 있다.
⑦ 주황색으로 표시된 원 안의 지역에서는 건물 내부를 볼 수 있다.

5) 이동하기

① 보기를 변경하려면 화면을 클릭하고 드래그한다.
② 정북 보기로 돌아가려면 오른쪽 하단에 있는 나침반을 클릭한다.
③ 새 지역으로 이동할 수 있는 경우 화면에 흰색 화살표가 표시된다.
　특정 방향으로 이동하려면 해당 방향의 화살표를 클릭한다.
④ 지도를 검색해 다른 앱의 지도와 비교하여 보면 촬영시기에 따른
　역사적 변화와 세밀함의 차이 등을 볼 수 있다.

▎그림 8-1▎ 미국 플로리다의 한 호수에 가라앉은 22년 전 실종 남성 승용차22)

---

22) [구글어스 캡처] 연합뉴스 https://www.yna.co.kr/view/AKR20190913018800009?input=
　1195m 2019.9.13. 검색.

4 위치정보지원센터

1. 소개

우리나라는 방송통신위원회 산하에 위치정보지원센터를 운영 중이다. 위치정보센터는 위치기반서비스사업신고 관련 상담지원, 위치기반서비스사업자 신고 업무 지원 및 표준 양식 개발 및 권고, 위치정보보호법률 관련 상담지원, 사업자 공통 애로사항 지원 등의 업무를 하고 있다.[23]

2. 위치정보보호

1) 위치정보의 개념 정의

위치정보센터에서 수행하는 위치정보지원에 관한 주요 용어들의 의미는 다음과 같다.[24]

- 위치정보란 이동성이 있는 물건 또는 개인 특정한 시간에 존재하거나 존재하였던 장소에 관한 정보를 말한다(위치정보의 보호 및 이용 등에 관한 법률 제2조 제1호). 전기통신설비 및 전기통신회선설비를 이용하여 수집한다.
- 개인위치정보란 특정 개인의 위치정보를 말한다(위치정보의 보호 및 이용 등에 관한 법률 제2조 제2호). 위치정보만으로는 특정 개인의 위치정보를 알 수 없는 경우에도 다른 정보와 용이하게 결합하여 특정 개인의 위치를 알 수 있는 경우를 포함한다.
- 위치정보사업이란 위치정보를 수집하여 위치기반 서비스사업을 하는 자(위치정보사업자 자신을 포함)에게 제공하는 것을 사업으로 영위하는 것이다(위치정보의 보호 및 이용 등에 관한 법률 제2조 제6호).

---

23) http://www.lbsc.kr/front/content/contentViewer.do?contentId=CONTENT_0000011 2019.7.16. 검색.
24) http://www.lbsc.kr/front/content/contentViewer.do?contentId=CONTENT_0000031 2019.7.16. 검색.

- 개인위치정보사업이란 개인위치정보를 대상으로 하는 위치정보사업을 말한다. 개인위치정보사업은 허가 대상으로 방송통신위원회의 허가를 받아야 한다(위치정보의 보호 및 이용 등에 관한 법률 제5조).
- 사물위치정보사업이란 개인위치정보를 대상으로 하지 않는 위치정보사업을 말한다. 사물위치정보사업은 신고 대상으로 방송통신위원회에 신고하여야 한다(위치정보의 보호 및 이용 등에 관한 법률 제5조의2).

2) 위치정보보호 및 수집 제한

위치정보의 보호 및 이용 등에 관한 법률 제18조 및 제19조에 따라 개인위치정보가 보호되며, 개인위치정보수집, 이용, 제공이 제한된다.

제18조(개인위치정보의 수집) ① 위치정보사업자가 개인위치정보를 수집하고자 하는 경우에는 미리 다음 각호의 내용을 이용약관에 명시한 후 개인위치정보주체의 동의를 얻어야 한다.

1. 위치정보사업자의 상호, 주소, 전화번호 그 밖의 연락처
2. 개인위치정보주체 및 법정대리인(제25조제1항의 규정에 의하여 법정대리인의 동의를 얻어야 하는 경우로 한정한다)의 권리와 그 행사방법
3. 위치정보사업자가 위치기반서비스사업자에게 제공하고자 하는 서비스의 내용
4. 위치정보 수집사실 확인자료의 보유근거 및 보유기간
5. 그 밖에 개인위치정보의 보호를 위하여 필요한 사항으로서 대통령령이 정하는 사항

② 개인위치정보주체는 제1항의 규정에 의한 동의를 하는 경우 개인위치정보의 수집의 범위 및 이용약관의 내용 중 일부에 대하여 동의를 유보할 수 있다.

③ 위치정보사업자가 개인위치정보를 수집하는 경우에는 수집목적을 달성하기 위하여 필요한 최소한의 정보를 수집하여야 한다.

제19조(개인위치정보의 이용 또는 제공) ① 위치기반서비스사업자가 개인위치정보를 이용하여 서비스를 제공하고자 하는 경우에는 미리 다음

각호의 내용을 이용약관에 명시한 후 개인위치정보주체의 동의를 얻어야 한다. <개정 2018. 4. 17.>

1. 위치기반서비스사업자의 상호, 주소, 전화번호 그 밖의 연락처
2. 개인위치정보주체 및 법정대리인(제25조제1항의 규정에 의하여 법정대리인의 동의를 얻어야 하는 경우로 한정한다)의 권리와 그 행사방법
3. 위치기반서비스사업자가 제공하고자 하는 위치기반서비스의 내용
4. 위치정보 이용·제공사실 확인자료의 보유근거 및 보유기간
5. 그 밖에 개인위치정보의 보호를 위하여 필요한 사항으로서 대통령령이 정하는 사항

② 위치기반서비스사업자가 개인위치정보를 개인위치정보주체가 지정하는 제3자에게 제공하는 서비스를 하고자 하는 경우에는 제1항 각호의 내용을 이용약관에 명시한 후 제공받는 자 및 제공목적을 개인위치정보주체에게 고지하고 동의를 얻어야 한다.

③ 제2항의 규정에 의하여 위치기반서비스사업자가 개인위치정보를 개인위치정보주체가 지정하는 제3자에게 제공하는 경우에는 매회 개인위치정보주체에게 제공받는 자, 제공일시 및 제공목적을 즉시 통보하여야 한다.

④ 위치기반서비스사업자는 제3항에도 불구하고 대통령령으로 정하는 바에 따라 개인위치정보주체의 동의를 받은 경우에는 최대 30일의 범위에서 대통령령으로 정하는 횟수 또는 기간 등의 기준에 따라 모아서 통보할 수 있다. <신설 2015. 2. 3.>

⑤ 개인위치정보주체는 제1항·제2항 및 제4항에 따른 동의를 하는 경우 개인위치정보의 이용·제공목적, 제공받는 자의 범위 및 위치기반서비스의 일부와 개인위치정보주체에 대한 통보방법에 대하여 동의를 유보할 수 있다. <개정 2015. 2. 3.>

3. 위치정보 최근 동향 공개

위치정보지원센터에서 위치정보 동향자료실을 개설해 위치정보산업 동향에 관한 정보를 수집하여 공개하고 있다.[25]

2019년 7월 제1호 동향을 보면, 한국의 자살예방을 위한 위치정보법 시행령 개정으로 경찰등 구호기관이 위치정보를 이용 가능하도록 제도가 다음과 같이 개선되었다고 한다.[26]

┃그림 8-2┃ 위치정보지원센터, 위치정보산업 동향보고서[27]

보건복지부는 동반 자살 사건 등 방지 위해 '자살예방법' 시행령 일부 개정 시행했다('19.7.16 시행). '자살예방 및 생명존중문화 조성을 위한 법률(자살예방법) 시행령'을 개정했는데, 경찰·소방서장 등이 온라인 사이트 등에 자살 계획이나 동반 자살자 모집 글을 올린 사람에 대한 개인정보 요청이 가능하게 되었다.[28]

지금까지는 '자살위험자(자살을 암시하거나 자살할 사람을 모으는 등의 글을 온라인 커뮤니티·쇼핑몰 사이트 등에 올린 자)' 구조를 위해 주소나 개인위치정보 등 개인정보를 알고 싶어도 경찰 등이 법적으로 개인정보를 볼 수가 없어 사건을 인지해도 즉각 대응이 어려웠으며, 해당 사이트가 협조할지라도

---

25) http://www.lbsc.kr/front/bbs/BbsMain.do?menuNo = 1000002 2019.7.16. 검색.

26) http://www.lbsc.kr/front/bbs/BbsMain.do?menuNo = 1000002 2019.7.16. 검색.

27) http://www.lbsc.kr/front/bbs/BbsMain.do?menuNo = 1000002 2019.7.16. 검색.

28) http://news.chosun.com/site/data/html_dir/2019/07/02/2019070201242.html 2019.7.16. 검색.

개인정보를 받을 수는 있었지만 협조까지의 시간이 길어 구조 골든타임을 놓치는 경우도 많았다. 시행령 일부 개정안은 '자살위험자'를 긴급구조기관장(경찰·해양경찰·소방서 등)이 긴급히 구조가 필요하다고 판단할 경우, 글 게시자 개인정보를 사이트에 요청할 수 있고, 사이트 정보 책임자는 이를 제공해야 한다.

　사이트 정보 책임자는 '자살위험자' 구조를 위해 개인정보 제공에 반드시 협조해야 하고, 이를 거부하면 1년 이하의 징역 또는 2,000만원 이하의 벌금에 처해지며, 3개월간 하루 평균 이용자가 10만 명 이상이거나 전년도 정보통신서비스 매출이 10억원 이상인 사이트가 해당한다. 국내법 적용이 되지 않는 페이스북과 인스타그램, 트위터 등도 자살 예방이라는 취지에 공감하고 협조하고 있다고 한다.

제1절 국가공간정보포털

1. 소개

정부는 다양한 방법으로 공간정보 서비스를 제공하기 위해 노력해왔으나, 산재된 서비스 체계로 인해 공간정보 활용에 어려움이 있었다. 그래서 국토교통부는 국가·공공·민간에서 생산한 공간정보를 한곳에서, 한 번에, 누구나 쉽게 활용할 수 있도록 국가공간정보포털을 구축하였다.[29]

국가공간정보포털은 국가공간정보통합체계이다. 공간빅데이터, 부동산종합공부시스템, 한국토지정보시스템, 국가공간정보유통시스템, 지적재조사시스템, 공간정보사업 공유 및 관리시스템, 국토공간계획지원체계, 온나라 부동산포털, 공간정보오픈플랫폼을 체계화한 것이다.

2. 공간정보법상 용어의 정의

국가공간정보 기본법(약칭 공간정보법)은 국가공간정보체계의 효율적인 구축과 종합적 활용 및 관리에 관한 사항을 규정함으로써 국토 및 자원을 합리적으로 이용하여 국민경제의 발전에 이바지함을 목적으로 한다.

이 법에서 사용하는 용어의 뜻은 다음과 같다(제2조).

1. "공간정보"란 지상·지하·수상·수중 등 공간상에 존재하는 자연적 또는 인공적인 객체에 대한 위치정보 및 이와 관련된 공간적 인지 및 의사결정에 필요한 정보를 말한다.
2. "공간정보데이터베이스"란 공간정보를 체계적으로 정리하여 사용자가 검색하고 활용할 수 있도록 가공한 정보의 집합체를 말한다.

---

29) http://www.nsdi.go.kr/lxportal/?menuno=2681 2019.8.9. 검색.

┃그림 8-3┃ 국가공간정보포털 사이트

3. "공간정보체계"란 공간정보를 효과적으로 수집·저장·가공·분석·
표현할 수 있도록 서로 유기적으로 연계된 컴퓨터의 하드웨어, 소
프트웨어, 데이터베이스 및 인적자원의 결합체를 말한다.

4. "관리기관"이란 공간정보를 생산하거나 관리하는 중앙행정기관, 지
방자치단체, 「공공기관의 운영에 관한 법률」 제4조에 따른 공공기
관(이하 "공공기관"이라 한다). 그 밖에 대통령령으로 정하는 민간기관
을 말한다.

5. "국가공간정보체계"란 관리기관이 구축 및 관리하는 공간정보체계를 말한다.

6. "국가공간정보통합체계"란 제19조제3항의 기본공간정보데이터베이스를 기반으로 국가공간정보체계를 통합 또는 연계하여 국토교통부장관이 구축·운용하는 공간정보체계를 말한다.

7. "공간객체등록번호"란 공간정보를 효율적으로 관리 및 활용하기 위하여 자연적 또는 인공적 객체에 부여하는 공간정보의 유일식별번호를 말한다.

3. 공간정보 활용 지원서비스

1) 지도서비스

국가에서 대국민에게 제공하는 포털서비스 내에 포함된 공간정보 지도서비스로서, 국가정부부처에서 생산되는 각종 공간정보를 쉽고 편리하게 찾아보고 활용할 수 있도록 개발된 지도기반의 정보서비스다.[30]

▌그림 8-4▌ 국가공간정보포털 지도서비스

---

30) http://www.nsdi.go.kr/lxportal/?menuno=2789 2019.8.9. 검색.

2) 주소지 국토정보조회 서비스

각 시도별 부동산조회 서비스를 연결시켜 조회할 수 있게 알려준다. 특히 부동산정보 통합 열람을 하면 특정 주소의 기본정보, 토지정보, 건축물정보, 토지이용계획, 개별공시지가 등을 찾을 수 있다.31)

┃그림 8-5┃ 국가공간정보포털, 부동산정보 통합 열람

4. 국가공간정보의 보호

국가공간정보 기본법(약칭: 공간정보법)의 규정에 따라 국가공간정보는 보호를 받으며, 정보수집이 제한될 수 있다. 국가공간정보 기본법 제6장은 국가공간정보의 보호에 대해 제35조부터 제38조까지에 걸쳐 다음과 같이 상세하게 규정하고 있다.

제35조(보안관리) ① 관리기관의 장은 공간정보 또는 공간정보데이터베이스의 구축·관리 및 활용에 있어서 공개가 제한되는 공간정보에 대한 부당한 접근과 이용 또는 공간정보의 유출을 방지하기 위하여 필요한 보안관리규정을 대통령령으로 정하는 바에 따라 제정하고 시행하여야 한다.

---

31) http://kras.gg.go.kr/land_info/info/baseInfo/baseInfo.do#t05－tab 2019.8.9. 검색.

② 관리기관의 장은 제1항에 따라 보안관리규정을 제정하는 경우에는 국가정보원장과 협의하여야 한다. 보안관리규정을 개정하고자 하는 경우에도 또한 같다.

제36조(공간정보데이터베이스의 안전성 확보) 관리기관의 장은 공간정보데이터베이스의 멸실 또는 훼손에 대비하여 대통령령으로 정하는 바에 따라 이를 별도로 복제하여 관리하여야 한다.

제37조(공간정보 등의 침해 또는 훼손 등의 금지) ① 누구든지 관리기관이 생산 또는 관리하는 공간정보 또는 공간정보데이터베이스를 침해 또는 훼손하거나 법령에 따라 공개가 제한되는 공간정보를 관리기관의 승인 없이 무단으로 열람·복제·유출하여서는 아니 된다.
② 누구든지 공간정보 또는 공간정보데이터베이스를 이용하여 다른 사람의 권리나 사생활을 침해하여서는 아니 된다.

제38조(비밀준수 등의 의무) 관리기관 또는 이 법이나 다른 법령에 따라 위탁을 받은 국가공간정보체계 관련 업무를 수행하는 기관, 법인, 단체에 소속되거나 소속되었던 자(용역계약 등에 따라 해당 업무를 수임한 자 또는 그 사용인을 포함한다)는 국가공간정보체계의 구축·관리 및 활용과 관련한 직무를 수행함에 있어서 알게 된 비밀을 누설하거나 도용하여서는 아니 된다.

제2절 공간정보산업진흥원의 브이월드

1. 소개

국가공간정보의 본격적인 민간 활용이 본 오픈플랫폼의 궁극적인 목적이며, 이를 통해 민간의 다양한 응용 아이디어가 실제 나타나고 있다.[32]

---

32) http://www.vworld.kr/v4po_intorg_a001.do 2019.8.12. 검색.

브이월드는 공간정보산업진흥원이 운영하는 홈페이지(http://www.spacen. or.kr)이며, 공간정보 플랫폼이다. 플랫폼(Platform)이란 단상, 무대 따위의 의미가 바뀌어 컴퓨터 시스템 기반이 되는 하드웨어, 소프트웨어, 응용 프로그램이 실행될 수 있는 기초를 이루는 컴퓨터 시스템을 의미한다.

공간정보 오픈플랫폼(Spatial Information Open Platform)의 공간정보(Spatial Information)란 우리가 사는 실세계의 형상과 그것을 바탕으로 도형으로 구성한 물리적인 공간 구성요소(건물, 도로 등)와 논리적인 공간 구성요소(행정경계, 지적 등) 그리고 그 도형에 속한 속성을 말한다.

┃그림 8-6┃ 공간정보산업진흥원 브이월드 서비스

공간정보는 표현의 수준에 따라 2차원 공간정보와 3차원 공간정보로 나누어질 수 있다.

공간정보 오픈플랫폼은 국가가 보유하고 있는 공개 가능한 공간정보를 모든 국민이 자유롭게 활용할 수 있도록 다양한 방법을 제공한다.[33] 특히, 등록된 국토관리/지역개발 자료 조회 서비스를 하고 있어서 국토관리나 지역개발 데이터 검색이 가능하다.[34]

---

33) http://www.vworld.kr/v4po_intbiz_a001.do 2019.8.12. 검색.
34) http://www.vworld.kr/data/v4dc_svcdata_s001.do 2019.8.12. 검색.

2. 실내지도 검색

특히 브이월드 지도에서 특징적인 것은 건축물의 실내지도를 제공하는 점이다.[35] 대형건물이나 지하시설의 경우 일반지도나 위성지도로는 내부를 볼 수 없다.

┃그림 8-7┃ 브이월드 지도, 등록자료 조회

브이월드의 지도에서 실내지도 메뉴를 찾아 검색하면 강남역 지하철역사의 실내를 층별로 검색하여 지하철 내 공중전화나 구호물품보관함 등 주요시설의 종류, 위치, 주소를 찾을 수 있다. 대형 건축물 실내에서 발생하는 범죄신고출동, 미아찾기, 진입작전 등에 활용할 수 있다.

---

35) http://map.vworld.kr/map/maps.do# 2019.8.12. 검색.

▌그림 8-8▐ 브이월드 지도, 실내지도 강남역

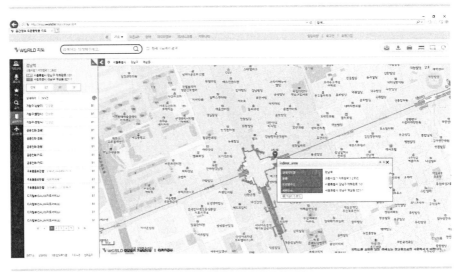

3. 과거 항공지도 검색

브이월드의 지도에서 과거 항공 메뉴를 찾아 검색하면, 1950년대부터 보관된 항공사진을 볼 수 있어서 과거의 지리 및 지형 모습과 현재의 지리 및 지형을 비교해 볼 수 있다.[36] 다만, 과거 항공사진의 촬영지역은 연도별로 차이가 있으며, 미촬영지역에는 브이월드의 최신 항공사진이 노출된다.

---

36) http://map.vworld.kr/map/maps.do# 2019.8.12. 검색.

6 성범죄자 알림e

1. 소개

여성가족부의 성범죄자 알림e[37] 사이트를 접속해, 조사자의 실명을 인증하고 나서 검색해 보면, 2019년 7월 12일 현재, 성범죄자 3,970명의 실제 거주지 주소, 실명, 인상 특징 등이 공개되어 있다.[38]

자기 거주지역 주변 또는 관심지역 주변의 성범죄자 거주장소를 파악하여 해당 경찰서, 지구대 또는 파출소의 성범죄예방 지원을 받을 수 있다. 경찰이 순찰노선을 구상할 때, 범죄예방과 신고출동 신속화 등에 참고할 필요가 있다.

2. 주의사항

주의해야 할 것이 있다. 이 정보를 이용하여 신문, 잡지 등 출판물, 방송 또는 정보통신망에 공개하거나 또는 공개정보의 수정 또는 삭제하는 경우에는 5년 이하의 징역 또는 5천만원 이하의 벌금에 처하게 된다. 열람은 가능하며, 따라서 활용할 때는 실명사용을 금지하며, 이름을 사용하지 말고 대상자 주소지만 수치로 표시하여 보고서 등에 수치를 부여하고 활용하는 것이 나을 것이다. 외부공개를 하지 말아야 한다.

---

37) https://www.sexoffender.go.kr/indexN.nsc 2019.7.12. 검색.
38) https://www.sexoffender.go.kr/m3s3.nsc 2019.7.12. 검색.

▮ 그림 8-9 ▮ 여성가족부 '성범죄자 알림e' 사이트39)

▮ 그림 8-10 ▮ 성범죄자 공개현황40)

39) https://www.sexoffender.go.kr/m3s3.nsc 2019.7.12. 검색.
40) https://www.sexoffender.go.kr/m3s3.nsc 2019.7.12. 검색.

참여수업 과제

1) 위치정보의 보호 및 이용 등에 관한 법률상 개인위치정보의 개념, 개인위치정보의 이용 또는 제한을 설명한다.

2) 국가공간정보 기본법상 국가공간정보의 보호에 대해 설명한다.

3) 국가공간정보포털의 1) 지도서비스, 2) 주소지 국토정보조회 서비스를 설명한다.

4) 공간정보산업진흥원의 브이월드를 소개하고 실내지도에 대해 설명한다.

5) 인질강도 사건발생 신고받은 경찰의 출동경로를 작성해 발표한다.

인질강도가 발생한 장소에 진입, 차단, 협상, 체포, 수색하기 위한 통로를 찾아서 그려보자.
- 인질극이 발생한 장소는 가천대학교 비전타워 은행 영업장 내
- 인질강도 신고시간은 오전 10시 50분. 경찰 출동시간은 오전 11시
- 인질협상팀과 진압팀 두 개의 경찰팀이 성남수정경찰서에서 출동하여 진입하는 것을 가정
- 차량과 지하철, 도보이동 수단을 동시에 고려하고, 인질협상팀이 먼저 도착하여 협상을 전개하면서 진압팀이 도착해 진압하는 것으로 시나리오를 구성
- 지도상에 출동, 이동, 진입, 도주차단 등 경로를 지도에 그려서 발표
- 네이버, 구글 등의 지도 위에 그려보기를 활용

9

공개정보 활용
- 사진 및 동영상

CHAPTER 1 · 사진

스마트폰의 카메라 덕분에 디지털 사진 업로드는 소셜 네트워크 사용자 간에 흔하다. 이 이미지는 공개정보수집 분석에 새로운 것이다. 다양한 사진 공유 웹사이트 외에 트위터 등에 특정한 검색기법을 찾을 수 있다. 사진을 찍은 장소, 카메라 제조사, 모델, 일련번호, 사진의 원본 뷰 등 메타데이터가 나올 수 있다.[1]

1. 구글 이미지(images.google.com)

images.google.com에서 키워드로 이미지를 검색하면 매칭되는 수많은 사진을 확인해 준다. 구글의 표준 검색엔진과 유사하게 검색도구로 날짜별 필터링을 할 수 있다. 게다가 이미지 크기, 색상, 유형별로 검색할 수도 있다.[2]

구글 이미지는 검색어를 기반으로 그래픽 이미지를 찾아 웹을 검색한다. 구글은 이미지의 키워드를 기반으로 이 이미지를 획득한다. 이 키워드는 이미지의 파일명, 이미지를 가리키는 링크 텍스트, 이미지에 인접한 텍스트에서 취한다. 이미지의 범위를 좁히기 위해서는 도시, 근무지 등을 검색어 뒤에 붙인다. 검색도구를 클릭하면, 이미지의 크기, 색상, 시간 범위, 라이선스 유형 등을 지정하여 필터링할 수 있다.[3]

구글에서 이미지 검색[4]
구글에서 웹사이트를 검색하듯 이미지를 검색할 수 있다. 예를 들어, 휴양지 사진을 찾아보거나 프레젠테이션에 사용할 이미지를 검색할 수 있다.

이미지 찾기
① images.google.com으로 이동한다.

1) 마이클 바젤 지음, 최윤석 옮김, 공개 정보 수집 기법, 에이콘출판사, 2017, 307쪽.
2) 마이클 바젤 지음, 최윤석 옮김, 공개 정보 수집 기법, 에이콘출판사, 2017, 308쪽.
3) 마이클 바젤 지음, 최윤석 옮김, 공개 정보 수집 기법, 에이콘출판사, 2017, 105쪽.
4) https://support.google.com/websearch/answer/112511?co＝GENIE.Platform%3DAndroid&hl＝ko 2019.6.24. 검색.

② 단어나 구문을 검색하면 이미지 검색결과가 표시된다.

③ 구글에서 찾고 싶은 이미지를 검색한 다음 이미지를 클릭해도 된다.

이미지 검색의 검색결과에 관한 정보 찾기

구글 렌즈를 사용하면 이미지 검색결과의 사물, 동물, 사람에 관한 정보를 확인할 수 있다.

2. 구글 리버스(reverse) 이미지 검색

컴퓨터 프로세싱 파워, 이미지 분석 소프트웨어의 진보로 인해 여러 웹사이트에서 리버스 이미지 검색이 가능하다. 표준 온라인 검색은 검색엔진에 텍스트를 입력하지만, 리버스 이미지 검색은 이미지를 검색엔진에 입력한다. 결과는 사용하는 웹사이트마다 다르다. 일부는 다른 웹사이트에 나타나는 동일한 이미지를 확인한다. 타깃이 같은 이미지를 사용하는 다른 웹사이트를 확인할 때 사용한다. 타깃 사진이 소셜 네트워크에 있으면, 그 사진의 리버스 분석은 타깃이 같은 이미지를 사용하는 다른 웹사이트를 제공할 수도 있다.

표준 검색엔진으로는 결과 확인이 안 될 수도 있다. 타깃이 가명으로 실제 자기 사진을 사용하는 경우 가명을 모르면 웹사이트를 찾을 수 없지만, 이미지로 검색해 가명 타깃의 프로필을 찾은 경우가 있다. 더 나아가 타깃에 관한 다른 사진을 찾고, 이미지를 분석해 사진 속 대상의 성별이나 나이도 판단할 수 있다.[5]

가장 강력한 리버스 이미지 검색서비스 중 하나는 구글에 있다. 구글 이미지 검색창의 우측에 회색 카메라 아이콘을 클릭하면, 온라인 이미지 주소, 컴퓨터 이미지 파일 업로드를 허용하는 새 검색창이 열린다. 온라인 이미지에서 이미지 주소를 복사해서 입력하면 된다. 다른 유사한 이미지, 다른 웹사이트의 정확히 중복되는 이미지를 출력한다. 이 웹사이트를 방문하면 타깃의 추가 정보를 얻을 수 있다.[6]

---

5) 마이클 바젤 지음, 최윤석 옮김, 공개 정보 수집 기법, 에이콘출판사, 2017, 308쪽.
6) 마이클 바젤 지음, 최윤석 옮김, 공개 정보 수집 기법, 에이콘출판사, 2017, 309쪽.

주의해야 할 것이 있다. 메타데이터를 위해 온라인 문서를 분석하는 것과 마찬가지이다. 사진이 이미 온라인에 공개되었다면, 두 번째 노출해도 거의 위험이 없다. 그러나 아동 포르노그래피 또는 비밀로 분류된 사진이라면 리버스 검색도 불법이다. 압수수색 등 정식 수사절차를 이용해야 한다.

▌그림 9-1 ▌ 구글에서 "김정은 트럼프" 검색 후 이미지를 선택해 url 복사, 유사사진 선택

3. 트위터 이미지

트위터는 현재 사진 키워드 검색을 허용한다. 트위터 검색은 사람, 동영상, 뉴스 등으로도 필터링할 수 있다.

4. Exif 데이터

디지털 카메라로 포착한 디지털 사진은 모두 EXif 데이터로 알려진 메타데이터를 보유한다. 사진 및 카메라의 정보를 제공한다. 모든 디지털 카메라는 이 데이터를 이미지마다 쓰지만 데이터량, 유형은 다양하다. EXif 리더는 웹사이트에서 찾을 수 있다. Jeffrey's Exif Viewer(regex.info//exif.cgi)가

온라인 표준이라고 생각된다. 온라인으로 이미지 주소를 입력하면 된다. 카메라와 사진과 관련된 파일 크기 등의 정보가 나온다.[7]

▌그림 9-2▐　트위터에서 'hong kong protest' 검색 결과

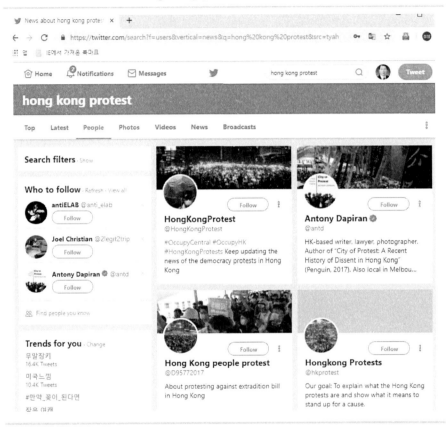

7) 마이클 바젤 지음, 최윤석 옮김, 공개 정보 수집 기법, 에이콘출판사, 2017, 326쪽.

┃그림 9-3┃ 홍콩, 이미지 검색, 사진 주소 url, 순서로 검색한 결과

5. 사진의 위치

여러 카메라에 현재 GPS가 있다. 지오태깅을 비활성화하지 않으면 사진의 Exif 데이터에서 위치 데이터를 얻는다. 사진에서 포착한 위치정보 GPS 좌표를 풀이해 사진의 위치를 확인한다. 이 위치의 구글 지도 이미지를 볼 수도 있다. 카메라가 향하는 방향을 보여주기도 한다.[8]

---

8) 마이클 바젤 지음, 최윤석 옮김, 공개 정보 수집 기법, 에이콘출판사, 2017, 329쪽.

2 동영상

1. 의의

온라인 동영상은 온라인 사진 만큼 흔하다. 데이터 기능이 있는 전화의 카메라는 동영상 카메라 역할을 한다. 동영상을 업로드하는 것도 쉬운 편이다. 유튜브 등과 같은 동영상 공유 웹사이트는 동영상 퍼블리싱을 쉽게 해준다. 조사를 위한 동영상은 엄청난 정보를 담고 있다. 이상하거나 비정상적인 일이 발생할 때마다 사람들은 동영상을 찍어서 녹화한다. 이 동영상은 범죄조사, 형사소송, 민사소송 등에 증거로 사용될 수도 있다.[9]

2. 유튜브

여러 동영상 공유 웹사이트 중 유튜브가 가장 인기가 높다. 유튜브는 모든 페이지의 메인 검색창에서 쉽게 검색할 수 있다. 유튜브에 채널이 있는 사용자가 업로드한 동영상이 있으면, 그 사용자의 동영상 콘텐츠, 사용자 이름을 확인할 수 있다. 여러 사람이 유튜브를 소셜 네트워크로 사용하며, 댓글을 남기고, 다양한 토론을 한다. 관심 동영상을 찾으면, 관련 텍스트 정보도 추출할 수 있다. 동영상 아래 댓글을 남긴 사용자 이름이 있는데 프로필 링크도 가능하다.[10]

3. 메타데이터와 리버스 이미지 검색

유튜브 동영상의 세부사항 대부분은 동영상이 저장된 네이티브 페이지에서 볼 수 있다. 하지만 일부 정보는 개인정보 설정, 프로필 개인화 때문에 보이지 않을 수 있다. 모든 가능한 정보를 추출하기 위해 유튜브 서버에서 보이는 데이터를 조사해야 한다. 쉬운 방법이 앰네스티 인터내셔널의 Youtube

---

9) 마이클 바젤 지음, 최윤석 옮김, 공개 정보 수집 기법, 에이콘출판사, 2017, 337쪽.
10) 마이클 바젤 지음, 최윤석 옮김, 공개 정보 수집 기법, 에이콘출판사, 2017, 338쪽.

Data Viewer이다. 유튜브 동영상을 선택해 페이지 전체 주소를 복사해 이 서비스에 붙여넣는다. 동영상 제목, 설명문, 업로드 날짜, 스틸 이미지, 리버스 이미지 검색 옵션이 있다. 스틸 프레임 옆의 "reverse image search"를 클릭하면 선택한 이미지의 구글 리버스 이미지 검색이 보인다.11)12)

┃그림 9-4┃ Amnesty International의 Youtube DataViewer13)

---

11) 마이클 바젤 지음, 최윤석 옮김, 공개 정보 수집 기법, 에이콘출판사, 2017, 342쪽.

12) https://citizenevidence.amnestyusa.org/ 2019.6.26. 검색.

13) https://citizenevidence.amnestyusa.org/ 2019.6.26. 검색.

4. 실시간 동영상 스트리밍

현재 발생 중인 어떤 실시간 이벤트나 사건 정보를 조사하기 위해서 실시간 스트리밍 동영상 웹사이트는 유용한 정보수집 대상이다. 휴대폰 카메라로 바로 동영상을 스트리밍할 수 있다. 전화의 동영상 카메라를 켜고, 동영상 스트림은 이동통신 데이터에 연결하여 와이파이로 호스트에 전송된다. 호스트는 이어서 웹사이트에서 방송한다.

글로벌 실시간 스트리밍 시장은 아마존의 트위치, 구글의 유튜브, 페이스북, 트위터의 페리스코프, 마이크로소프트(MS)의 믹서 등이 있다. 유튜브는 작년부터 '유튜브 TV'라는 실시간 스트리밍 TV 서비스도 제공한다. 구독료만 내면 ABC, CNBC, MLB 등 60개 이상 채널을 유튜브로 볼 수 있다.[14] 유튜브 실시간 스트리밍을 모바일로도 할 수 있다.[15]

그 밖에도 다양한 다음과 같은 스트리밍 업체들이 있다고 한다.[16] 유스트림(ustream.tv), Bambuser(bamuser.com), LiveStream(livestream.com), YouNow(younow.com), Veetle(veetle.com), Vaughnlive(vaughnlive.tv), LiveU(liveu.tv) 등이다.

패리스코프는 트위터 동영상 스트리밍 앱이다. 미어캣은 사용자가 모바일 기기로 실시간 동영상 스트리밍을 방송할 수 있는 또 다른 모바일 앱이다. 일단 등록하면, 페이스북, 트위터 계정연결이 생기며, 실시간 중계를 하면 바로 팔로워에게 직접 스트리밍된다고 한다.[17]

우리나라의 경우 ytn 뉴스가 실시간 뉴스 방송을 하고 있어서 많은 시청자들이 보고 있다. 또한, 다른 방송사들도 실시간 뉴스를 온라인으로 내보내기도 한다. 사회에서 일어나는 각종 사건 사고에 대한 방송은 경쟁적으로 취재를 하며, 실시간 방송을 내보내기도 하는데 이러한 공중파나 인터넷 방송 사이트를 검색하면 현장 상황을 온라인 또는 오프라인으로 생생하게 영상을 수집할 수 있다. 또한 지난 뉴스나 현장 영상을 검색할 수도 있다.[18]

---

14) https://m.post.naver.com/viewer/postView.nhn?volumeNo=16966812&memberNo=6384148 &vType=VERTICAL 2019.8.2. 검색.
15) https://123jhc.blog.me/221417384613 유튜브 모바일 실시간 스트리밍 방법 소개 참조.
16) 마이클 바젤 지음, 최윤석 옮김, 공개 정보 수집 기법, 에이콘출판사, 2017, 333–356쪽.
17) 마이클 바젤 지음, 최윤석 옮김, 공개 정보 수집 기법, 에이콘출판사, 2017, 356–357쪽.
18) https://www.ytn.co.kr/_hd/hd_live.html 2019.7.4. 검색.

┃그림 9-5┃ ytn 실시간 뉴스 사이트19)

   실시간 동영상 스트리밍으로 발생 중인 현장의 갈등상황, 폭력현장, 방화범 등 자료를 얻을 수도 있을 것이다. 다만, 이러한 영상이나 자료를 증거로 활용하기 위해서는 정확한 시간과 내용확인이 필요하며, 제공에 협조하여 주는지가 관건이 되기도 한다.

5. 뉴스스탠드(News Stand)

   뉴스스탠드는 네이버에서 뉴스를 모아볼 수 있게 각 언론사의 기사를 그림으로 올려 놓은 것이다. 뉴스스탠드 초기 화면만 보더라도 현재 한국에서 일어나는 중요한 사건들과 그 사건의 흐름을 알 수 있다.20) 해당 기사를 찾아서 현장의 이미지, 동영상을 추가로 찾아볼 수 있다.
   전에 신문사들의 신문을 벽보에 걸어서 게시하듯 언론사들이 뉴스를 인터넷에 게시하고 있다. 해당 언론사 이미지를 클릭하면 해당 언론사 뉴스로 바로 이동한다. 뉴스스탠드의 기사는 각 언론사에서 직접 편집한 것이

19) https://www.ytn.co.kr/_hd/hd_live.html 2019.7.4. 검색.
20) https://newsstand.naver.com/ 2019.8.10. 검색.

올라와 있다. 이 뉴스스탠드는 계속해서 새로운 기사를 올리고 있고 다른 언론사들과 기사 내용을 비교해서 볼 수 있는 장점이 있다.

▌그림 9-6▐ 네이버 뉴스스탠드 화면 캡쳐[21]

6. 실종아동 등 사진 및 동영상 검색

1) 경찰청 안전dream센터 및 실종아동찾기협회

경찰청 안전dream 센터[22] 실종아동등검색 사이트 또는 보건복지부 산하에 있는 실종아동찾기협회의 실종아동등검색 사이트, 실종아동전문기관 사이트에서 실종아동 및 실종노인 등 사진과 인적사항을 공개하여 실종아동이나 실종노인이 발견되면 신고하도록 유도하고 있다. 국민들은 여기에 게시된 실종아동이나 실종노인의 사진을 보고 인적사항을 메모해서 추적을 할 수 있고 경찰에 신고하면 실종자 가족들에게 많은 도움을 줄 수 있다.

실종아동찾기 방법을 계획해 보고 그 실종아동 찾기를 할 수 있다. 예를 들어, '홍길동'라는 실종아동을 경찰청 안전dream 센터에서 검색하여 찾

---

21) https://newsstand.naver.com/ 2019.8.10. 검색.
22) http://www.safe182.go.kr/index.do 2019.7.4. 검색.

고, 이어서 트위터에서 '홍길동' 검색을 하면, 다음과 같은 자료들이 나오는데,[23] 이러한 인적사항이나 사진 등 공개된 자료와 수집한 정보의 연관성을 알아보고 확인하면서 실종아동을 찾기 위해 범위를 좁혀 나가며, 실종아동 찾기를 효과적으로 할 수 있다.

┃ 그림 9-7 ┃ 보건복지부 산하 실종아동찾기협회 실종아동등검색 사이트[24]

2) 실종아동전문기관

실종아동전문기관은 실종아동 및 장애인, 그 가족을 지원하는 국내 유일의 기관으로, 2005년 12월 1일 제정된 '실종아동등의 보호 및 지원에 관한 법률'에 의거해 설립되었으며, 아동권리보장원에서 보건복지부의 위탁을 받아 사업을 수행하고 있다.[25] 이 기관에서는 실종아동 및 장애인 찾기 및 실종자 가족을 지원하고, 가정 복귀 후 적응을 위한 상담 및 치료서비스를 제공하는 한편, 실종 발생 예방을 위한 연구, 교육 및 홍보활동을 펼치고 있다. 특히, 시설에 있는 아동을 검색할 수 있도록 지원하고 있다.[26]

23) https://twitter.com/khyunp 2019.7.12. 검색.
24) https://twitter.com/khyunp 2019.7.12. 검색.
25) https://www.missingchild.or.kr/CMSPage/CMSPage.cshtml 2020.5.27. 검색.
26) https://www.missingchild.or.kr/MissingSearch/MS110.cshtml 2020.5.27. 검색.

▌그림 9-8▐ 실종아동전문기관 실종아동/장애인 검색 사이트27)

27) https://www.missingchild.or.kr/MissingSearch/MS110.cshtml 2020.5.27. 검색.

참여수업 과제

1) 구글 리버스 이미지 검색을 설명한다.

2) 동영상에서 사진 메타데이터와 리버스 이미지 검색을 설명한다.

3) 실시간 스트리밍을 설명한다.

4) 보건복지부 산하 실종아동찾기협회 또는 실종아동전문기관 사이트에서 실종아동을 1명 선정하여 찾아보자.
   • 인터넷에서 여러 가지 방법으로 검색하여 찾아보고, 토의해 보고, 그 과정을 발표하자.

공개정보 분석이론

1 · 공개정보 분석이론

1. 정보분석의 개념

정보분석이란 국가적 현안해결을 위해 수집된 첩보를 분석하여 사실관계를 파악하고 앞으로의 전망과 파급영향을 예측하며 필요한 대응방안을 강구하는 활동을 말한다. 정보분석의 단계는 다음과 같다.[1]

① 수집된 첩보를 통해 현안문제와 관련된 사실관계를 파악한다.
② 파악된 사실관계를 기초로 향후 전개방향을 전망하고 파급영향을 예측한다.
③ 필요한 대응방안을 강구한다.

2. 정보분석의 목적

국가이익을 실현하기 위해 현안문제에 대한 결정에 도움을 주는 지식을 생산하는 것이다. 국가이익은 국가 안전보장, 영토보존, 경제적 번영과 발전, 국민보호와 자긍심 고양이 포함된다.[2]

3. 정보분석관 소양

정보분석관에게 필요한 소양은 다음과 같은 것들이 중요하고 그 외에도 많은 소양이 필요하다.[3]

• 정보분석의 목적인 국가이익과 이것을 구체화하는 국가정책에 대한 올바른 이해
• 담당업무에 대한 요소별 또는 지역별 심층 전문지식

---

1) 한국국가정보학회, 국가정보학, 박영사, 2107, 121쪽.
2) 한국국가정보학회, 국가정보학, 박영사, 2107, 122 – 123쪽.
3) 한국국가정보학회, 국가정보학, 박영사, 2107, 127 – 129쪽.

• 분석기법 숙달
• 숙달된 보고서 작성기술

4. 정보분석의 절차

정보분석을 위해서 필요한 절차는 다음과 같다.

1) 분석과제 정의

정보수요를 제기한 정책결정자가 정보분석관에게 요구하는 구체적 내용이 무엇인지, 이유는 무엇인지 파악해 분석과제를 정한다. 보고시한 이내에 보고하기 위해 중요사항과 분석범위를 사전에 정리해야 한다.[4]

2) 가설설정

가설은 검증을 거치지 않은 추측에 의한 명제이다. 분석관은 브레인스토밍 등 방법을 활용해 많은 가설을 세우고 검증해 보아야 한다. 특히 적대국가나 경쟁상대의 속임수로 오판하지 않도록 하는 가설도 포함해 검증하도록 한다.

3) 첩보수집

분석과제에 대한 가설을 검증할 수 있는 첩보를 수집한다. 상대의 기만공작 이유나 동기, 수단과 활용방법 등에 대한 첩보도 추가로 수집할 필요가 있다. 아울러 수집된 첩보의 내용과 신뢰성에 대해 평가를 하여야 한다. 유력한 가설 외에 별 가치가 없어 보이는 가설에 관련한 첩보도 수집하여야 한다.[5]

4) 가설검증

설정한 가설을 모두 검증하도록 한다. 가설검증에는 첩보자료와 함께

---

4) 한국국가정보학회, 국가정보학, 박영사, 2107, 130–131쪽.
5) 한국국가정보학회, 국가정보학, 박영사, 2107, 132–133쪽.

논리적 추론도 활용해야 한다. 가설검증을 하면서 편견이나 선입견을 배제하고 상대방의 입장에서 추론하고 자료를 가지고 검증하도록 해야 한다.[6]

가설검증은 Analysis of competing hypotheses를 지칭한다. 대립가설(귀무가설 포함)을 세우며 분석을 진행하는 방법이다. 반드시 여러 사람이 실시하는 것이 실수를 줄이는 중요한 포인트다. 가설검증(ACH) 절차는 가설입안, 증거수집, 분석, 정련, 기각, 수용, 정리와 평가 등의 과정을 거쳐서 이루어지는 것이 바람직하다.[7] 가설검증 프로세스를 명문화해 두면, 바이어스나 오류에 지배되는 일 없이 바른 결론을 이끌어 낼 수 있다.

(1) 가설 입안

가능성이 있는 가설은 모두 설정하여 본다. 생각의 오류를 배제하는 의미가 있다.

(2) 증거수집

어떤 가설을 지지하거나 또 반대로 기각하거나 하는 증거(반증)를 수집한다. 이때도 인지 바이어스에 주의해야 한다.

(3) 분석

매트릭스(표)를 사용해, 가설과 증거의 대응 매핑을 만든다. 이때, 예를 들면, 어떤 증거가 전부의 가설을 지지하거나, 전혀 지지하지 않거나 하는 편중 현상이 생겼을 때는 잘못된 증거이거나 가설이 충분하지 않을 가능성이 있다.

(4) 정련

분석으로 발견한 사항으로부터, 가설과의 갭 분석이나 추가의 정보를 모은다. 이때, 증거가 가설에 대해서 오버피팅 하고 있는지를 살펴본다. 그렇게 되었을 경우 확증 바이어스가 들어 있을 가능성이 높다.

(5) 기각

매트릭스가 나타내는 가설·증거 대응표를 사용하고, 맞지 않는 가설을

---

6) 한국국가정보학회, 국가정보학, 박영사, 2107, 133–134쪽.
7) https://qiita.com/osada/items/c75c34ce716ee4ffba8f 2019.5.4. 검색.

기각한다. 이때도 바이어스 경험이 들어가지 않도록 특히 주의한다.

(6) 수용

살아남은 가설이 여러 개 있을 경우, 증거의 무게 부여를 복수의 애널리스트가 하도록 하고, 어느 가설이 가장 확실한지 평가한다.

(7) 정리와 평가

가설이 기각되어 가는 이유를 정리해, 최종결론을 이끌어 낸다. 가설기각 이유는 장래의 분석에도 사용하기 때문에 소중히 기록해 두도록 한다.

(8) 결론 도출

증거자료와 일치하는 가설을 중점적으로 검토하기 보다는 증거자료와 배치되는 가설을 제외하는 방법으로 검증을 하되, 배치되는 증거가 가장 적은 가설을 가장 유력한 가설로 검토한다. 결론을 내기 위해 가설일람표를 만들고 가설의 확실성을 표시하는 확률을 기록하는 것도 좋은 방법이다.[8]

단, 대부분의 경우 정보가 부족해서 결론을 확정짓기가 힘든 경우가 많다. 최종결론은 서두르지 않도록 해야 한다.

5. 정보보고서 작성

1) 보고서작성 원칙

정보보고서를 작성 원칙에는 적시성, 적합성, 명료성, 간결성, 정확성, 완전성, 객관성, 일관성 등이 있다.[9]

- 적시성: 정보를 필요할 때 제공해야 한다. 늦지 않도록 하는 것이 중요하다.
- 적합성: 정책결정자의 요구에 초점을 맞추어 맞춤형 정보 보고를 한다.
- 명료성: 결론을 분명하게 제시한다. 결론 제시하고 논리적 해명을 한다.
- 간결성: 불필요한 내용과 표현을 최소화한다.

---

8) 한국국가정보학회, 국가정보학, 박영사, 2107, 134－135쪽.
9) 한국국가정보학회, 국가정보학, 박영사, 2017, 149－151쪽.

- 정확성: 사실관계를 잘 확인하여 보고한다.
- 완전성: 육하원칙이나 정책에 필요한 내용이 빠짐없이 담겨야 한다.
- 객관성: 정치편향, 편견, 선입견을 배제하고 자료에 입각해 보고한다.
- 일관성: 하나의 보고서에 하나의 주제만 담아서 보고한다.

2) 보고서의 종류

- 보고 시기 기준: 정기보고서(일간, 주간, 월간, 연차), 수시보고서
- 시간적 특성 기준
  - 기본정보(basic intelligence): 기본 상황이나 상태에 대한 정보
  - 현용정보(current intelligence): 국내외 현재 시점의 정세나 동향 정보
  - 판단정보(intelligence estimate): 현재의 상황파악을 기초로 앞으로 어떻게 전개될 것인가를 예측하고 선택 가능한 정책대안을 검토해 제시

3) 정보보고서 구성

제목 다음에 중요한 내용 요약과 결론을 제시한다. 관련 핵심내용을 논리적으로 또는 역사적인 시간 순으로 편성한다. 관련 내용의 배경, 원인과 결과, 전망, 각 분야의 전문가 의견 등을 균형 있게 제시한다. 보고서는 가능한 수동태보다는 능동태로 위주로 작성한다.

2 정보 분석기법

첩보수집을 해서 가설이 검증되고 정리된 정보라도 오류가 있을 수 있기 때문에 다각도로 심층 점검을 해 볼 필요가 있다. 정보분석을 합리적이고 과학적으로 하기 위한 도구가 정보분석기법이다.[10]

1. 핵심가정 점검(Key Assumptions Check)

기초적 상황 판단을 좌우하는 핵심가정을 문장으로 표현하고 사실 여부를 집중 검토한다.

2. 변화징후 검토(Indicators of Change)

변화의 징후를 사전에 파악하여 지속적으로 관찰하고 모니터링해 상황변화를 신속히 파악한다.

3. 경쟁가설분석(ACH: Analysis of Competing Hypotheses)

분석사안에 대해 많은 경쟁 가설을 설정하고 모든 증거자료의 일치 여부를 검토한다. 그중에서 가장 그럴듯한 가설이 아니라 각종 증거와 배치되는 자료가 적은 가설을 중심으로 결론을 도출한다.

4. 악마의 변론(Devil's Advocacy)

중요한 정보사안과 관련하여 분석방향 또는 핵심전제가 거의 결정되었으나 간과한 검토사항이 있는지 확인하고, 중요한 분석전제에 오류가 없는지 점검하는 것이다.

---

10) 한국국가정보학회, 국가정보학, 박영사, 2107, 135-148쪽.

5. A팀, B팀 분석(Team A/Team B)

중요한 분석사안에 대해 처음부터 두 견해가 비슷한 비중을 가지고 대립하는 경우, 두 팀에게 서로 상반되는 주장을 보고하도록 하고 차이점을 파악해 두 주장의 장단점 고려해 판단한다.

6. 고위험 저확률 분석(High-Impact/Low-Probability Analysis)

실현될 가능성은 낮지만 만일 실현될 경우 중대한 파급영향을 초래할 가능성이 있을 때, 실현가능성이 낮은 데도 불구하고 분석을 실시하는 방법이다.

7. 브레인 스토밍(Brain Storming)

분석 포인트에 대해 엉뚱하더라도 다양한 의견을 자유롭게 내도록 하는 아이디어 창출기법이다. 다른 기법에 보조적으로 사용하기도 한다. 기본원칙은 다음과 같다.

- 다다익선: 질보다 양이 우선한다.
- 비판금지: 판단을 유보한다.
- 자유분방: 엉뚱해도 받아준다.
- 아이디어 조합과 개선: 타인의 사고를 수용하고 자신의 의견을 개진한다.

8. 홍팀 분석(Red Team Analysis)

외국의 지도자나 의사결정 그룹이 결정한 내용을 파악할 때, 외국의 행위자들과 유사한 문화적, 조직적, 개인적 요소를 의식적으로 홍팀원에게 설정하고, 홍팀원들이 유사한 환경에서 의사결정을 한다고 가정하고 행동하도록 하여 최대한 실제에 가깝게 판단을 이끌어 내는 방법이다.

9. 대안 미래분석(Alternative Future Analysis)

불확실한 미래 상황을 예측하기 위해 핵심 행위자들 사이에 존재하는 요소, 추동력, 촉진제 등이 서로 어떻게 영향을 미치고 작용하는지를 모델화하여 분석한다.

3 인터넷 공개정보 분석기법

제1절 인터넷 공개정보 분석

1. 분석의 방향

수많은 OSINT 교육 훈련 프로그램을 몇 년간 수행했으며, FBI 조사관 출신의 마이클 바젤은 교육 훈련을 하면서 거의 모든 과정에서 다음과 같은 질문을 받았다고 한다.[11]

"OSINT에 표준적인 프로세스나 워크플로우가 있습니까?"

그는 항상 "아니오"라고 짧게 대답했다. 항상 조사마다 고유하게 조사했다고 한다. 조사유형이 가치 있는 정보로 인도할 채널과 경로를 지시했다고 한다. 그리고 모든 시나리오에서 사용 가능한 컨닝페이퍼는 없었다고 한다.

그렇지만 어떤 지침이나 방향 제시는 가능하다. 바젤이 경험한 것을 바탕으로 이메일 주소, 사용자 이름, 실명, 전화번호, 도메인명 등의 카테고리로 나누어 방향을 제시하면 다음 그림과 같다(각주 11번 참조).

실제 공개정보를 분석하는 과정에서 단번에 필요한 자료, 첩보, 정보를 얻기는 불가능하다. 마이클 바젤의 카테고리별 조사방향을 참고로 하는 것은 많은 시간과 노력을 절약할 수 있다.

평소 분석 도구들을 학습해 두고, 자신이 잘 사용하는 osint tool, 분석 기법을 사용하여 단계별로 파악해 가는 것이 좋다. 그리고 다양한 절차와 과정을 거치면서 회원가입, 유료사이트, 위장 등에 주의하면서 끈기 있게 분석해 나가야 한다.

---

11) 마이클 바젤 지음, 최윤석 옮김, 공개 정보 수집 기법, 에이콘출판사, 2017, 551-560쪽.

┃그림 10-1┃

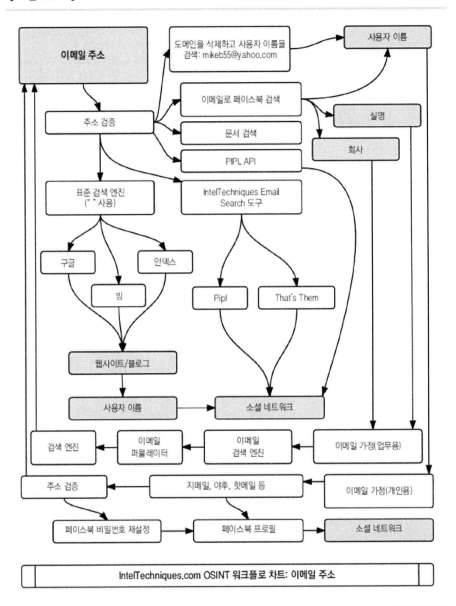

IntelTechniques.com OSINT 워크플로 차트: 이메일 주소

┃그림 10-2┃

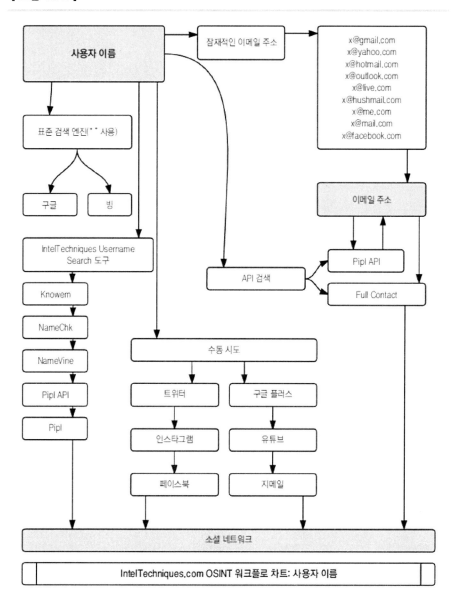

┃그림 10-3┃

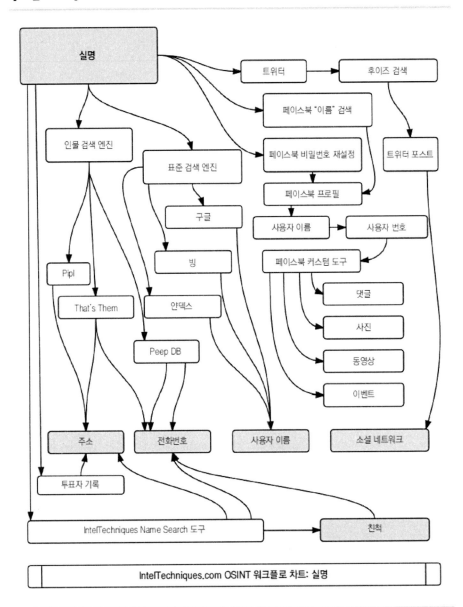

InteITechniques.com OSINT 워크플로 차트: 실명

┃ 그림 10-4 ┃

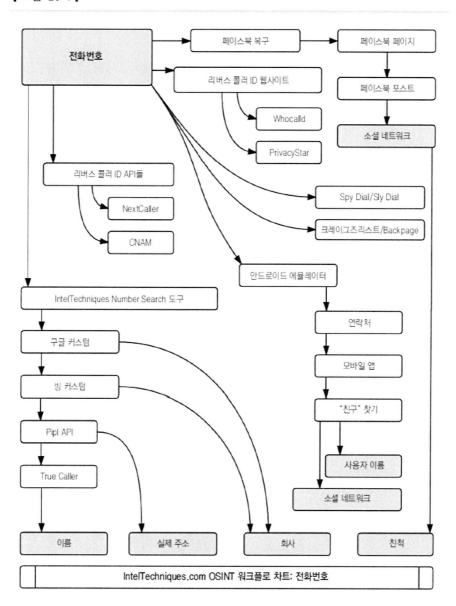

IntelTechniques.com OSINT 워크플로 차트: 전화번호

┃그림 10-5┃

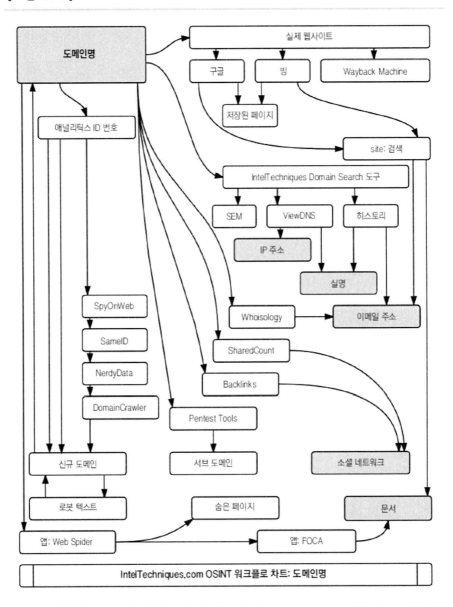

IntelTechniques.com OSINT 워크플로 차트: 도메인명

┃ 그림 10-6 ┃

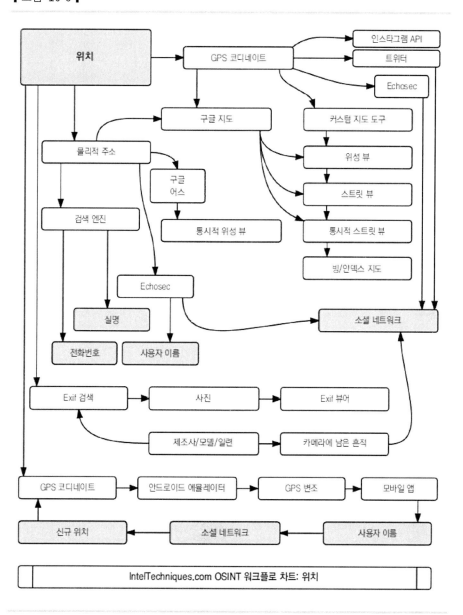

IntelTechniques.com OSINT 워크플로 차트: 위치

2. 분석 오류 가능성

분석에는 항상 오류 즉, 바이어스 가능성이 있다. 특히, 정보분석관들은 부족한 시간, 부실한 자료, 선입견, 편견, 정치적 성향, 충성심, 이념, 조직 내 갈등 등 다양한 요인에 의해 오류가 생길 수 있으므로 매우 주의하여야 한다. 여러 가지 오류 가능성을 예상해 보고 이에 대해 객관적이고 다각적인 정보분석 기법을 동원하여 점검하고 개선할 필요가 있다.[12]

1) 인지 바이어스

바이어스에는 여러 가지가 있다. 보안 분야에서 의식하는 편이 좋은 것이 인지 바이어스이다. 경험을 쌓으면 쌓을수록 바이어스로 고생할 수 있다. 경험을 쌓기 전부터 의식할 필요가 있다. 또, 바이어스에 걸려 있는 사람을 찾으면, 바이어스의 종류와 문제점을 제시해 교정하도록 할 필요가 있다.

2) 확증 바이어스

옳다고 생각하는 증거만 모으려고 하는 것 또는 반증 재료를 모으지 않는 것이다.
　　예: "정보 누설은 절대 바이러스의 소행이다. 바이러스 로그가 있을 것이다. 내부 부정일 리가 없다."

3) 앵커링 바이어스

최초로 얻은 정보를 지나치게 크게 평가해 버리는 것이다.
　　예: "SANS의 트레이닝으로 OSINT를 최초로 배웠으므로, OSINT의 방식은 SANS의 방법이 정답이야."

4) 확률 바이어스

확률의 관점에서 특정한 가설을 지원한다.
　　예: "이전의 공격은 일본에서 했으므로, 이번 공격도 그렇겠지."

---

12) https://qiita.com/osada/items/c75c34ce716ee4ffba8f 2019.5.4. 검색.

5) 정상성 바이어스

정상적인 상태가 계속되었으면 하는 바람으로 하는 생각이다.
예: "사사건건 사건 대응하고 싶지 않다. 분명히, 이것은 오검지이다."

6) 대표성 바이어스

스테레오 타입 발상으로 일을 파악하는 것이다.
예: "프로그램의 코멘트가 중국어이기 때문에, 분명 공격자는 중국인
　　이다."

7) 후출 지혜 바이어스

나중에 알 수 있는 정보를 사용해 자신이 우위에 서려고 하는 것이다.
가위바위보를 뒤에 내면서 가위바위보 게임에서 이기려고 하는 것과 같다.
예: 피해를 보고 "자, 역시 내가 말한 대로잖아."

바이어스가 개입된 분석·판단을 하지 않도록 유의해야 한다. 사실을
담담하게 모으고, 성급하게 말하지 않고, 가설검증 프로세스를 진행할 필요
가 있다.

제2절 공개정보 신뢰도 향상 방안

1. 자료 출처 평가

자료의 출처에 관련된 정보를 비판적으로 분석해 보아야 한다. 다음과
같은 분석을 해 볼 필요가 있다.[13]

---

13) https://nsarchive2.gwu.edu/NSAEBB/NSAEBB436/docs/EBB−005.pdf 2019.8.5. 검색.

1) 초기 평가

(1) 저자

저자 신뢰도, 소속기관, 저자의 지명도, 학력, 과거 저술, 경험, 저서나 논문의 인용도, 저자가 속한 기관의 평판, 그 기관이 추구하는 가치나 목표 등을 확인한다.

(2) 출판 날짜

책이나 논문의 출판 날짜, 웹페이지의 최근 개편 일자 및 시간, 자료가 주제와 관련하여 최신 자료인지 등을 확인한다.

(3) 개정판

처음 출판 후 개정판이 있다면, 업데이트된 자료가 있는지 확인한다.

(4) 출판사

대학 출판사라면 대개는 학술자료다. 좋은 평판을 받는 출판사라고 품질을 보장하지는 않는다.

(5) 저널 제목

학술지인지 보통의 일반 저널인지 알아보고, 학술검색에 확인해 본다.

2) 내용 분석

(1) 독자나 청중 유형

전문가를 대상으로 했는지, 일반인 대상인지, 너무 초보적인지, 너무 기술적인지, 너무 첨단인지, 나의 필요에 적합한지를 분석한다.

(2) 객관적 추론

정보 자료가 사실, 주장, 선전 중 어느 것인가? 주장과 사실을 구분하기 어려운 때가 많다.

팩트체크를 해 본다. 숙련된 기고가들은 사실 아닌 것을 사실처럼 쓰는 경우도 있다.

자료 자체의 진위체크를 해 보는 것이 좋다.

나아가 주장의 추론이 사실에 근거한 것인지 알아볼 필요가 있다.

(3) 범위

저자가 최신 자료와 다른 분야의 자료를 섭렵하고 있는가?

저자가 원천 자료에 근거하여 쓰고 있는가?

저자가 2차 자료에 근거하여 쓰고 있는가?

실험한 자료는 원천 자료이다. 실험 자료가 발표된 후 그 자료를 인용했다면 2차 자료다.

(4) 서술 스타일

논리적으로 조직화된 저술인가? 주제가 분명히 드러나는가? 등을 확인해 본다.

(5) 평가성 리뷰

책이나 논문에 대한 리뷰를 찾아보고 긍정적인지 부정적인지, 논란이 일고 있는지 알아본다.

2. 웹페이지 출처(URL)확인

URL(Uniform Resource Locator)은 통신 프로토콜(communication protocol)이다. 데이터를 교환하는 데 사용하는 언어를 지정하는 URL-주소의 일부다. 웹페이지의 전송을 허용하는 HTTP 프로토콜이 가장 잘 알려져 있다.[14]

---

14) [네이버 지식백과] URL-주소 https://terms.naver.com/entry.nhn?docId=1835058&cid=49067&categoryId=49067 2020.7.10. 검색.

┃그림 10-7┃ url 주소 구조

- 도메인 네임(domain name): 구체적으로 호스트를 지정하는 URL−주소의 일부. 도메인 네임 등록 기관에 등록해야 한다.
- 파일 형식(file format): 파일 데이터가 암호화되는 방식을 지정하는 일련의 문자. 웹문서는 보통 HTML 형식으로 작성된다.
- 파일(file): 선택된 자원에 해당하는 데이터 단위(파일)의 이름을 지정하는 URL−주소의 일부이다.
- 디렉터리(directory): 해당 자원이 서버의 어디에 있는지를 나타내는 URL−주소의 일부이다.
- 최상위 도메인 (top−level domain): 국가 또는 관리 조직(정부 기관, 영리 단체, 교육 기관 등을 포함)을 나타내는 도메인 네임의 일부이다.
- 2단계 도메인(second−level domain): 서버의 이름을 나타내는 도메인 네임의 일부이다.
- 서버(server): 서버의 종류를 나타내는 URL−주소의 일부. 가장 유명한 것이 웹서버(www)로, 이름에서 알 수 있듯이 여러 웹사이트를 주관한다.

1) url 조사하기

웹페이지의 url은 웹브라우저의 맨 위에 있다. 도메인 네임으로 들어가면 홈페이지를 찾을 수 있고 더 많은 자료를 얻을 수 있다.

2) 도메인 네임이 누구인지 확인

Whois 서비스는 국가 인터넷주소(도메인, IP주소/AS번호) 관리기관인 한국인터넷진흥원이 제공하는 인터넷주소의 등록·할당 정보 검색 서비스다. Whois 서비스 제공 목적은 인터넷에서의 유일성 보장을 위한 인터넷주소의 등록·할당 정보 제공, 인터넷 관련 문제 해결을 위해 해당 인터넷주소의 네트워크 및 관리자 정보를 국제적으로 공유, 네트워크 장애에 대한 신속한 대처, 피싱/스팸/해킹 등 인터넷주소와 관련된 문제 발생 시 대응 등이다.[15]

한국인터넷진흥원에서 Whois 조회 서비스를 제공하며, 도메인 네임을 검색하면 그 도메인에 관련된 등록된 자료를 바로 보여준다.[16]

┃그림 10-8┃ 한국인터넷진흥원, Whois 조회 'gachon.ac.kr' 결과

3) 웹페이지 읽고 고객센터나 연락처 확인

웹페이지에 연락처를 게시하는 경우가 많다. 대개 고객센터나 대표전화, 이메일 주소 등을 올려 놓는다. 그곳으로 전화나 이메일로 관련 사항을 문의하여 몇 가지 안내를 받거나 자료를 요청하거나 애로사항을 해결해 달

---

15) https://후이즈검색.한국/kor/whois/whatiswhois.jsp 2019.8.5. 검색.
16) https://후이즈검색.한국/kor/whois/whois.jsp 2019.8.5. 검색.

라고 하면 웹사이트의 실제 주인이나 관리자를 알 수 있다.[17]

4) traceroute

도메인 네임을 알았다면, 인터넷의 연결 루트를 알아볼 필요가 있는 경우가 있다. 그러한 경우에 traceroute를 추적해 보는 방법이 있다. traceroute는 사이트가 실제로 인터넷에 어떻게 연결되어 있는지 보여주기 위해 사용될 수 있다. 루트를 따라 네트워크가 어떻게 상호 연결되어 있는지 알 수 있다. 'traceroute'라는 네트워크 유틸리티는 네트워크 연결 문제를 해결하는 데 자주 사용된다. 유닉스 또는 Windows 환경에서 경로 추적으로 가져온 특정 네트워크 경로를 확인하는 데 사용할 수 있다. 원격 호스트에 도달하기 위해(Dos 명령: tracert sitename.com)를 이용하면 된다고 한다.[18]

Traceroute 유틸리티는 traceroute.org를 통해 다양한 사이트에서 trace routes를 수행할 수 있다.

웹사이트는 어디에서나 호스팅될 수 있다. 조직에서는 웹사이트를 호스팅 할 위치를 결정한다. 때때로 자신의 시설에서 웹사이트를 호스팅하기

▌그림 10-9▐ Traceroute 소개

---

17) https://nsarchive2.gwu.edu/NSAEBB/NSAEBB436/docs/EBB−005.pdf 2019.8.5. 검색.

18) http://navigators.com/traceroute.html 2019.8.5. 검색.

위한 연결 시설 및 인원을 가지고 있지만, 조직이 상용 웹호스팅 시설에서 그들의 사이트를 호스트하는 것이 일반적이다.

3. 평가 체크리스트 활용

공개정보 자료를 수집하는 분야별로 체크리스트를 만들어서 사용하는 것이 좋다. 예를 들면, 시민단체, 비즈니스/마케팅, 뉴스, 정보기관, 개인 등으로 나누어 체크할 사항을 미리 정하는 것이다.

체크해 볼 사항들은 NATO에서 정리한 것을 보면 저자의 신뢰성, 정확성, 객관성, 최신성, 커버 범위 등이 있는데,[19] 이를 범주로 하여 체크리스트를 만들어 사용하면 미리 공개정보 분석에서 오류를 줄이고 정확한 자료를 수집해 필요한 정보를 효율적으로 생산할 수 있다.

4. 서울대학교 언론정보연구소 팩트체크(SNU FactCheck) 이용

서울대학교 언론정보연구소에서 운영하는 FactCheck를 활용하여 분야별 총선, 코로나, 대선, 리포트 등에 관련된 검증내용을 볼 수 있으며 팩트체크 제안도 할 수 있다.[20]

SNU FactCheck는 언론사들이 검증한 공적 관심사를 국민들에게 알리기 위해 서울대학교 언론정보연구소가 운영하는 정보서비스이다. 언론사와 대학이 협업하는 비정치적·비영리적 공공 정보서비스 모델로서, 서울대학교 언론정보연구소는 웹 플랫폼을 마련하고, SNU FactCheck에 참여하는 언론사들은 이 플랫폼에 사실이 검증된 질 높은 콘텐츠를 제공한다.

SNU FactCheck는 팩트체크 서비스를 통해 유권자와 정보 소비자들의 공적 사안에 대한 지식과 이해의 증진에 기여하는 것을 목표로 한다. SNU FactCheck에 참여하는 언론사들은 다음과 같은 확인적 체크를 해 주고 있다고 한다.[21]

---

19) https://nsarchive2.gwu.edu/NSAEBB/NSAEBB436/docs/EBB-005.pdf 2019.8.5. 검색.
　　NATO에서 군사용으로 만든 OSINT 지침서(Intelligence Exploitation of the Internet, 2002)의 내용을 참조하기 바란다.
20) http://factcheck.snu.ac.kr/documents/193 2020.5.26. 검색.

- 공직자, 정치인 및 공직자 (예비)후보들이 토론, 연설, 인터뷰, 보도자료 등의 형식으로 발언한 내용의 사실 여부
- 이들 집단과 관련해 언론사의 기사나 소셜미디어 등을 통해 대중에게 회자되는 사실적 진술의 사실성
- 그 외의 경제, 과학, IT, 사회, 문화 등 제반 분야에서 정확한 사실 검증이 필요하다고 보이는 공적 사안 전반

다음 그림은 온라인 허위정보 대응 방법을 자세히 보여주고 있다. 팩트체크에서 권고한 이 온라인 허위정보 대응 방법을 참고하여 공개정보 온라인 출처의 신뢰성을 체크해 볼 수 있다.[22]

┃그림 10-10┃

- **정보의 출처를 확인합시다**

출처가 어디인지 알 수 있나요? 혹시 이름만 유사한 기관들을 사칭하고 있지는 않은가요?

---

21) http://factcheck.snu.ac.kr/home/snufactcheck 2020.5.26. 검색.
22) http://factcheck.snu.ac.kr/home/snufactcheck 2020.5.26. 검색.

• 저자를 확인할 수 있나요?

알 수 없다면 신뢰하기 어렵습니다. 저자의 이름이 있다면 이 사람이 과거에는 온라인에 어떤 글을 게시했는지, 실재하는 인물인지 확인해 봅시다.

• 언제, 어디서 만들어진 것인지 알 수 있나요?

다른 곳에서 벌어진 일을 현재 이곳에서 벌어지고 있는 일처럼 조작하는 경우는 많습니다. 동영상, 사진에서 발생 시간과 장소를 분명히 알 수 없다면 의심해야 합니다.

• 다른 정보를 추가적으로 찾아보았습니까?

내가 지금 보고 있는 정보를 신뢰할 수 있는 다른 기관에서도 다루었나요? 그 기관에 질문하거나 비교해 보아도 동일한 내용을 확인할 수 있나요?

• 정보가 과도한 불안을 줍니까?

과도한 불안, 공포, 분노가 느껴진다면, 잠시 멈추고 이 정보가 나에게서 이런 반응을 이끌어 내려고 하는 것이 아닌가 질문해 봅시다. 허위정보들은 공격대상의 신뢰를 떨어뜨리기 위해 이런 감정을 부추깁니다.

참여수업 과제

1) 정보분석의 절차를 설명한다.

2) 정보보고서의 종류를 설명한다.

3) 정보분석의 기법을 설명한다.

4) 인터넷 공개정보 분석의 방향을 설명한다.

5) 웹페이지 출처(URL) 확인 방법을 설명한다.

6) 공개정보분석을 하면서 발생하는 바이어스 유형 중에서 각자 하나
   씩 선정하여, 공개정보 활용이나 분석에서 사례를 찾아보고, 그러한
   바이어스 해소 방안을 토의하고 발표한다.

공개정보 분석

- 문서 학술정보

1 · 문서정보

1. 문서정보의 의의와 종류

문서는 많은 정보를 문자화하여 체계적으로 정리해서 보관하며 비교적 장기간 보존되는 특성이 있다. 다른 정보와 조합하여 첩보를 생산하는 데 우선적으로 수집해야 하는 정보다.

문서정보는 보통 3가지 종류가 있다.[1]

- 파일 콘텐츠에 검색대상 정보가 들어있는 문서다. 검색대상 타깃이 존재하는지 모르는 온라인 pdf 파일이 있을 수 있다.
- 실제 검색대상인 타깃이 만든 문서다. 이 파일은 의도와 달리 공개로 보게 될 수 있다.
- 실제 문서 출처의 중요한 정보가 있을 수 있는 문서 내 저장된 메타데이터다.

2. 구글 filetype 확장자 검색

웹사이트에서 공개 활용할 수 있거나 특정 주제에 관련된 문서를 찾는 가장 기본적 방법은 구글이다. "filetype" 검색 연산자는 문서검색에 유용하게 사용된다.

cryptome.org 도메인에 저장된 모든 마이크로소프트 워드 문서의 검색 쿼리 사례는 다음과 같다.[2]

특정 주제를 참조하는 문서를 모두 찾고 싶다면, 열거된 특정 웹사이트 없이 "filetype" 연산자를 사용할 수 있다. 다음 표는 가장 흔한 문서 파일 유형, 관련 파일 확장자들이다. 구글과 빙 검색에서 사용할 수 있다.

---

[1] 마이클 바젤 지음, 최윤석 옮김, 공개 정보 수집 기법, 에이콘출판사, 2017, 295쪽.
[2] 마이클 바젤 지음, 최윤석 옮김, 공개 정보 수집 기법, 에이콘출판사, 2017, 295 – 296쪽.

┃ 표 11-1 ┃ 구글 filetype 확장자

파일	확장자
마이크로소프트 워드	doc, docx
마이크로소프트 엑셀	xls
마이크로소프트 파워포인트	ppt, pptx
어도비 애크로뱃	pdf
텍스트 파일	txt, rtf
오픈 오피스	odt, ods, odg, odp
워드 퍼펙트	wpd

┃ 그림 11-1 ┃

OSINT 주제로 pdf 문서를 찾고 싶다면, 검색창에 "osint filetype:pdf"라고 입력하면 된다.

구글 문서 도구(docs.google.com)를 사이트를 이용하여, 구글 지메일 사용자는 구글의 문서 도구, 구글 드라이브라는 문서 스토리지를 위해 구글 무료 서비스를 활용할 수 있다. 문서를 생성할 때 디폴트로 비공개이며, 대중에게 보이지 않는다. 하지만 사람들이 동료와 문서를 공유하고 싶을 때 공유 속성을 바꿔야 한다. 파일을 공유하는 경우 구글 검색이 가능하게 된다. site:docs.google.com "resume" 검색을 하면 이력서 파일을 검색할 수 있다.[3]

3. 위키리크스(search.wikileaks.org)

WikiLeaks는 다국적 미디어 조직 및 관련 라이브러리이다. 2006년에 발행인 Julian Assange가 설립했다. WikiLeaks는 전쟁, 스파이 및 부패와 관련된 검열 또는 제한된 공식 자료의 대규모 데이터 세트 분석 및 게시를 전문으로 한다. 지금까지 1,000만 건 이상의 문서 및 관련 분석을 발표했다. "WikiLeaks는 세계에서 가장 박해받는 문서의 거대한 도서관이며, 이 문서들에 망명 신청을 하고, 그것을 분석하고, 그들을 홍보하고 더 많은 것을 얻는다"고 Julian Assange는 Der Spiegel 인터뷰에서 말했다.[4]

WikiLeaks는 전 세계의 100개 이상의 주요 미디어 조직과 계약 관계를 맺고 통신 경로를 확보한다. WikiLeaks는 문서 인증 및 모든 검열 시도에 대해 저항한다. WikiLeaks와 그 출판사 및 저널리스트는 많은 상을 수상하기도 했다.[5]

기밀로 분류된 문서를 유출하는 목적으로 만들어진 웹사이트이기도 하다. 브래들리 매닝이라는 군인이 웹사이트에 기밀로 분류된 정부기관의 정보를 업로드한 이유로 2010년 구속되었을 때, WikiLeaks는 많이 알려졌다. 사람들이 이 논란을 일으킨 문서, 동영상 등을 보러 웹사이트에 몰려들었다. 정부기관이나 민간부문 모두 이 웹사이트 정보와 친숙하다.[6]

3) 마이클 바젤 지음, 최윤석 옮김, 공개 정보 수집 기법, 에이콘출판사, 2017, 297-298쪽.
4) https://wikileaks.org/What-is-WikiLeaks.html 2019.7.4. 검색.
5) https://wikileaks.org/What-is-WikiLeaks.html 2019.7.4. 검색.
6) 마이클 바젤 지음, 최윤석 옮김, 공개 정보 수집 기법, 에이콘출판사, 2017, 301쪽.

▎그림 11-2 ▎ WikiLeaks 웹사이트

　　2007년 설립된 이래 중국의 반체제 인사, 미국, 호주 등의 언론인, 수학
자, 공학자들이 참여했다고 스스로 밝히고 있다. 스웨덴과 아이슬란드에 서
버를 구축해 놓고, 정크 파일과 암호화를 이용하여 해커의 공격을 방어하고
있다. 2010년 기준 5명의 멤버가 무보수로 운영하고 있다. 한국 관련 문서
도 다수 올라와 있는 것으로 보이며, 한국에서도 활동하는 사람이 있을 가
능성이 있기는 하지만, 확실하지는 않다. 덧붙여 이스라엘, 북한, 중국에서
는 WikiLeaks에 접속할 수 없다. 북한은 특정 소수가 아니면 인터넷 자체에
접속을 못 한다고 한다.[7]

　　search.wikileaks.org 웹사이트에서 "north korea" 검색을 하면 다음과
같은 결과를 보여준다.[8]

7) https://namu.wiki/w/WikiLeaks 2019.6.26. 검색.

8) https://search.wikileaks.org/?query＝north＋korea&exact_phrase＝&any_of＝&exclude_
words＝&document_date_start＝&document_date_end＝&released_date_start＝&released_
date_end＝&new_search＝True&order_by＝most_relevant 2019.6.26. 검색.

▮ 그림 11-3 ▮ WikiLeaks 웹사이트에서 "north korea" 검색

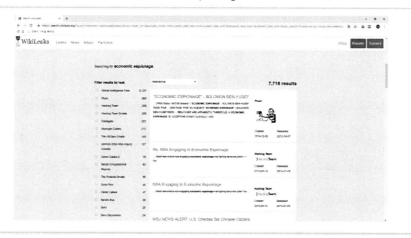

WikiLeaks에서 'economic espionage'를 검색해 비밀문서를 찾아서 내용을 보면 다음과 같이 나온다. 다음은 'economic espionage' 키워드 검색 결과에 나온 문서를 캡처한 것이다.[9] 그 다음은 'spy' 키워드 검색 결과 중에서 한국군(ROK) 스파이 비밀문서를 공개한 내용을 캡처한 것이다.[10]

▮ 그림 11-4 ▮ WikiLeaks, 'economic espionage' 검색 결과

9) https://search.wikileaks.org/?query = economic + espionage&exact_phrase = &any_of = & exclude_words = &document_date_start = &document_date_end = &released_date_start = & released_date_end = &new_search = True&order_by = most_relevant#results 2019.7.12. 검색.

10) https://wikileaks.org/plusd/cables/1974SEOUL01961_b.html 2019.7.20. 검색.

┃그림 11-5┃ WikiLeaks에서 'spy' 키워드 검색 결과 중에서, 한국 관련 비밀문서를 공
　　　　　　개한 내용

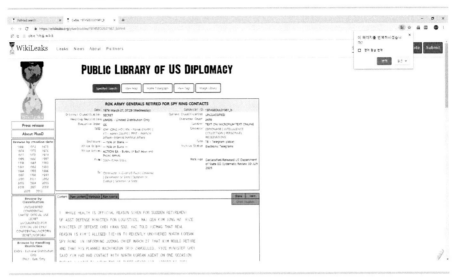

4. Cryptome(crytome.org)

　　주로 민감하고 기밀로 분류된 정보를 대중에게 발표하는 사이트이다. 정보 중 대부분은 언론자유, 암호화, 스파이, 감시에 관한 것들이다. 콘텐츠 중 상당부분은 음모이론으로 간주할 수 있지만, 여러 공식문서가 매일 발표된다. Cryptome는 표현, 개인정보, 암호, 이중 용도 기술, 국가 안보, 정보 및 비밀 거버넌스의 자유에 관한 자료(공개, 비밀 및 기밀문서)와 같이 전 세계 정부가 금지하고 있는 출판물을 받아준다. 게재된 문서는 관할권이 있는 미국 법원에서 직접 제공된 주문에 의해서만이 사이트에서 삭제된다. 법원의 명령은 2019년까지 한 번도 제공되지 않았다.[11]

　　Cryptome 웹사이트는 검색을 제공하지 않으며, 이 서비스에 맞추는 써드 파티 제공업체도 없다. 그러므로 구글이나 빙에 검색해야 한다. 다음과 같이 구조화된 쿼리는 잘 기능한다.[12]

site:cryptome.org "NAME OR TOPIC"

---

11) http://cryptome.org/ 2019.8.3. 검색.
12) 마이클 바젤 지음, 최윤석 옮김, 공개 정보 수집 기법, 에이콘출판사, 2017, 301쪽.

┃그림 11-6 ┃ CRYPTOME.ORG 웹사이트

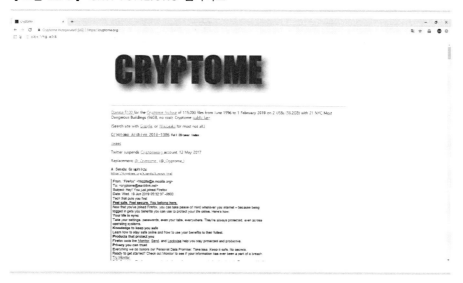

┃그림 11-7 ┃ 구글에서 site:cryptome.org "trump" 검색 결과

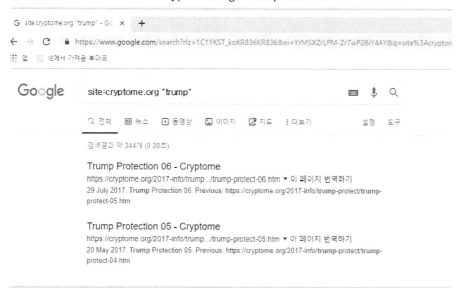

5. 메타데이터 뷰어

원본 문서를 온라인에서 찾고 나면, 파일의 가시적 콘텐츠를 분석해야 한다. 파일명, 적힌 텍스트, 문서의 원래 위치 등이다. 단지 파일 콘텐츠만 봐서는 볼 수 없는 문서에 임베딩된 데이터가 있다. 이 데이터를 '메타데이터(meta data)'라 하는데, 어떤 조사에서는 아주 가치가 있다. 문서가 생성된 컴퓨터 이름, 컴퓨터, 네트워크 사용자 이름, 사용한 소프트웨어 버전, 컴퓨터가 연결된 네트워크 관련 정보 등을 볼 수 있다.[13) 효과적인 검색은 다음 사이트를 이용하면 가능하다.

- Extract Metadata(extractmetadata.com)
- Jeffrey's ExifViewer(regex.infolexif.cgi)
- Metashield Analyzer(metashieldanalyzer.elevenpaths.com)

이 경우 문서가 비밀문서일 수 있기 때문에 주의해야 한다. 문서가 이미 온라인에 올라와 있다면, url 분석을 해도 위험이 거의 없다. 하지만 인터넷에 있었던 적이 없는 로컬 파일은 해당 기관이나 관리자 등 책임자의 동의나 허가가 있어야 하며, 그렇지 않다면, 정식 수사절차를 거쳐 압수수색 등 영장을 받아 검색하는 것이 안전하다.[14)

실제 적용 사례를 들어보자. BTK 킬러는 위치타 경찰에 살인을 암시하는 플로피 디스크를 보냈다. 경찰은 이 문서의 메타데이터를 분석해 "Dennis"라는 자가 만들었다고 판단했다. 교회링크도 이 데이터 내에 있었다. OSINT 검색을 이 두 정보로 수행해 용의자를 확인해 구속하였다는 보고가 있다.[15)

---

13) 마이클 바젤 지음, 최윤석 옮김, 공개 정보 수집 기법, 에이콘출판사, 2017, 302쪽.
14) 마이클 바젤 지음, 최윤석 옮김, 공개 정보 수집 기법, 에이콘출판사, 2017, 302쪽.
15) 마이클 바젤 지음, 최윤석 옮김, 공개 정보 수집 기법, 에이콘출판사, 2017, 302－303쪽.

❙ 그림 11-8 ❙ 메타데이터 뷰어

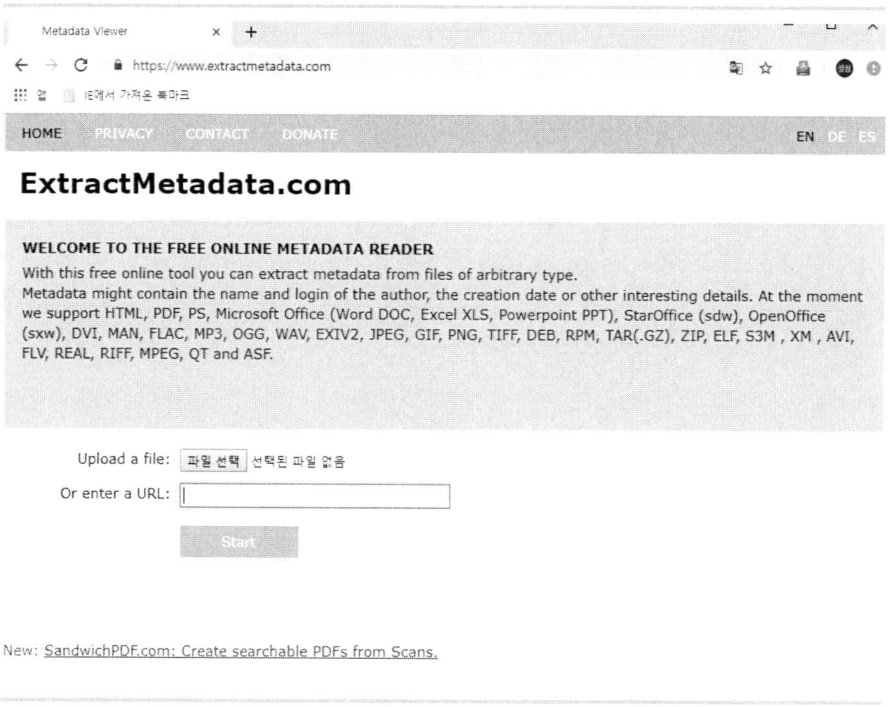

2 · 학술검색

1. 네이버 학술정보 검색

▌ 그림 11-9 ▌

　　네이버 홈페이지 학술정보 사이트를 찾아 들어가서 여러 가지 키워드로 검색을 하여 연구논문 등을 얻을 수 있다.[16]

2. 프리젠테이션 리파지터리

　　즉시 접근 가능한 온라인 스토리지에 여러 사람이 파워포인트와 기타 프리젠테이션 유형을 클라우드에 저장한다. 다음과 같은 서비스가 있다.[17]

　　• slideshare.net

---

16) https://academic.naver.com/search.naver?field＝0&docType＝1&query＝osint＋%2B%EA%
　　B3%B5%EA%B0%9C%EC%A0%95%EB%B3%B4　2019.7.24. 검색.
17) 마이클 바젤 지음, 최윤석 옮김, 공개 정보 수집 기법, 에이콘출판사, 2017, 299－291쪽.

- issuu.com
- prezi.com

3. 한국학술지인용색인(KCI)

KCI는 Korea Citation Index(한국학술지인용색인)의 약자로 국내 학술지를 대상으로 인용 통계 서지정보를 제공하는 전문정보서비스다. KCI 주요 서비스 내용은 다음과 같다.[18]

- 논문 원문, 저자 정보, 인용 정보, 통계정보, 학술지 정보, 학회정보 제공
- 해외 유명 데이터베이스와의 연계, 논문 유사도 검사, 학술지의 글로벌 유통 기반 제공

활용방법 및 기대효과는 다음과 같다.

- KCI는 국내 학술지 및 게재논문에 대한 각종 학술정보의 제공은 물론이고, 연구자원관리에 필요한 각종 통계자료와 인용빈도에 따른 학술지의 영향력을 산출할 수 있다.
- 국내 학술지에 수록된 논문별로 인용한 문헌과 인용된 문헌 간의 관계를 파악할 수 있다.
- 또한, 각종 연구비 투자 분야 선정이나 전략수립의 기초자료로도 활용 가능하다.

한국학술지인용색인 사이트 통합검색에서 'OSINT' 키워드로 검색하면 다음과 같이 결과가 나온다. 검색 결과에 나오는 논문의 원문 미리보기를 선택하면 그 논문의 원문을 pdf 파일로 복사할 수 있다.

---

18) https://www.kci.go.kr/kciportal/aboutKci.kci 2019.7.24. 검색.

┃그림 11-10 ┃ KCI 한국학술지인용색인 사이트에서 'osint' 키워드 검색 결과[19]

4. 대학 도서관 학술검색

여러 대학들이 도서관에서 책을 대여하거나 원본 복사 서비스를 제공하고 있다. 가천대학교의 예를 들면, 리포트, 논문작성, 저술 등에 도움이 되는 자료, 논문의 원문, 전자책 등을 검색하여 찾을 수 있다. 전자도서관은 온라인으로 각종 학술검색을 할 수 있다. 논문 등의 원본(full text)을 pdf 파일 등으로 다운로드해 개인 컴퓨터에 저장해서 볼 수 있다.

저자가 소속한 가천대학교 중앙도서관 사이트에 회원가입하고 들어가 검색을 하면 가천대학교 도서관 소장자료는 물론 소장하지 않는 자료도 검색이 가능하다. 유료이거나 서점에서 구입해야 하는 도서들을 대여받을 수 있다. 또한, 유료로 구입해야 하는 논문의 원본도 무료로 다운로드하여 볼 수 있게 여러 논문 데이터 기관이나 업체들과 연계하고 있어서 활용할 가치가 크다.

---

19) https://www.kci.go.kr/kciportal/po/search/poTotalSearList.kci 2020.7.10. 검색.

5. OSINT 관련 논문 검색

구글 학술정보 검색페이지를 열고, 검색창에 "osint +공개출처정보"로 검색한다.[20]

검색 결과 다음과 같은 자료가 나온다. 이 결과 중에서, 윤민우, 이완희 교수가 저자로 들어 있는 논문을 검색하면 다음과 같은 결과가 나온다. 공개정보를 공부하거나 연구하는 사람들은 이러한 최신 논문들을 찾아 활용할 필요가 있다.

▌그림 11-11 ▌

공개출처데이터 (Open Source Intelligence) 를 통한 테러리즘과 범죄 데이터베이스 구축

윤민우 - 한국범죄심리연구, 2017 - scholar.dkyobobook.co.kr
… 이 연구에서는 **공개출처정보**에 기반을 둔 테러리즘과 폭력범죄 데이터베이스를 구축하는 방안을
제시한다 … Recently, the construction of **OSINT**-based systematic and logical database is … how to
construct database of terrorism and violent crime based on **open source intelligence** …

1회 인용관련 학술자료전체 2개의 버전

인터넷 시대의 **정보**활동: **OSINT** 의 이해와 적용사례분석

이완희, 윤민우, 박준석 - 한국경호경비학회지, 2013 - earticle.net
… **공개출처정보**(Open Source Intelligence: OSINT)는 이렇게 넘쳐나는 **정보**를 효과적으로
처리하고 분석하기위해 등장하였다. **OSINT**는 주로 9.11테러 이후에 빠르게 적용되었으며,
국가**정보**기관에서는 이와 관련된 연구와 기술개발에도 적극 참여하고 있다 …

PDF] 9.11 사태 이후 **정보**패러다임 변화 고찰

우정 - 2008 - kanis.or.kr
… 아니라 디지털 시대에 맞게 **공개출처** 시장을 중시하고 있다. 현대사 회에서
정보조직들은 **공개출처 정보**의 개척, 인터넷 가상공동체에 참여하는'집단지성'(collective
intelligence)들의 아이 디어가 더 없이 중요하다는 점을 인정하고 있다 …

1회 인용관련 학술자료

비정통적 안보위협의 도전과 국가**정보**활동의 새로운 패러다임

의 모색

윤민우 - 한국치안행정논집, 2014 - earticle.net

… 활동 사례 등을 소개하였으며, 미국과 이스라엘 등에서 실행해오고 있는 OSINT(Open Source Intelligence)와 빅 … 연구수행자는 미국에서 OSINT에 기초한 대용량 데이터베이스 구축작업에 수석 연구원으로 직접 참여하였으며 … **정보활동** 대응 전략 1. **공개출처정보**를 활용한 **정보활동** 2. 빅 …

OSINT 기반 사이버 위협**정보** 유사도 분석 연구

이슬기, 김낙현, 조혜선, 김병익, 박준형 - 한국**정보**과학회 학술발표 …, 2017 - dbpia.co.kr

… 2. 관련 연구 OSINT(Open-source intelligence)는 **공개**된 **출처**에서 수 집할 수 있는 **정보**들을 말하나[2], 본 논문에서는 컴퓨터 영역에서 수집할 수 있는 **정보**에 한정하여 사용한다. 위 협**정보**를 제공하는 OSINT 채널 중 일부는 표 1과 같다 …

관련 학술자료

사이버 방어작전 프레임워크 기반의 공격그룹 분류 및 공격예측 기법

김완주, 박창욱, 이수진, 임재성 - **정보**과학회논문지: 컴퓨팅의 실제 및 …, 2014 - dbpia.co.kr

… 따라서 본 논문에서는 공격 집단이 공격을 진행할 때 생성되는 다양한 디지털 단서와 **공개출처정보**(OSINT: Open Source Intelligence)를 이용하여 공격그룹을 분류하고 공격을 예측할 수 있는 사이버방어작전 프레임워크를 제안한다 …

2회 인용관련 학술자료

[인용] 인터넷 시대의 **정보활동**

이완희, 윤민우, 박준석 - 한국경호경비학회지, 2013 - scholar.dkyobobook.co.kr

… 원문보기 원문저장 인용**정보**복사 안내. "스콜라 … 국문 초록. [닫기]. 영문 초록. [닫기]. 목차. Ⅰ. 서 론 Ⅱ. OSINT의 정의와 개념 Ⅲ. OSINT의 사용목적과 진화 Ⅵ. OSINT와 **공개**자료(Open Source)의 활용방안 Ⅴ. OSINT의 적용 Ⅵ. 결 론 …

인터넷의 多元的 公開出處情報 (OSINT) 에 基盤을 둔 國家 情報活動 體系

조병철 - 융합보안논문지, 2003 - earticle.net

… **정보**환경의 변화 2.1 전통적 국가**정보** 활동 2.2 전통적 국가**정보활동**의 당면 과제 2.3 국가**정보활동**의 환경 변화 3. 다원적 **공개출처정보**(OSINT)와 비공개**정보** 수집수단에 대응하는 OSINT설정 및 가치 평가 3.1 OSINT(**공개출처정보** : Open Source INTelligence)의 정의 3.2 비공개 …

참여수업 과제: 구글 학술검색 실습

1) 구글 filetype 확장자를 설명한다.

2) 문서의 메타데이터 뷰어를 설명한다.

3) KCI(한국학술지인용색인)를 설명한다.

4) 구글 학술검색에서 "홍성삼＋피싱"으로 검색하면 다음 결과가 나온다. 해당 논문을 찾아서 "인터폴의 피싱 대응활동"을 정보분석하여 발표한다.

▌그림 11-12 ▌

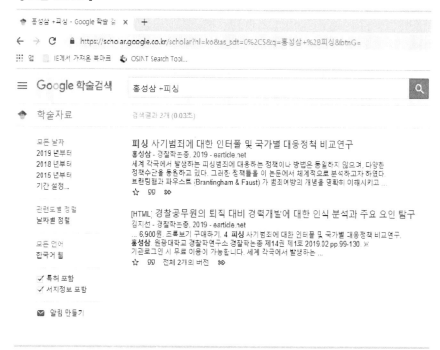

범죄정보 분석

- 인터폴 정보 분석

CHAPTER 1 인터폴 국제범죄정보

1. 인터폴 소개

　　당신이 다른 나라 출신의 범죄로 인한 희생자라고 상상해 보자. 그 사람을 경찰이 어떻게 잡을 수 있을까? 인터폴은 국제 형사 경찰기구이며, 정부 간 조직이다. 인터폴은 2019년 현재 194개 회원국을 보유하고 있으며, 전 세계의 경찰들이 함께 협력하여 보다 안전한 세상을 만들도록 돕고 있다. 이를 위해 인터폴은 범죄자 및 범죄자에 대한 데이터를 공유하고 액세스할 수 있게 하며 다양한 기술 및 운영 지원을 제공한다.[1]

▌그림 12-1 ▌ 인터폴 홈페이지 highlights[2]

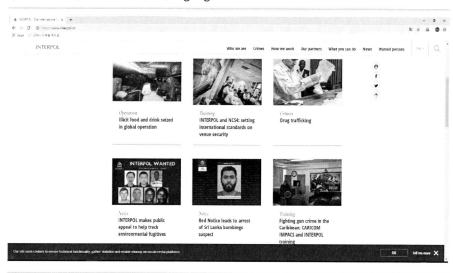

　　인터폴총회는 인터폴 최고 의사결정기구이다. 인터폴 사무총국은 범죄와 싸우는 인터폴의 일상적인 활동을 조정한다. 사무총장이 총괄하며, 경찰과 민간인들로 구성되어 있다. 인터폴 사무국은 프랑스 리옹에 본사를 두고

---

1) https://www.interpol.int/Who−we−are/What−is−INTERPOL 2019.7.4. 검색.
2) https://www.interpol.int 2019.7.2. 검색.

있으며, 싱가포르와 다른 여러 위성 사무실을 포함한다.

인터폴에 회원으로 가입한 국가에는 국가중앙사무국 National Central Bureau(NCB)을 설치하고 인터폴 사무를 처리한다. 국가중앙사무국은 인터폴 사무총국 및 회원국 국가중앙사무국(NCB)의 연락지점을 제공한다.

한국의 국가중앙사무국(NCB)은 경찰청 외사국이며, 외사국장이 국가중앙사무국장을 겸임하고 있다. 다른 나라들의 국가중앙사무국은 국가경찰 공무원이 운영하며 대개 치안을 담당하는 정부 부처에 있다.

2. 인터폴 대국제범죄 활동

인터폴은 모든 나라를 I-24/7이라는 통신 시스템을 통해 연결한다. 국가는 이 보안 네트워크를 사용하여 서로 연락하고 인터폴 사무총장에게 연락한다. 또한 중앙 및 원격 위치에서 실시간으로 데이터베이스 및 서비스에 액세스할 수 있다.[3] 그리고 여러 범죄 분야의 경찰 및 전문가 네트워크를 조정하여 워킹그룹과 회의에서 경험과 아이디어를 공유한다.

인터폴 사무총국은 회원국들에게 다양한 전문 지식과 서비스를 제공한다. 범죄와 범죄자(이름과 지문, 도난당한 여권 등)에 관한 정보가 포함된 17개의 경찰 데이터베이스를 실시간으로 국가별로 관리한다.

인터폴은 법의학, 분석 및 전 세계 도망자를 찾는 데 도움을 주는 조사를 지원한다. 교육은 많은 분야에서 하는 일의 중요한 부분이다.

인터폴 전문 지식 서비스 부문은 오늘날 가장 시급한 것으로 생각되는 세 가지 글로벌 영역에서 범죄 퇴치를 위한 국가적 노력을 지원한다. 테러, 사이버 범죄 및 조직범죄가 포함되어 있다.

각 범죄지에서 근무하는 인터폴 직원은 회원국과 함께 다양한 활동을 수행한다. 조사 지원, 현장 운영, 교육 및 네트워킹이 될 수 있다.

중요한 범죄는 계속 진화하고 있기 때문에 인터폴은 국제범죄 및 추세에 대한 연구개발을 통해 미래에 대처하고 있다.[4]

---

3) https://www.interpol.int/Who-we-are/What-is-INTERPOL 2019.7.4. 검색.
4) https://www.interpol.int/Who-we-are/What-is-INTERPOL 2019.7.4. 검색.

3. 인터폴 대테러범죄 활동

1) 실태5)

테러는 다양하고 복잡한 위협을 포함한다. 인터폴은 테러리스트를 식별하고 활동을 방지하는 데 중점을 두고 있다. 방법, 동기 및 돈에 관련한 정보를 이해하고 공유하는 것이 테러리스트를 식별하고 활동을 방해하는 데 중요하다. 테러 억제, 감지, 중단은 테러 사건에서 화학물질 사용에 대한 경찰훈련의 기본이다.

테러리즘은 갈등지대의 테러리즘, 외국 테러리스트, 급진적 '고독한 늑대', 화학, 생물, 방사선, 핵 및 폭발성 물질을 이용한 공격 등 다양하고 복잡한 위협을 포괄하는 용어다.

(1) 테러 네트워크

테러 단체들은 종종 젊은이들과 같은 개인들을 전 세계의 지역 공동사회를 떠나 주로 이라크와 시리아, 리비아에서 갈등 지역으로 여행하도록 권유한다. 소셜 미디어 및 기타 디지털 채널에 중점을 두면서, 선발대상이 지정되고 급진적 방식으로 바뀌었다.

생체 데이터는 외국 테러리스트를 식별하고 국경을 넘지 못하도록 막는데 점점 중요해지고 있다. 인터폴은 군과 경찰 간의 전장 데이터 교환도 촉진한다.

인터폴을 통해 세계 경찰은 초국가 테러 네트워크에 대한 정보와 경보를 공유하여 방법, 동기 및 자금 조달을 보다 잘 이해하고 궁극적으로 용의자를 식별하고 체포할 수 있다.

(2) CBRNE

화학, 생물, 방사선, 핵 및 폭발물과 같은 CBRNE(Chemical, Biological, Radiological, Nuclear And Explosives) 물질을 사용한 테러 공격은 지역사회와 인프라에 치명적인 결과를 초래할 수 있다.

인터폴은 회원국들이 그러한 공격을 예방, 준비 및 대응할 수 있도록

---

5) https://www.interpol.int/Crimes/Terrorism 2019.8.16. 검색.

지원한다. 이는 경찰, 세관, 국경 통제, 공중 보건 전문가, 군사, 정보 서비스 및 환경관리를 포함하여 관련 기관들 간에 조율된 예방 및 대응 메커니즘을 마련하는 것을 의미한다. 정보공유 및 분석, 역량 구축 및 교육, 운영 지원 등 세 가지 방식으로 이를 수행하고 있다.

2) 인터폴의 대응

(1) 테러 용의자 식별[6]

생체인식 및 전장(battle field) 데이터는 경찰이 테러리스트를 식별하는 데 도움이 된다. 최전방 공무원은 초국가 테러 단체의 구성원을 감지하고 긍정적으로 식별하기 위해 테러 관련 데이터에 직접 액세스해야 한다. 인터폴은 경찰이 이용할 수 있는 생체 정보 및 전장 정보의 양을 늘리기 위해 노력하고 있다.

생체인식을 통한 테러 퇴치

얼굴 이미지 및 지문과 같은 생체 데이터는 잘못된 신원을 사용하여 개인을 정확하게 식별할 수 있게 하여, 테러리스트를 찾는 노력을 개선하고, 성공적인 조사 및 기소를 수행할 수 있게 한다.

인터폴은 '프로젝트 테러(Facial, Imaging, Recognition, Searching and Tracking)'를 시행하여 국가가 외국 테러리스트(FTF) 및 기타 테러 용의자에 대한 생체 데이터를 공유하도록 도와주고 있다.

'Project First'는 디지털 이미지 처리 및 얼굴인식에 최신 기술을 사용하여 테러리스트 및 그 계열사의 식별 및 탐지를 향상시키는 것을 목표로 한다.

현지 법 집행관은 테러 관련 범죄로 유죄판결을 받은 교도소 수감자의 생체 데이터를 기록하기 위해 모바일 장비를 사용하도록 교육을 받는다. 그런 다음, 이 데이터는 인터폴 데이터베이스에 저장된다(예: Blue Notices). 범죄와 관련된 개인의 신원, 위치 또는 활동에 대한 추가 정보를 알려주는 경고 통지이다.

회원국은 개인 및 국제 운동을 식별하기 위해 다른 인터폴 데이터베이스, 특히 얼굴인식 시스템 및 지문 데이터베이스에 대해 데이터를 검색할

---

6) https://www.interpol.int/Crimes/Terrorism/Identifying-terrorist-suspects 2019.8.16. 검색.

수 있다.

3명의 고위 테러 용의자 확인

2018년 이라크 당국은 바그다드 교도소에서 알 수 없는 유죄판결을 받은 테러리스트의 명목, 지문 및 얼굴 데이터로 구성된 디지털 프로파일을 만들기 위해 특수장비를 사용했다.

추가 정보를 얻기 위해 42개의 프로파일이 Blue Notices로 변환되었다. 이로 인해 인터폴 데이터베이스에 이미 기록된 세 명의 다른 국적의 외국 테러리스트가 발견되었다.

전쟁지역과 경찰 수사 연계

인터폴은 군−경찰 정보교환 모델(Mi−Lex)을 개발하고 구현한 최초의 국제조직이다. 이를 통해 경찰 수사 및 기소 절차를 지원하기 위해 분쟁지역의 정보를 법 집행관의 손에 넣어주는 것이다.

군대는 전장에서 수집된 기밀이 해제된 정보를 인터폴의 규칙에 따라 정보를 처리하고 데이터베이스 및 분석 파일에 입력하는 회원국 국가중앙사무국(INTERPOL National Central Bureaus)과 공유할 수 있다. 그런 다음 회원국의 승인된 사용자는 I−24/7 네트워크를 통해 정보에 접속할 수 있다.

(2) 테러 여행 방지[7]

인터폴 데이터베이스는 특히 테러방지 작전의 핵심이며 특히 여행을 막을 수 있게 한다. 인터폴 데이터베이스에는 약 48,700명의 외국 테러리스트에 대한 세부정보가 들어 있다. 이를 통해 인터폴은 그러한 정보를 저장하는 세계 최대의 저장소가 되므로, 귀국자를 식별하는 데 중요한 역할을 한다. 국경, 전장 및 교도소를 포함한 여러 핫스팟에서 데이터가 수집되고 있다.

트랙에서 범죄자를 막을 수 있는 힘

도난당한 여행 서류는 테러 이동성, 특히 분쟁지역에서 돌아오는 외국 테러리스트의 주요 자산이다.

---

7) https://www.interpol.int/Crimes/Terrorism/Preventing−terrorist−travel 2019.8.16. 검색.

따라서 국경관리소는 인터폴의 도난 및 분실된 여행 서류 데이터베이스와 비교하여 여행자의 신원 및 여권정보를 확인한다.

강력한 국경관리에 중요한 다른 데이터베이스로는 'INTERPOL nomial database(국제 협력 요청이 필요한 인물에 관한 개인정보 및 범죄기록이 포함되어 있음)' 및 수배통지와 관련된 여행 서류 데이터베이스가 있다.

인터폴의 전문가들은 데이터를 분석하고 회원과 통찰력을 공유하려고 노력한다(예: 외국 테러리스트와 관련된 새로운 트렌드에 대한 정보).

지역별 초점

인터폴은 테러 네트워크를 식별하고 해체하기 위해 6개의 지역기반 이니셔티브를 운영합니다. 인터폴은 각자의 성공을 바탕으로 전통적으로 긴밀히 협력하지 않은 지역들 간의 활동과 정보를 연결하기 위해 더 많은 노력을 기울이고 있다.

대테러 지역 이니셔티브

파트너 조직과 협력하여 지역에 초점을 맞춘 다른 두 가지 프로그램이 진행 중이다. 그들은 테러를 막기 위해 훈련을 하고 경찰 역량을 구축하는 데 집중하고 있다.

- 프로젝트 전갈 자리
- 프로젝트 추적

(3) 테러 자금 추적[8]

테러 자금의 흐름을 방해하는 것은 활동을 축소하는 데 중요하다. 이익을 얻는 모든 범죄가 테러 자금을 조달하는 데 사용될 수 있다. 이는 테러 공격의 위험이 낮더라도 국가가 테러 자금위기에 직면할 수 있음을 의미한다.

테러 자금 조달의 출처에는 사기, 납치 인질, 비영리 단체의 오용, 상품의 불법 거래(석유, 숯, 다이아몬드, 금, 마약, 디지털 통화) 등 제한이 없다.

테러 자금의 흐름을 방해하고 이전 공격 자금을 이해함으로써 향후 공격을 예방할 수 있다.

---

8) https://www.interpol.int/Crimes/Terrorism/Tracing-terrorist-finances 2019.8. 16. 검색.

전략적 협력

인터폴은 테러 자금 조달에 대응하고 높은 수준의 정책과 협력을 추진하기 위해 다음과 같은 여러 기관과의 관계를 유지하고 있다.

- 자금 세탁 및 테러 자금 조달에 대항하기 위한 국제 표준을 개발하는 정부 간 기구인 FATF(Financial Action Task Force)
- 각 지역에서 모범 사례를 배포하는 FATF 스타일 지방 단체
- 전 세계 159개 금융정보 부서로 구성된 네트워크 Egmont Group

조사 지원

실무 차원에서 인터폴은 정보공유를 장려하기 위해 회원국의 금융정보 부서(FIU)와 경찰 간의 보다 나은 협력을 장려하고 있다.

이것의 핵심은 안전한 글로벌 경찰 통신 시스템인 I-24/7을 전 세계 FIU로 확장하는 것이다. 또한, 인터폴은 테러리스트 관심 주제와 관련된 인터폴 수배통지에 재무 정보를 체계적으로 포함시키는 것을 옹호하고 있다.

또한, 국경과 대륙을 가로질러 조사자를 연결하여, 적절한 경우 모든 인터폴의 기능이 사용되도록 특정 사례 발생 시 회원국에 조언을 해 준다.

인터폴의 테러자금 조사 지원 사례

아래의 예는 전 세계 국가 네트워크, 수배통지 및 전문화된 지원을 통해 조사에서 빠르고 구체적인 결과를 얻을 수 있는 방법을 보여준다.

유럽의 회원국 중 한 명이 약 18,000유로 정도의 자금을 이체함으로써 피의자가 가족과 다른 사람들의 분쟁 지역으로의 여행자금을 조달한 라이브 테러 자금조사에 대한 지원을 요청했다.

인터폴의 전문 임원은 조사를 간소화하고 자금이 이체된 아프리카, 아메리카 및 중동의 다른 4개 회원국과 연락하기 위해 조언을 했다.

수사국의 요청에 따라 인터폴은 이전에 연결되지 않은 다른 회원국에서 체포되어 기소된 피의자에 대한 적색통지를 발표했다.

(4) 소셜 미디어 분석[9)]

테러리스트는 테러 활동의 급격한 진화, 모집, 자금 조달, 계획 및 실행에 소셜 미디어를 사용하고 있다.

용의자와 증인 식별

인터폴은 국가의 대테러 조사에서 식별 및 탐지 노력을 강화하기 위해 소셜 미디어 플랫폼의 테러 사용을 분석하고 있다.

예를 들어, 2017년 영국의 런던 브리지(London Bridge) 공격과 2019년 1월 케냐 나이로비(Nairobi)의 호텔 단지에서 발생한 사건과 마찬가지로 소셜 미디어 플랫폼을 검색하여 잠재적인 목격증인을 식별했다.

또한, 얼굴인식 기술을 사용하여 회원국의 조사를 지원하는 방법을 모색하고 있다. 이 기술은 테러리스트, 미지의 관심 대상자 및 소셜 미디어 채널의 게시물에 나타날 수 있는 인물을 식별하기 위해 데이터를 공유하고 비교할 수 있는 새로운 기회를 제공한다.

조사 훈련 및 자원

유엔 대테러센터(UNCCT)[10)]와의 첫 공동 프로젝트의 일환으로, 인터폴이 아래 4가지 주요 영역을 다루는 조사관 워크숍을 진행했다.

- 온라인 테러 관련 활동탐지
- 전자기록 수집
- 경찰과 경찰의 협력을 통해 국경을 넘어 전자 증거를 요청
- 법 집행기관의 조사를 진행하기 위해 민간 부문과의 교류

워크숍(2018년과 2019년에 실시)은 보다 일반적으로 외국 테러리스트(FTF) 현상에 대한 참가자의 작전운영 상황을 향상시키는 데 도움이 되었다.

워크숍을 보완하는 것은 인터폴과 유엔 대테러센터가 공동으로 발간한 핸드북이며, "테러 조사를 위한 인터넷 및 소셜 미디어 사용"이라는 제목으

---

9) https://www.interpol.int/Crimes/Terrorism/Analysing－social－media 2019.8.16. 검색.

10) https://www.un.org/counterterrorism/ctitf/en/uncct 2019.8.16. 검색. UNCCT는 2011년 9월에 설립되어 국제 대테러 협력을 장려하고 있다. 사우디아라비아 정부의 자발적인 기여를 통해 글로벌 대테러 전략의 이행에 있어 회원국을 지원하고 있다.

로 되어 있다. 온라인 조사 리드를 생성하고, 국경을 넘어 전자기록을 수집 및 보존하여, 성공적인 조사 및 기소에 기여하는 방법에 대한 실질적인 지침을 제공하고 있다. 이 프로젝트는 일본 정부, 사우디아라비아 및 아랍 에미리트 정부의 자금 지원을 받았다.

(5) 인터폴과 UN, 온라인 대테러 조사를 위한 공동 핸드북 발행11)

2019년 7월 11일 인터폴과 UN, 온라인 대테러 조사를 위한 공동 핸드북 발행하였다. 인터넷과 소셜 미디어를 사용하여 외국 테러리스트의 활동을 억제하는 것이 모토다.

외국 테러리스트(FTF)는 모집 및 자금조달에 이르기까지 다양한 테러 활동에 인터넷과 소셜 미디어를 사용한다.

이에 대한 대응으로 인터폴과 유엔 대테러센터(UNCCT)는 조사관이 특히 소셜 미디어 플랫폼에서 온라인으로 찾은 정보를 수집, 분석 및 공유할 수 있도록 핸드북을 공동으로 제작했다.

운영 도구로서의 소셜 미디어

온라인 테러활동의 즉각적이고 전 세계적 접근을 고려할 때, 법 집행관은 성공적인 조사에 기여하기 위해 인터넷을 사용하여 온라인 조사 리드를 생성하고, 전자기록을 수집하고 보존하는 방법을 이해하는 것이 중요하다.

"테러 조사를 위한 인터넷 및 소셜 미디어 사용"이라는 제목의 핸드북은 다음과 같은 영역에서 유용한 기법을 공유하고, 실용적인 온라인 도구의 포괄적 목록을 제공한다.

- 테러리스트가 인터넷과 소셜 미디어를 사용하는 방식을 어떻게 조정하고 온라인에서 계속 활동
- 온라인 대테러 조사 수행에 대한 모범 사례
- 서비스 제공업체를 포함하여 전자증거의 보존 및 수집을 요청하는 단계

핸드북 사본을 받으려면 법 집행관이 자국의 INTERPOL 국가중앙사무

---

11) https://www.interpol.int/News−and−Events/News/2019/INTERPOL−and−UN−publish −joint−handbook−for−online−counter−terrorism−investigations 2019.8.16. 검색.

국(National Central Bureau)에 연락해야 한다.

지속적인 인터폴과 UN의 협력

이 핸드북은 중동 및 북아프리카, 동남아시아 및 남아시아 지역에서 FTF현상 예방 및 퇴치에 관한 보다 광범위한 프로젝트의 일부이다. 2018년 7월에서 2월 사이에 해당 지역에서 인터폴 및 유엔 대테러센터가 제공하는 일련의 교육과 워크샵을 보완하였다.

이 핸드북은 지역 워크숍에서 개최된 프리젠테이션 및 토론을 바탕으로 유엔 마약범죄국(UNODC)을 포함하여 유엔 글로벌 대테러 태스크포스의 지식과 네트워크, 테러위원회 집행국(CTED) 및 국제 검사 협회(IAP)의 지식과 네트워크를 활용하고 있다.

이 프로젝트는 일본 정부, 사우디아라비아 및 아랍 에미리트 연합국의 기여로 완성되었다고 한다.

(6) 화학 및 폭발물 테러[12]

범죄자와 테러 단체의 폭발물 사용은 모든 국가에서 중대한 위협이 되고 있다. 폭발물과 화학 물질을 사용하는 공격은 대규모로 공공 안전을 위협하며 국가의 경제 및 정치적 안정성에 심각한 영향을 줄 수 있다.

중요한 사건은 전 세계 모든 지역에 영향을 미쳤다. 지난 10년 동안 브뤼셀, 아부자, 보스턴, 런던, 마드리드, 모스크바, 뭄바이 및 시리아와 이라크에서 빈번한 화학공격을 포함하여 전 세계에서 수천 건의 폭탄 테러가 발생했다.

예방, 준비, 대응

인터폴은 테러 사건에서 화학물질의 사용을 억제, 예방 및 대응할 수 있도록 회원국을 지원한다. 인터폴은 범죄자들이 화학전 에이전트, 독성 산업 화학물질 및 폭발성 전구체 화학물질을 전환, 밀수 및 사용되는 것을 방지하기 위해 그들과 협력한다.

인터폴은 이러한 범죄에 대처하기 위한 다양한 교육과정과 전문지식을

---

12) https://www.interpol.int/Crimes/Terrorism/Chemical−and−Explosives−terrorism 2019.8.16. 검색.

제공하고 있는데, 특히 증거 처리에 대한 전문지식이 그들에게 필요하다.

프로젝트 워치 메이커-정보 공유 및 분석 지원

프로젝트 워치 메이커(Project Watchmaker)는 인터폴의 수배통지 및 디퓨전 시스템(Diffudison system: 업무연락 시스템)을 사용하여 전 세계 법 집행 공무원에게 즉시 폭발성 장치를 사용하거나 제조하는 사람들에 대해 통지함으로써 회원국에 전문화된 지원을 하는 글로벌 이니셔티브다.

인터폴의 '워치 메이커 데이터 세트'에는 3,500명 이상의 사람들과 화학, 생물 및 IED 활동과 관련된 38,750개의 개체가 포함되어 있다. 여기에는 전 세계 주요 테러 폭탄사건에 책임이 있는 개인이 포함되어 있다.

국가의 능력 제고

인터폴의 역량 강화 및 교육 프로젝트는 회원국의 화학물질 안전성을 향상시키도록 설계되어 국경을 넘어 화학물질의 밀수를 막을 수 있다. 인터폴은 각국이 불법 화학물질의 전용을 식별, 중재 및 조사할 수 있도록 돕는다.

이 교육과정은 정부기관, 경찰 서비스 및 화학산업을 대상으로 하며, 국경 및 화학 보안기관에 기반을 둔 고위 법 집행 공무원의 지식 및 리더십 기술을 개발해 준다.

운영 및 조사 지원

인터폴은 항공, 육상 및 해상 경계지점에서 작업을 수행하는 동안 회원국과 협력하여 무차별로 죽이고 부상을 입히도록 설계된 무기제조에 사용하는 화학물질 및 범죄자의 불법 밀수를 목표로 삼고 있다.

(7) 생물 테러[13]

생물 테러는 사람, 동물 또는 식물에서 질병이나 사망을 유발하기 위해 바이러스, 박테리아, 독소 또는 기타 유해 물질을 고의적으로 방출하는 것이다.

위협

생물 테러로부터의 위협은 실제이며, 현재의 보고서에 따르면 개인, 테

---

13) https://www.interpol.int/Crimes/Terrorism/Bioterrorism 2019.8.16. 검색.

러 단체 및 범죄자들은 생물학적 작용제를 사용하여 사회에 해를 끼칠 수 있는 능력과 의도가 있다.

인터넷을 통해 지식과 데이터에 대한 접속도 점차 증가하고 있으며, 범죄자들은 다크넷과 같은 숨겨진 익명의 통신 스트리밍을 사용하여 데이터를 구매, 판매 및 공유하고 서로 통신한다.

이러한 사건으로 인한 피해는 전례 없는 규모이며, 광범위한 질병과 사망을 초래할 수 있고, 전 세계적으로 공포와 공황을 일으킬 수 있다.

예방, 준비, 대응

전염성 또는 독성 생물학 물질의 확산은 경고 없이 발생할 수 있지만, 자연 발생, 우발적 또는 고의 생물학적 사건에 대한 반응은 여러 부문에 걸친 조정에 의존한다. 체계적인 예방, 준비 및 대응 전략의 필요성이 중요하다.

'INTERPOL Bioterrorism Prevention Unit'은 법 집행기관이 인간, 동물 또는 농업에 위협을 주거나 해를 끼치는 박테리아, 바이러스 또는 생물학적 독소의 고의적 사용을 예방, 준비 및 대응할 수 있도록 하는 것을 목표로 한다.

인터폴은 국제 및 지역 차원의 협력뿐만 아니라 국가법 집행기관, 건강, 학계 및 산업과 협력 하여, 이 어려운 범죄를 해결하고 생물 테러의 위협을 줄이기 위해 고안된 많은 프로젝트 및 활동에 참여하고 있다.

간행물

'INTERPOL Bioterrorism Prevention' 부서는 예방, 준비, 대응 세 가지 활동 외에도 지침, 교육 비디오 및 표준 운영 절차를 포함하여 많은 문서(다크 넷에서의 생물학적 및 화학적 테러 조사에 관한 INTERPOL 운영 매뉴얼)를 작성하고 있다.

법 집행관이 다크 넷을 사용하여 생물 및 화학물질 접근 및 거래와 관련된 잠재적 범죄 활동의 트리거 및 지표를 감지하도록 돕기 위해 '다크 넷에서 생물학적 및 화학적 테러 조사에 관한 인터폴 운영 매뉴얼'이 전문가 팀에 의해 개발되었다.

지능, 대테러 조사 및 사이버 범죄 분야에서 일하는 조사관은 이 매뉴얼을 기본 개념, 모범 국제 관행, 그리고 다크 넷 조사를 수행할 때 조사자와 분석가 모두에게 유용한 기술과 절차를 설명하는 참조 문서로 사용할 수 있다.

이 매뉴얼은 법 집행 용도로만 제작되었다. 사본을 얻는 데 관심이 있는 법 집행관이라면 자세한 정보는 회원국의 국가중앙사무국에 문의하면 된다.

(8) 방사선 및 핵 테러[14]

인터폴은 핵무기 또는 기타 방사성 물질을 얻는 범죄자와 테러리스트의 위협에 대처하기 위한 노력을 하고 있다.

위협

핵 및 기타 방사선 물질은 의학, 농업, 산업 및 에너지 공급 분야에서 사회에 도움이 되었다. 그러나 핵 또는 방사선 물질이 테러 또는 기타 범죄 행위에 사용될 수 있는 위험이 있다.

즉석 핵 장치(IND), 방사선 분산 장치(RDD) 또는 방사선 노출 장치(RED)의 폭발은 심각한 결과를 초래할 수 있다. 이러한 사고는 인간의 건강과 환경을 손상시키고 공황을 유발하며 경제적, 정치적 안정성에 영향을 미치게 된다.

예방, 탐지, 대응 및 조사

인터폴은 방사선 및 핵 물질의 가용성 및 취약성에 대한 인식을 높이기 위해 설계된 프로젝트 개발 및 제공에 중점을 두고 있다.

이는 회원국의 테러 및 범죄행위를 예방, 탐지, 대응 및 조사할 수 있는 역량을 향상시켜 준다.

(9) 대테러 파트너십[15]

인터폴은 지역 및 국제 이해 관계자와의 전략적 제휴로 테러에 대응하기 위한 포괄적인 접근을 하고 있다.

---

14) https://www.interpol.int/Crimes/Terrorism/Radiological−and−Nuclear−terrorism 2019.8.16. 검색.
15) https://www.interpol.int/Crimes/Terrorism/Partnerships−against−terrorism 2019.8.16. 검색.

국제연합

유엔안전보장이사회(UNSC)는 테러와의 전쟁, 특히 테러리스트의 위협에 대한 인터폴의 세계적인 역할을 인정하는 여러 결의안을 승인했다.

인터폴과 UN의 테러방지위원회 집행위원회(CTED)와의 합의는 UNSC 결의안 이행을 위해 긴밀히 협력할 수 있게 했다.

인터폴 국제연합 안전보장이사회 특별 수배통지는 1267차 유엔안전보장이사회에 등재된 바와 같이 회원국에 알카에다 및 탈레반과 관련된 개인 및 단체를 수배, 통지하는 데 사용된다.

또한, 유엔마약범죄국(UNODC)과 조직범죄 및 테러에 대한 작전에 중점을 둔 계약을 체결했다.

인터폴의 대테러 주요 파트너

- United Nations' Counter−Terrorism Committee Executive Directorate (UN CTED)
- Global Coalition against Daesh
- United Nations Office on Drugs and Crime(UNODC)
- United Nations Office for Disarmament Affairs(UNODA)
- United Nations Department of Peacekeeping Operations
- Organization for Security and Co−operation in Europe(OSCE)
- Afripol
- Aseanpol
- Europol
- League of Arab States
- The Gulf Cooperation Council

CBRNE 파트너십

인터폴은 전 세계 회원국 네트워크를 연결하고 CBRNE 분야에 특화된 다른 국제기관과 긴밀한 파트너십을 유지하면서 전 세계 무대에서 일하고 있다.

인터폴 CBRNE 프로그램은 자금 조달을 외부에 의존하며, 이는 정부기관 또는 회원국, 비정부기구 및 자선기금에 따라 다르다.

또한, 기술 및 물류 문제에 대해 일부 파트너와 협력하여 매뉴얼 및 지
침과 같은 리소스를 개발하고 있다.

정부 기관 파트너

- Australia Department of Foreign Affairs and Trade
- École Nationale Supérieure de la Police
- US Federal Bureau of Investigation
- Global Affairs Canada
- Public Health Agency of Canada
- Natural Resources Canada
- Netherlands Forensics Institute
- Robert Koch Institute, Germany
- Royal Canadian Mounted Police
- Sandia National Laboratories
- Swedish Defence Research Agency
- UK Department for Business, Energy & Industrial Strategy
- US Department of Defense
- US Department of Energy
- US Department of Homeland Security
- US Department of State

정부간 조직 및 컨벤션 파트너

- Biological Weapons Convention
- Europol
- European Commission
- European Union CBRN Centres of Excellence Initiative
- Food and Agriculture Organization of the United Nations
- International Atomic Energy Agency
- G7 Global Partnership
- Global Health Security Agenda

- Global Initiative to Combat Nuclear Terrorism
- International Bomb Data Centre Working Group
- NATO
- NATO C−IED Centre of Excellence
- Nuclear Security Summit
- Organization for the Prohibition of Chemical Weapons
- United Nations Security Council Resolution 1540 Committee
- United Nations Office of Counter Terrorism
- United Nations Office for Disarmament Affairs
- World Customs Organization
- World Health Organization
- World Organization for Animal Health

비정부기관 파트너

- Chemical Business Association
- Chemical Forensics International Technical Working Group
- CRDF Global
- Nuclear Threat Initiative
- Robert Koch Institute
- The Nuclear Forensics International Technical Working Group

(10) Project Trace[16]

인터폴이 테러 조사에서 온라인 데이터를 활용하도록 동남아시아 국가를 교육하고 있다. 프로젝트 트레이스는 3년간(2017~2020년) 동남아시아 국가 연합(ASEAN)의 대테러 역량과 전문성을 강화하기 위한 시책이다.

Global Affairs Canada가 자금을 지원하는 이 프로젝트는 대테러 조사를 위해 소셜 미디어를 포함한 온라인 플랫폼에서 정보를 효과적으로 수집하고 활용하는 데 필요한 기술, 도구 및 방법론을 참가자들에게 제공하고 있다.

---

16) https://www.interpol.int/Crimes/Terrorism/Counter−terrorism−projects/Project−Trace 2019.8.16. 검색.

10개의 ASEAN 회원국(브루나이, 캄보디아, 인도네시아, 라오스, 말레이시아, 미얀마, 필리핀, 싱가포르, 태국 및 베트남) 지원, 프로젝트 트레이스는 국가 대테러 조직의 경찰관, 사이버 유닛의 지능팀 및 조사관 및 기타 테러 목적 인터넷 사용을 조사를 담당하는 국가기관을 지원한다.

매년 프로그램에는 실제 사례연구 및 시나리오를 기반으로 한 도상 연습이 포함되어 참가자에게 실무 경험을 제공한다. 분석 소프트웨어는 국가가 조사를 수행할 수 있도록 돕는 특수도구로 제공될 수 있다.

인권, 법률 및 성별 고려사항, 증거수집 표준, 오픈 소스 및 소셜 미디어 조사 기술도 교육한다. 일련의 실질적인 연습을 통해 참가자는 법 집행 모범 사례에 따라 시뮬레이션된 온라인 조사를 수행했다.

트레이너 훈련

참가자는 프로젝트의 도달 범위와 지속 가능성을 높이기 위해 동료 및 동료에게 지식을 올바르게 전달하고 조직의 표준에 따라 교육을 제공하는 방법을 배웠다.

대표 국가는 브루나이, 캄보디아, 라오스, 말레이시아, 미얀마, 싱가포르, 필리핀, 태국, 베트남이었다.

❚ 그림 12-2 ❚

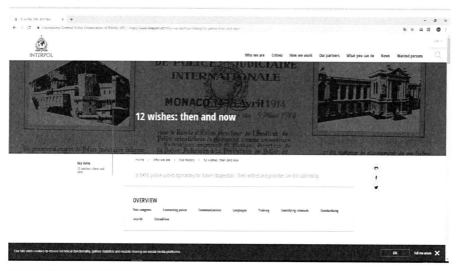

| 그림 12-3 | 인터폴 범죄 프로그램

INTERPOL'S CRIME PROGRAMMES

We provide a range of policing expertise and capabilities to our member countries, supporting three main crime programmes:

COUNTER-TERRORISM

Assisting member countries to prevent and disrupt terrorist activities through the identification of individuals, networks and affiliates.

ORGANIZED AND EMERGING CRIME

Targeting and disrupting international criminal networks; identifying, analysing and responding to criminal threats.

CYBERCRIME

Making cyberspace safe for all by supporting member countries to prevent and investigate cyberattacks.

범죄데이터 통계 및 추세 등 분석

범죄정보는 언론에 매일매일 보도가 되고 공개된다. 또한, 경찰, 검찰, 형사정책연구원, 한국청소년정책연구원, 도로교통공단 등에서 범죄통계와 함께 주요한 사건·사고 사례, 범죄 원인 분석에 관한 자료들을 공개하고 있다. 각 기관의 홈페이지에 범죄나 교통사고에 관한 통계와 최신 소식을 게시하고 있으니 범죄예방이나 사고 예방 대책을 연구하거나 아이디어를 구하는 사람들은 심도 있는 분석과 대책 수립에 참고할 필요가 있다.

이러한 범죄사례나 통계분석은 중요한 공개정보이다. 경찰이나 사법기관들이 범죄예방과 대책을 수립하고 시행하는 데 많은 도움을 주고, 형사사법 예산을 효율적으로 활용하는 데 매우 중요한 자료들이다. 범죄 관련 사례나 통계, 대응방안 등의 자료를 모으고 분석하여 가공하면 효과적인 범죄예방 대책을 만들 수 있다.

경찰, 검찰, 법원 등 기관별 범죄데이터 통계 및 추세를 볼 수 있는 사이트는 각 기관에서 제공하고 있다. 검색을 하는 더 좋은 방법은 한국형사정책연구원의 CCJS 범죄와 형사사법 통계정보 사이트이다.[17]

1. 「범죄분석」 DB[18]

「범죄분석」 DB는 대검찰청에서 발간하는 '범죄분석' 책자를 통계시스템으로 구축한 것이다.

이용자는 통계시스템을 통해 원하는 시계열 데이터를 보다 쉽게 조회할 수 있으며, 다양한 분석이 가능하다.

현재 「범죄분석」 DB는 1983년도부터 데이터를 수록하고 있으며, 점차 수록 범위를 확대해 나갈 계획이다.

'범죄분석' 책자의 개편으로 인해 구범죄분류체계(1983~2013년)과 신범죄분류체계(2014년 이후) 폴더로 구분되어 있으며, 통계표는 크게 '전체범죄'와 '인구집단별 범죄'로 구성되어 있다.

---

17) https://www.crimestats.or.kr/portal/stat/statIntroPage.do#none 2020.5.27. 검색.
18) 이하 데이터베이스를 DB로 표기한다.

2. 「범죄통계」 DB

「범죄통계」 DB는 경찰청에서 발간하는 '범죄통계' 책자를 통계시스템으로 구축한 것이다.

이용자는 통계시스템을 통해 원하는 시계열 데이터를 보다 쉽게 조회할 수 있으며, 다양한 분석이 가능하다.

현재 「범죄통계」 DB는 2011년도부터 데이터를 수록하고 있다.

3. 「사법연감」 DB

「사법연감」 DB는 법원행정처에서 발간하는 '사법연감' 책자를 통계시스템으로 구축한 것이다.

이용자는 통계시스템을 통해 원하는 시계열 데이터를 보다 쉽게 조회할 수 있으며, 다양한 분석이 가능하다.

현재 「사법연감」 DB는 1985년도부터 데이터를 수록하고 있다.

4. 「검찰연감」 DB

「검찰연감」 DB는 대검찰청에서 발간하는 '검찰연감' 책자를 통계시스템으로 구축한 것이다.

이용자는 통계시스템을 통해 원하는 시계열 데이터를 보다 쉽게 조회할 수 있으며, 다양한 분석이 가능하다.

현재 「검찰연감」 DB는 1985년도부터 데이터를 수록하고 있다.

5. 「분기별 범죄동향 리포트」 DB

「분기별 범죄동향 리포트」 DB는 대검찰청과 한국형사정책연구원에서 작성하는 '분기별 범죄동향 리포트' 책자를 통계시스템으로 구축한 것이다.

이용자는 통계시스템을 통해 원하는 시계열 데이터를 보다 쉽게 조회할 수 있으며, 다양한 분석이 가능하다.

현재 「분기별 범죄동향 리포트」 DB는 2014년 1분기부터 데이터를 수록하고 있다.

6. 「전국범죄피해조사」 DB

「전국범죄피해조사」 DB는 한국형사정책연구원에서 작성하는 국가승인통계인 '국민생활안전실태조사(전국범죄피해조사)'를 통계시스템으로 구축한 것이다.

'국민생활안전실태조사'는 격년 주기로 작성하는 조사통계로서 범죄피해에 다양한 문항들을 조사하고 있다.

현재 「전국범죄피해조사」 DB는 2008년부터 격년 데이터를 수록하고 있으며, 조사표 변경으로 인한 시계열 단절로 인해 2012년도부터 시계열 분석이 가능하다.

7. 한국청소년정책연구원 DB

한국청소년정책연구원은 2009년부터 NYPI 한국 아동·청소년 통합조사시스템을 구성함으로써 조사진행 과정의 효율성을 제고하고 보다 신뢰할 만하고 타당한 조사결과 산출을 위해 노력하고 있다. 한국청소년정책연구원에서 생산한 아동·청소년 데이터의 대내외 활용도를 높이기 위해 'NYPI 아동·청소년 데이터 아카이브(NYPI Youth and Children Data Archive)'를 구축했다. 이 아카이브는 한국 아동·청소년의 의식 및 생활을 체계적으로 분석할 수 있는 대표적인 기초통계자료로 아동·청소년에 대한 연구와 과학적 근거에 기반한 정책 수립에도 크게 도움이 되고 있다.[19]

이 아카이브에는 한국청소년정책연구원이 매년 전국적으로 실시하고 있는 조사연구과제의 데이터 '아동·청소년 횡단조사 데이터'를 제공한다. 또한, 아동·청소년 패널조사 데이터 업로드, 한국청소년패널조사(2003~2008

---

19) https://www.nypi.re.kr/archive/modedg/contentsView.do?ucont_id=CTX000001&menu_nix=7AR96fGC 2020.5.27. 검색.

년) 데이터 제공, 한국 아동·청소년 패널조사(2010~2016년) 데이터 제공, 다문화청소년패널조사(2011~2017년) 데이터 제공 등의 서비스를 하고 있다.[20] 청소년 실태, 범죄예방, 범죄원인 통계적 분석 등에 매우 유용한 통계 데이터이며, 엑셀이나 SPSS 등 통계자료로 다운로드하여 연구분석이 가능해서 소년범죄를 다루는 실무자나 연구자들에게 꼭 필요한 데이터베이스이다.

---

20) https://www.nypi.re.kr/archive/modedg/contentsView.do?ucont_id=CTX000002&menu_nix =H77I58Xq 2020.5.27. 검색.

참여수업 과제

1) 인터폴 홈페이지에서 인터폴의 최근 테러 대응활동은 어떠한 것들 이 있는지 분석해 발표한다.

2) 인터폴 홈페이지 '인터폴 헌장' 검색, 인터폴이 금지하고 있는 활동 은 무엇인지 파악해서 발표한다.
   * 홍성삼, 인터폴 소개 및 근거 법규, 좋은땅 출판사, 2015, 부록 '헌 장' 부분 참고

3) 대검찰청 범죄분석 데이터베이스를 한국형사정책연구원 홈페이지에 서 찾아보고 소년강력범죄 추세를 분석하고 소년범죄 대책을 수립 하여 보고서 만들어 발표한다.
   * 홍성삼, 소년법 폐지론 문제점과 대안 연구, 한국경찰학회보 제22 권 제2호, 한국경찰학회, 2020 참고.

약력

경찰대학 행정학과 졸업
서울대학교 행정대학원 졸업
George Washington University 행정학석사
서울대학교 행정학박사

전) 중앙경찰학교장
전) 소청심사위원회 상임위원
현) 가천대학교 경찰안보학과 교수

공개정보 활용 및 분석

초판발행	2020년 8월 24일
초판2쇄발행	2021년 7월 22일
지은이	홍성삼
펴낸이	안종만·안상준
편 집	윤혜경
기획/마케팅	김한유
표지디자인	조아라
제 작	고철민·조영환
펴낸곳	(주)**박영사**
	서울특별시 금천구 가산디지털2로 53, 210호(가산동, 한라시그마밸리)
	등록 1959. 3. 11. 제300-1959-1호(倫)
전 화	02)733-6771
f a x	02)736-4818
e-mail	pys@pybook.co.kr
homepage	www.pybook.co.kr
ISBN	979-11-303-1061-9 93350

copyright©홍성삼, 2020, Printed in Korea

정 가   22,000원